U0098467

禪讓時期的大清朝政

卜 鍵

著

三民書局

國家圖書館出版品預行編目資料

天有二日？：禪讓時期的大清朝政／卜鍵著.－－初版
一刷.－－臺北市: 三民, 2019
面; 公分.－－(說史)

ISBN 978－957－14－6474－9 （平裝）
1.清史 2.中國史

627   108005803

© 天有二日？
—— 禪讓時期的大清朝政

著 作 人	卜 鍵
責任編輯	林汝芳
美術設計	林佳玉
發 行 人	劉振強
發 行 所	三民書局股份有限公司
	地址　臺北市復興北路386號
	電話　(02)25006600
	郵撥帳號　0009998-5
門 市 部	(復北店) 臺北市復興北路386號
	(重南店) 臺北市重慶南路一段61號
出版日期	初版一刷　2019年5月
編　　號	S 620720

行政院新聞局登記證局版臺業字第○二○○號

有著作權·不准侵害

ISBN　978-957-14-6474-9　（平裝）

http://www.sanmin.com.tw　三民網路書店

乾隆元年的弘曆。其在一年前繼位，第二個月即默禱上天，若能在位六十年，即行禪讓

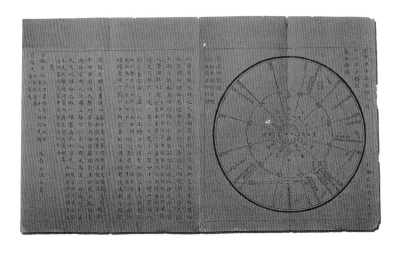

乾隆八字圖及解說。據說康熙帝選擇胤禛繼位，與看到此圖相關

嘉慶皇帝服像。曾想尋找一幅顒琰登基時的畫像而未果，他顯然不如父皇那樣熱衷於此

太上皇帝之寶璽，以「喜字第一號」寶玉製成，
在清朝玉璽中規制最大

「太上皇帝之寶」寶文

養心殿東暖閣，室內布置已按慈禧「垂簾聽政」時作了變動

毓慶宮。禪讓期間，子皇帝顒琰居住於此

金甌永固杯。元旦開筆時，置放明窗前書
案之上，象徵國家江山永遠穩固

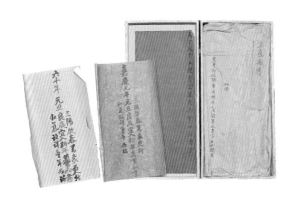 

「元旦開筆」及收藏匣。左，弘曆所題；右，顒琰所題。除年號以外，文字全然一致

清高宗實錄，禪讓後繼續纂修，稱「乾隆六十一年……」

漱芳齋小戲臺

立著鎏金銅獅子的乾清門，顒琰在紫禁城「御門聽政」之地

《平苗圖冊‧和琳攻克強虎哨圖》

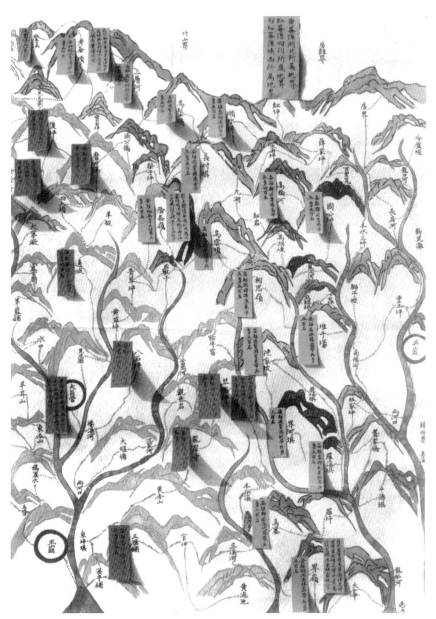

《鎮壓白蓮教布防圖》

《御筆平定臺灣二十功臣像・和珅》

為皇帝祝壽的貢單

和珅手札，內容關乎弘曆
第五代孫載錫能否參加木蘭秋獮

咸福宮。太上皇帝逝世時作為殯殿，嘉慶帝在此守孝時，僅鋪白氈、燈草褥

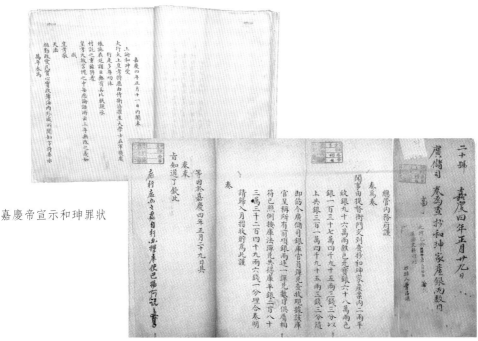

嘉慶帝宣示和珅罪狀

肅親王遵旨查抄和珅家產數目摺

《御筆平定臺灣二十功臣像‧王杰》

那個時代的君臣父子

在本書繁體字版即將在臺北刊行之際，謹遵照出版方之囑，聊綴數語於前，作為新版小序。

這是一本描述乾隆帝暮年禪讓的書。

1795 年歲杪，愛新覺羅・弘曆宣佈冊立第十五子顒琰為皇太子，以明年為嘉慶元年，正式禪讓大位，是為清朝歷史上唯一的一次內禪。不少史學家關注康乾盛世，關注乾隆朝的文治武功，近年來又忙於描寫他的鐵腕治國與反貪風暴，卻大多忽略這禪讓的三年，史述從略，論文罕有，幾部較好的乾隆傳記也是一筆帶過。所有這些，或是一種有意識的回避，或許覺得乏善可陳，卻造成了不應有的歷史缺環，失去對清王朝由盛而衰的深入省察，也掩上一扇瞭解這位「十全老人」完整人生和心路歷程的窗。

完成「十大武功」後瀟灑退位，是弘曆晚年至為得意之舉，也是其一生縈繞心頭的情結。

登基僅月餘的某個秋夜，二十五歲的弘曆就曾仰望星空，默禱上蒼，表示即便天假以年，在位也絕不超過崇敬愛戴的皇祖。其間有大清新君的一念志誠，也不無奢望——要知道他的列祖列宗似乎沒一個能活過七十歲。禪讓與歸政，自此成為其一生中的重要話題，過幾年就要念叨幾句。皇天加佑，弘曆龍體康健，「七旬推行慶之恩，八袠舉介釐之典」，終於在八十五歲時（乾隆六十年）餞行了諾言。而實際上，康熙帝繼統時不到七歲，朝政系由輔臣代理，十四歲親政時仍備受權臣之困擾，弘曆則全無此類周折，一上來即君臨天下，歸政後仍權柄不移，堪稱是年壽最長、在位時間最久的清代皇帝，也是秦漢以

後在位最久的皇帝。

那個時代，指嘉慶元年元日至四年元月初三日，攏共三年稍多幾天，史稱禪讓時期。大清朝政因此而顯得結構奇特：名義上已進入嘉慶朝，內廷使用的《時憲書》還是乾隆年號；養心殿歷來為皇帝處理國務的地方，專為太上皇帝營建的寧壽宮早已建成，弘曆卻不搬走，命顒琰繼續居住在毓慶宮；上皇對外國使者宣稱「大事還是我辦」，自製「歸政仍訓政」璽印，儼然軍國大事和高層任免的最高決策者；嘉慶帝顒琰則稱嗣皇帝、子皇帝，除出席一些典儀祭祀活動，更多的是陪侍在父皇之側，亦步亦趨，謹言慎行；而和珅漸升至內閣首輔和首席軍機大臣，管理吏部、戶部與刑部，管理大內三庫與崇文門稅關，執掌京師禁衛步軍統領衙門，恃寵弄權，人稱二皇帝。這樣的朝廷權力架構，應說是極不正常和危機潛伏的。

《禮記》曰：「天無二日，土無二王，家無二主，尊無二上。」說的正是君權的不可分割，而中外歷史上提供了無數父子相殘、兄弟鬩牆的例證。筆者的研讀主要圍繞此三人展開，著眼點也由弘曆漸移向顒琰。最後選擇他繼承大位，在乾隆帝應也有幾分無奈，倘若產生嚴重不滿，再行廢立並非全無可能。三十六歲的嘉慶帝處處恭敬謹畏，把父皇視作唯一的太陽，自覺以皇太子的姿態協理政務，硬是在危局中上演了一幕父慈子孝；而對巧言令色的和珅，他則極好地控制了內心的厭憎，待之親切溫煦，推重倚信，沒有顯露出絲毫不悅。讓人慨歎太上皇真是福澤深厚，在其生命的最後歲月，孔子所宣導的「君君臣臣，父父子子」，似乎得到了完美呈現。而弘曆甫一離世，嘉慶帝就將和珅下獄抄家，迅速賜死，為一僕二主的歲月畫上一個句號。

這也是偉大的十八世紀的最後三年，西方發生的工業革命與民主浪潮，帶給西方政體和軍隊以深遠影響，大清君臣則懵懂不知，仍以

天朝自居。而龐大的帝國內憂已殷，外患深埋。先是湘貴川交界處的苗疆動盪，叛眾攻州掠府，一年多始得平定，福康安、孫士毅、和琳等統兵大員死於前線；接著是白蓮教在湖北起事，很快波及四川、陝西，數省之地流離失所，差不多十年才告平息。屬於福建管轄的臺灣也不安寧，天地會的種子已深入民間，就在乾隆帝宣佈禪讓的當年，因米價飛漲爆發了大起義。雖被鎮壓下去，接下來海盜縱橫，就連運送班軍的官船也敢打劫了。

顒琰對和珅的雷霆一擊，對朝政的整肅，以及求賢求言之旨的發佈，曾被譽為「嘉慶新政」，不久就露出因循瑣屑的本相。禪讓的一頁很快翻篇了，清王朝的劫難似乎就從這時開始，一難接著一難……

卜　鍵
2019 年 3 月於昌平杏花谷寓所

天無二日，土無二王，家無二主，尊無二上。

——《禮記·坊記》

付憂與子詎忘付，寧壽斯身敢即寧？
——愛新覺羅・弘曆〈樂壽堂用丙申舊作韻〉

天有二日？
禪讓時期的大清朝政

目錄

主要人物

愛新覺羅・弘曆：清乾隆帝。嘉慶元年元旦（一七九六年二月九日）舉行禪讓，仍行訓政，主持軍國大事，又稱太上皇帝、太上皇、上皇，四年正月初三日無疾而終。

愛新覺羅・顒琰：清嘉慶帝，原名永琰，為乾隆帝第十五子。禪讓期間，又稱嗣皇帝、子皇帝，協助父皇辦理國務，敬謹謙退，而親政後即將和珅革職賜死。

喜塔臘氏：嘉慶帝元后，又稱子皇后。乾隆三十九年選為永琰嫡福晉，後為皇太子妃、皇后。二年二月初七日突然病逝。

阿桂：內閣首輔兼首席軍機大臣。初隸滿洲正藍旗，以平定回部抬入正白旗，在半個多世紀內屢建大功，出將入相，深受信賴。嘉慶二年秋病逝，臨終時對和珅恃寵弄權深感憂慮。

和珅：內閣大學士兼軍機大臣，後為首輔。滿洲正紅旗人，鈕鈷祿氏，性機敏，有文采，善於窺測揣摩，二十餘年寵信不衰。顒琰親政後被抄家賜死，有絕命詩。

王杰：內閣大學士兼軍機大臣。陝西韓城人，出身貧寒，由乾隆帝欽定為狀元。嘉慶後為首輔，對懲辦和珅最為堅決。

福康安：內閣大學士兼雲貴總督。滿洲鑲黃旗人，一門貴顯。先後參與金川、臺灣、廓爾喀等大戰惡戰，迭獲戰功。苗疆事發，福康安受命統兵進剿，歷經一年基本勘定，卻因瘴癘病死軍中。

孫士毅：內閣大學士兼四川總督。浙江仁和人，居官廉潔，歷府

道督撫，參與平定臺灣、出師安南、反擊廓爾喀入侵等役，屢次建功。苗疆暴動時奉諭留辦四川軍需，染瘴氣而死。

董誥：內閣大學士兼軍機大臣。浙江富陽人，乾隆二十八年進士，歷多部侍郎，入軍機，為官清正謙謹，嘉慶元年擢大學士。

劉墉：吏部尚書、內閣大學士。山東諸城人，為名臣劉統勳之子，有清操，一生大節無虧。嘉慶二年四月入閣，未兼軍機大臣。

蘇凌阿：兩江總督，後任內閣大學士。滿洲正白旗人，和琳姻親，得和珅之助入閣。和珅誅後被免職，命守護裕陵，半年即死去。

福長安：軍機大臣，戶部尚書。傅恆第四子，深得乾隆帝倚信，與和珅關係密切。顒琰親政後懲辦和珅，以始終不檢舉揭發被革職逮獄，在監跪視和珅自縊。

和琳：四川總督，福康安死後督辦苗疆軍務。為和珅之弟，但生性不貪，在科道有伉直之名，收復後藏與平定苗疆均建功績，染瘴癘死於軍中。

紀昀：禮部尚書。直隸獻縣人，以學問淹博、文字優美受弘曆欣賞，兼任四庫全書館總纂。曾兩次因親屬連累獲罪，諭批「讀書多而不明理」。

朱珪：兩廣總督，安徽巡撫等。順天大興人，十八歲中進士，由翰林改任地方，內調為皇十五子永琰師傅，建立深厚感情。上皇決定調其入閣，由於和珅百般阻撓，直至顒琰親政始得入京。

劉權之：左都御史。湖南長沙人，久在翰林，後任大理寺卿、左副都御史、吏部侍郎等，為官清正，深得嘉慶帝信任。

魁倫：福州將軍，閩浙總督等。滿洲正黃旗人，世襲輕車都尉，在福州將軍任上揭露福建貪腐案，後受命查辦福寧、勒保等大員，兼四川總督，因「失機縱賊」被逮京賜死。

長麟：兩廣總督。出身宗室，隸正藍旗，乾隆四十年進士，很快位至卿貳，後任多省巡撫，對和珅不枉法屈從。受命審理福建大案，以徇庇伍拉納被革職抄家，遣發新疆。

畢沅：湖廣總督。江蘇鎮洋人，狀元，負文名。嘉慶二年七月卒於辰州軍營，以進剿白蓮教不力，不與謚號，並革去世職。

福寧：湖廣等地總督。滿洲鑲藍旗人，伊爾根覺羅氏，因進剿白蓮教不力被免職，胡齊侖案發後遣發新疆。

姚棻：貴州巡撫，調任福建巡撫。安徽桐城人，中進士後從甘肅知縣做起，歷府道藩臬。因任福建道員時有舊欠，解職接受審訊，澄清事實後復職。

田鳳儀：浙江布政使，改調福建布政使。曾任刑部主事和員外郎，正直明練，福建倉儲案正是由他打開缺口，兩年後升任福建巡撫。

洪亮吉：翰林院編修。江蘇陽湖人，榜眼，文名甚著，在庶常館即被選任貴州學政，入直上書房。嘉慶帝親政求言，亮吉上疏指斥時政，以觸逆上意流遣新疆。

德楞泰：護軍統領，參贊軍務。蒙古正黃旗人，曾隨福康安遠征石峰堡、臺灣與廓爾喀，賜號巴圖魯，擢健銳營大臣。苗疆和川楚教亂用兵，均為重要將領。

額勒登保：護軍統領，領侍衛內大臣。滿洲正黃旗人，以戰功累擢頭等侍衛，署駐藏大臣。苗疆事發，奉旨率巴圖魯侍衛赴戰，封威勇侯。轉戰川楚教亂，為軍中主帥。

花連布：安籠鎮總兵，貴州提督。蒙古鑲黃旗人，積戰功為參副、總兵。苗疆事起，率偏師抄襲苗軍，連克寨卡，後在貴州圍剿教軍時戰死。

勒保：陝甘等總督，特授經略大臣，節制五省軍務，晉封公爵。胡齊侖軍費案發，以「糜餉縱賊」革職，斬監候，後重新起用。

永保：烏魯木齊都統。白蓮教事發，受命總統湖北軍務，以失誤軍機被革職抄家。再起為頭等侍衛，署陝西巡撫，不久又被逮治。

明亮：歷將軍、都統多職。滿洲鑲黃旗人，富察氏，孝賢高皇后之侄，多羅額駙。戴罪赴苗疆，斬殺石柳鄧，封二等伯。轉戰白蓮教軍，代理經略大臣，再奪職押解進京。

石柳鄧：松桃廳大營寨百戶。首先率眾起事，號稱開國元帥等，失利時仍堅持抵抗，嘉慶元年十二月戰死。

石三保：永綏廳黃瓜寨寨長。起事之始被推為苗王，勢敗依附吳八月，稱護國將軍等，在哄哄寨被捕，解送京師後被殺害。

吳隴登：鳳凰廳鴨保寨副百戶。本為起事苗民首領，密降清軍，誘捕吳八月以獻。

吳八月：本名吳世寧，坪壟寨百戶。起事後率眾攻克乾州城，自稱吳三桂之後，推舉第四子廷義為吳王，後在臥盤寨被俘。

劉之協：白蓮教元老。安徽太和人，略知書，參加劉松等創立的混元教，成為骨幹。見劉松等遭殘酷殺害，嚇得東躲西藏，最終被捕殺。

齊林：襄陽總捕頭，實為當地白蓮教領袖。在大起事前被襄陽知府胡齊侖等捕殺，懸首城門。

王聰兒：又名「齊王氏」，齊林之妻，襄陽白蓮教軍首領。剪髮立誓，素衣白馬，與姚之富率領教眾與清軍作戰，聲言為夫報仇。嘉慶三年三月被圍，跳崖身亡。

姚之富：襄陽教軍首領。為齊林大徒弟，足智多謀，被稱作「老師傅」，是王聰兒的得力助手，失利後在鄖西同時跳崖身亡。

高均德：襄陽白號首領。率眾進攻漢中，策應王聰兒一路，引起清廷極大驚慌，指為首逆。嘉慶四年十月被德楞泰部生擒，解京後凌遲處死。

王三槐：四川東鄉教軍首領，朝廷曾視為「首惡」。經知縣劉清勸降，下山談判時被誘捕，解往京師殺害。嘉慶帝曾親自訊問，對他說的「官逼民反」印象深刻。

伍拉納：閩浙總督。滿洲正黃旗人，覺羅氏，任福建布政使時以平定臺灣林爽文有功，升河南巡撫，接著任閩浙總督。因倉庫虧空和鹽政陋規革職抄家，在京斬決。

浦霖：福建巡撫。浙江嘉善人，歷戶部郎中、道員，兩任福建巡撫。以貪賄枉法，與伍拉納同日在京正法。

伊轍布：福建布政使。以藩庫出現巨額虧空被革職抄家，解京途中病死。

錢受椿：原福建按察使，升任廣西布政使。在赴任途中被拿下，押回福建受審，以貪贓和玩視人命在福州正法。

德明：山東兗沂曹德道道員。滿洲下五旗包衣出身，外任潞安知府，再升潼關道，以鐵稅和關稅驟富，在京開店買地。因滋擾驛站被革職抄家，斬監候。

胡齊侖：襄陽知府，安襄鄖道道員。浙江會稽人，在襄陽教變前一舉抓獲齊林等教首，因冒濫軍費和濫殺降眾獲罪，在京正法。

| 引　言 |

子夜的養心殿

　　嘉慶元年正月初一日（一七九六年二月九日），八十六歲的乾隆帝弘曆照例早起，於夜半子刻走進養心殿東暖閣，舉行一年一度的「元旦開筆」。這是一個私密的祈願儀式，為乃父胤禛所創，參與者僅皇帝一人（跟從的一眾人等，都要止於東暖閣之外）。此前兩千餘年的中國歷史中，未見有其他王朝的帝王這麼做，隆冬時節，光是這份午夜起床就大不易。

　　皇帝開筆之處，在東暖閣明窗前，紫檀長案上，一應法物已擺設停當：象徵疆域安寧的「金甌永固杯」，注滿屠蘇酒；雕漆龍盤中盛放八趾吉祥爐和香盤，散溢著蘭麝之氣；專用的玉燭晶瑩剔透，要由當今聖上親手點燃；正中鋪展著御用黃箋，一側的筆架上，是那管皇帝專用的「萬年枝」 ❶。又到了大清皇帝新年開筆的莊重時刻。這是弘曆第六十一次為即將到來的一年祈福，幾個時辰後他就要禪讓帝位，濡墨運筆，應是浮想聯翩。

　　元旦開筆，又叫「元旦試筆」、「元旦舉筆」，本為流行於讀書人中的一種年俗，即在進入新歲之始，寫下心中對本年度的願望，多不外科場順遂、連捷進士之類。胤禛登基後政治局面複雜，內廷爭鬥激烈，外朝議論紛飛，精神上的壓力可想而知。一個多月後改元雍正，新紀元的第一天，胤禛夜不能寐，於子時披衣而起，走進養心殿東暖閣，提筆書寫心聲，除「五穀豐登」、「民安樂業」之類吉祥套語，更為主要的是對政通人和的殷切期盼。從那之後，誕生了一個程序極簡的宮中儀式——元旦開筆。

1.吳振棫，《養吉齋叢錄》卷十三，第二則，記述甚詳。

六十年前的乾隆元年元日，青年弘曆第一次舉行開筆儀，全無皇父之沉重，英氣飛揚，一口氣題寫了三籤。第二籤先以朱筆，居中寫下「元年元旦，海宇同禧，和氣致祥，豐年為瑞」；復於兩側改用墨筆，分別是「願共天下臣民永享升平」，「所願必遂，所求必成，吉祥如意」。是為後世沿用的基本書寫模式。時光飛逝，到了二十五年元日，清朝大軍勘定回疆、統一大西北，弘曆志得意滿，在開筆時亦有所體現。至二十七年新年，就形成固定的格式、固定的措辭，除開頭的年份變化，主體為四字一組，共二十八個字，一成不變地沿襲了三十三年。就這樣，本來的一個濃縮版年度規劃，本應有著具體軍政大事的新歲祈願，演化為單一的禮儀書寫形式。國家一史館前館長鄒愛蓮曾著文分析，論為乾隆帝由進取到保守的一個例證❷，所見極是。

雖說是年復一年陳陳相因，乾隆帝對元旦開筆還是極其重視的，終其一生，持之以恒。去年九月初三日，冊立皇太子並宣布明年元旦舉行禪讓之後，乾隆帝即將顒琰領至養心殿東暖閣，「教以先朝留貽例典，及開筆御用法物」❸，講述元旦開筆的由來和意義，並演示一整套儀節，所寫正是此二十八字。那是一個父子獨處的溫馨時刻，也是皇位傳承的一道序幕，多年後嘉慶帝追憶及此，仍是點滴在心。

這是一個特別的日子，清朝歷史上唯一的禪讓大典即將舉行，弘曆的感受自會與往年不同。前邊說過開筆祈願是皇帝的個人行為，而這次，述及者多以為皇太子顒琰應恭侍在側。老皇帝將筆毫在香爐上熏一熏，先以硃筆寫下「六十一年元旦良辰宜入新年萬事如意」；再換墨筆，於左右各書八字：「三陽啟泰萬象更新」，「和氣致祥豐年為瑞」。仍舊是乾隆年號，仍是那延續了三十多年的二十八個字。這之後，顒

---

2. 鄒愛蓮，〈從「元旦開筆」看清帝治世思想的變化〉，《清史參考》2013 年 4 月 1 日。
3. 顒琰，《御製詩二集》卷二五，古今體詩十二首，元旦試筆。

琰鄭重接過那管萬年枝，一筆一畫，將父皇所書內容恭謹照錄一遍。此事雖不列入禮典，卻是宮中迎新第一儀式，然後才是到奉先殿、堂子等處行禮。此刻的弘曆父子，還是皇帝與太子的關係（幾個時辰後便是太上皇帝與皇帝），以同樣的吉祥文字，迎接丙辰年的到來。

　　有關這次元旦開筆的記載很少，就連起居注、內起居注也無片字涉及。兩朝天子是一起在養心殿開筆嗎？今天未見實證，當時怕也未必。筆者推測為父子二人在各自宮中分別舉行，否則便不需要在冊立皇太子後，專門教以開筆儀節了。嗣皇帝顒琰也會在子夜起床，也會鄭重舉行開筆儀，但應在他所居住的毓慶宮。彼處殿宇，格局比養心殿略窄，亦有東暖閣。

　　有意思的是，這兩份當年分別秘藏的御筆黃箋，歷經劫火，竟然保存完好：乾隆帝在書寫時顯然有些手腕顫抖，筆畫時見潦草，「旦」和「良」幾乎黏連重合；顒琰所題則工工整整，端莊中略顯拘謹。所不同的僅僅在於年號，弘曆題為「乾隆六十一年」，顒琰寫的則是「嘉慶元年」。同一時期出現兩個甚至更多的年號，在中國歷史上多有之，而父子交班、明確禪讓之後仍如是者，此為唯一一例。這當然是太上皇帝的意思，顒琰遵照父皇之旨書寫。不獨禪讓伊始，以後的三個大年初一，都是如此。

　　根據已有程序，弘曆與顒琰寫畢，會親手將吉語紙條折好密緘，將所用法物一一收拾起，交與所司密存。內務府恭進當年時憲書（即大清曆書，因避弘曆名諱改稱），「瀏覽一通，以寓授時省歲之意」❹。遵從乾隆帝的旨意，去年十月初就印製了嘉慶元年時憲書，頒行天下；而父子二人此刻所讀，當是「乾隆六十一年時憲書」。這是應顒琰率諸王大臣懇切叩請，得到允准在宮內使用的。

4.吳振棫，《養吉齋叢錄》卷十三。

　　兩處元旦開筆，兩本新歲曆書，一個新的、政治結構特殊的歷史時期就這樣開始了。

　　此時，被史學家稱為「偉大時代」的十八世紀正接近尾聲，工業革命帶給世界的巨變已然顯現，歐美幾位大國之君的命運也是可嘆可嗟：

　　法王路易十六，已在三年前的大革命浪潮中人頭落地（馬戛爾尼所攜帶的英王致乾隆帝信函中，特地提到此事，弘曆在詩文諭旨中雖無隻字提及，心中卻不可能沒有一點兒震動），新成立的法蘭西共和國血雨腥風，另一個皇帝拿破崙正在軍事和政治舞臺上初露頭角；

　　英王喬治三世，正被間歇性精神病（一說是紫質症）所折磨，王室頗有幾分式微，而議會主導的英國已顯現出相比於君主獨裁的體制優越性，最先得受工業化帶來的實惠，綜合國力急遽增長；

　　俄國的女皇凱薩琳大帝，開疆拓土，雌心也勃勃，剛剛與普魯士和奧地利瓜分了波蘭，目光已經開始掃視東方，卻在這一年的冬月遽然辭世；

　　獨立未久的美國仍在國基初肇、百廢待興的艱難過程中，離強盛還有很長的路。開國總統華盛頓堅辭第三次參選，要回他魂牽夢繞的維農山莊，也為國家的民主體制開創一個先例……

　　此時距英國發動的第一次鴉片戰爭爆發還有約四十五年，歐洲列強互相攻伐纏鬥，尚無暇東顧，對於清朝仍可稱較好的戰略機遇期。設若大清君臣變革圖強、內外兼修，努力追趕西方列強的發展步伐，中國的歷史、世界的近代史或將改寫。在馬戛爾尼的使華回憶錄中，記載了乾隆帝對英國最新軍艦模型的關注，不知這算不算一次開眼看世界？

　　令人遺憾的是，禪讓時期的清廷，不管是上皇還是皇上，包括樞

閣重臣，基本上缺少全球視野，缺少對西方世界的深刻瞭解，也缺少
應有的緊迫感和危機感。暮氣常是與牛氣相伴生的。大清君臣動輒以
「天朝」、「天子」自居，不知或不願正視世界格局的巨變，不知或不
願承認列強崛起與自身衰微，無視「天外有天」的事實。

禪讓時期，朝廷的政治結構是複雜和微妙的。《禮記・坊記》「天
無二日，土無二王，家無二主，尊無二上」，說的是封建王朝的普遍規
律。此際清廷同時存在著兩個皇帝：已然手握乾綱超過六十年的乾隆
帝，史籍中稱為太上皇帝、太上皇、上皇；以及剛剛踐位的嘉慶帝，
稱為嗣皇帝、子皇帝、嗣子皇帝，有時也稱皇帝。乾隆帝早早就在設
計禪讓，期望用最恰當的方式傳承帝位，應說有著一份難得的清醒。
而經歷了大半個世紀的風雲變幻，居於道德的最高點，做古今完人，
成萬世典範，在其心中或超過區區皇位。弘曆曾認真梳理過中國歷史
上的禪讓，對皇位傳承有著獨特的思考和實踐；其「歸政」之說的奧
義、「訓政」之議的提出，也應一一辨析。

乾隆帝曾嚮往在禪讓後頤養天年，早早就在大內東區建好了寧壽
宮，那是一個富麗堂皇的龐大宮殿群，是他設想的退養讀書的樂土。
但越是抵近「歸政」之期，他思想和語言上的變化就越大。其間有對
權力的留戀，有寵臣和珅等人順勢進言，而更主要的是國家出現了嚴
重危機。嘉慶元年的清朝，雖無大的外患，然內亂已殷：苗疆之變還
未完全鎮壓下去，鄂川陝三省的白蓮教又復揭竿而起，東南沿海的海
盜也越發橫肆無忌。這些都造成較大區域的災難，都與官府的貪腐疏
縱和無能相關，又絕非此一二端所致。王朝的盛衰自有一種內在規律，
以小喻大，清廷亦如曹雪芹筆下的賈府，赫赫揚揚已逾百數十年，外
面的架子雖然未倒，內囊卻已經盡上來了。

　　進入乾隆晚期，大清朝野已彌漫著老年政治的氣息，但即使最為嚴苛的史學家，也不會用「昏庸」來形容處於權位頂端的弘曆。終其一生，弘曆都在讀書和思考，都在關注著政局，禪讓的三年亦如此。他是個強大和自信的人，應能真切感知到衰音漸起，「訓政說」便是在這樣背景下提出的。他在諭旨和詩文中，開始較多使用「焦勞」、「憂患」之類字眼；他譏諷曾引為榜樣的宋高宗，說其剛六十歲即不再過問政事，是對國家的不負責任。所有這些，應是他基於社會現實的思想轉變，而不僅僅是「抓住權力不放」。明清兩朝，皇位的交接絕大多數以先皇駕崩為標誌，新帝登基的第一件大事是為先帝治喪。乾隆帝自然也可以如此，不管是八十歲還是九十歲，不管是健壯還是衰殘，一息尚存，復誰敢言？本來權力就是他的，禪讓和歸政的本義是要放權，只不過由全放，改為放一部分而已。

　　弘曆特色的禪讓為期三年零三天。為敘述完整，本書從乾隆六十年初寫起，至嘉慶四年末結束，描寫其間的朝政運作和軍國大事。五年中，國家發生了嚴重的叛亂，經濟上出現了前所未有的危機，官場腐敗，將星隕亡，士氣低落。如果說大清運勢在乾隆中期已盛極而趨衰，此時則是急遽跌落。對於這些，最高統治者並非懵懂不識。禪讓大典當日下午，已稱上皇的弘曆前往寧壽宮，在樂壽堂題寫了一首詩，中有這樣一聯：

　　付憂與子詎忘付，寧壽斯身敢即寧？❺

明明是一個喜慶盛大的日子，老皇帝的詩竟這般色澤沉鬱；明明付與兒子一個皇帝寶座，卻稱為「付憂」，並表示不敢完全置身事外。這才是真實的弘曆，才是他的心聲。

5.《清高宗御製詩餘集》卷一，〈樂壽堂用丙申舊作韻〉。

對於一個有責任感的帝王，皇位往往意味著擔當，意味著更多的操勞、更多的憂患。在詩中，上皇述說二十年前就已做好禪讓準備，也為歸閒娛老建好了宮苑，如今心願得償，卻不能忘記責任，不能把重擔都壓到子皇帝肩頭，也不敢去寧壽宮頤養天年。歸政，本是要「付憂與子」，安享晚年；而訓政，「大事還是我辦」，則應視為一種傳承和擔荷。歷史萬象是繁複斑駁的，弘曆的性情做派常也如多稜鏡一般，然以憂患意識和擔當精神為主。翻閱史籍和檔案，尤其是讀其御製詩篇，能見出上皇時時憂心國事，最後三年生活得並不輕鬆。

作為子皇帝的顒琰也不輕鬆。在顒琰心中，在他主持日常政務的過程中，父皇仍是那唯一的太陽。三年禪讓期間，父慈子孝，即使在筆記野史中，也找不到幾條父子猜忌的例子。軍政大事概由父皇決定，而發布時多以皇帝的名義，這就是訓政，類乎「學習行走」，也可視作一種特殊的「授受」方式。顒琰才略平庸，然天性純孝仁厚，一直盡可能地陪伴父皇，盡可能地與父皇分憂。上皇主要居住在圓明園，顒琰常要進宮處理政務，舉行各種禮儀或祭祀活動，一旦結束便趕回向父皇請安。這裡面當然有敬愛謹畏的因素，而更多是出於孝心，發乎天然。

還有一個不能迴避的人物，就是深受上皇倚信，被稱為權臣和「二皇帝」的和珅。在英察果毅的乾隆帝治下會有權臣嗎？如果有，則乾隆晚期的和珅算是一個，其也的確有不少弄權貪賄之舉。禪讓的三年，和珅一步步到達仕途的頂峰，成為首輔和首樞，主管著六部中的吏部、戶部和刑部，呼風喚雨，固一世之雄也；而弟弟身死，愛子夭折，髮妻病逝，自己深受腿疾折磨，他也只能默默承受。和珅的寵遇和一路飛升，主要來自他精通逢迎揣摩之道，也由於他一貫的忠誠與勤奮。此際則遇上一個極大難題，既要令上皇滿意，又不能冷落了皇上，和

珅活得也不輕鬆！

天有二日嗎？

在上皇意識中自然不是，在嘉慶帝思想上當然也不是，在和珅看來則必然是。而悲劇在於：和珅面對著父子皇帝，不能不以侍奉上皇為主，又要處處考慮子皇帝的感受，一僕二主，殫心竭慮，長袖善舞，八面臨風。他是一個能臣，也是一個小人，自以為世事洞明，自以為已經深結新帝之歡心（子皇帝也不時表達出依賴信任），孰料上皇崩逝，緊接著就是那一聲晴天霹靂……

第一章

老皇帝愛講的一個故事

如同一些普通的老人，晚年的乾隆帝也喜歡追憶往事，常會提到即位之初的一次默禱。那是一段有關大清皇位傳承的往事，是一個青年帝王勃勃雄心的展現，也是他對康熙帝的特殊致敬。弘曆坐的是父皇拼死拼活得來的江山，接管的是父皇嘔心瀝血振起的朝政，仰慕的卻是皇祖玄燁，文韜武略，氣度恢宏，胸襟開闊的康熙大帝。

然在選擇接班人的問題上，康熙帝卻是個失敗者，對皇太子的兩立兩廢，對繼位者的猶豫難決，最終留下的是一筆糊塗帳和千古謎團，也引發了兄弟相殘的宮廷悲劇。倒是雍正帝有懲於此，創立祕密建儲體制，並為第四子弘曆的繼位掃淨障礙，包括親手清除了第三子弘時。帝王的舉動措置自不可以常人常理論列，然若說其毫無父子感情，內心毫無憐惜與悲苦，其誰信之？

歲月匆遽，忽忽一個甲子飄逝。當年英姿勃發的新帝，已變為白髮皤然的聖君，講了多年的帝位禪讓之事，也切實地擺在老皇帝弘曆面前。他早已遵從父皇定下的規矩祕密建儲，卻要在有生之年舉行禪讓，還要提前宣布選定的皇太子。

第一節　祝禱與還願

禪讓，中國古代對於最高權力的一種授受形式，核心是「讓賢」。堯讓賢於舜，舜讓賢於禹，成為上古政權交替的美麗傳說；而後世強行逼位，復假以禪讓之名，史上亦不乏其例。乾隆帝所行禪讓是「內禪」，即將帝位讓給自己的兒子。他提出的甚早，設想思慮了很多年，講了無數遍，可是越到後來，越顯出心中糾結。與早年的國家興盛、社會穩定大不同，弘曆開始覺察到國家危機潛伏，覺得難以放心和放手。通過大量史籍記載，能分明見出他對禪讓的心路歷程，見出其在

表述上的明顯變化。老皇帝永遠是制定規則的人，敢於說出內心的矛盾，也善於隨時化解和調整，永遠不會違心和含糊。至於別人（也包括未來的皇帝）的感受，那就是他們自己的事了。

一、星月之下的默禱

此事要從弘曆的繼位說起。儘管弘曆作為儲君已是公開的祕密，可輪到他登基繼統，也頗有幾分突然。雍正十三年八月二十日，五十八歲的胤禛似乎只是偶染小恙，第二天還堅持批閱奏章，再一日即告不治。當滿朝驚愕、謠言紛飛之際，大行皇帝遺詔頒布：以皇四子弘曆「繼朕登基，即皇帝位」❶。

事發倉猝，但弘曆對繼承大位已有心理準備，很快由皇子進入君臨天下的狀態，一面隆重辦理父皇的喪事，一面迅速作出政治上的必要調整。雍正帝所創設推行的軍機處、養廉銀、密摺制度，以及攤丁入畝、耗羨歸公、改土歸流等重大舉措，皆得到繼承，失之苛酷的地方也得以逐項糾正。阿其那、塞思黑的子孫得旨回歸宗室，阿靈阿墓前「罪碑」被推倒，因年羹堯、隆科多案牽連的官員予以寬大，一大批枷號鎖禁人犯被開釋……在雍正朝十餘年峻急嚴苛之後，弘曆提倡為政寬和，「罷開墾，停捐納，重農桑，汰僧尼之詔累下，萬民歡悅，頌聲如雷」❷。新帝弘曆剛剛度過二十四歲生日，雍容貴重，多次發表有關寬嚴相濟的諭旨，也是有感而發。

父皇身體強健，僅在位十三年、虛齡五十八歲即告辭世，在弘曆內心深處不能不留下幾絲陰影。登基踐祚的第六十個春天，在安佑宮行禮後，乾隆帝對著一眾皇子皇孫，憶起即位之初的一次默禱：

1.《清世宗實錄》卷一五九，雍正十三年八月己丑。

2.昭槤，《嘯亭雜錄》卷一，〈純皇初政〉。

朕春秋二十有五御極踐祚初，即拈香叩祈天恩，設能如聖祖仁皇帝之享祚綿長，仰邀昊眷，克繩祖武，壽祚延洪，享國六十年即當歸政，不敢更冀有所過算。❸

追憶常常是溫馨的，卻難免當事人有意無意地粉飾改編。他的這番話也有所掩蓋，原本對父皇猝死的不安、對享祚綿長的祈盼都被遮蔽或減弱，凸顯的是「享國六十年」的驕傲，還有那份功成身退、意欲大行禪讓的瀟灑情懷。其時乾隆帝八十五歲高齡，當初對壽算的擔憂早一掃而去，選擇性地公布祈禱之初衷，內容也基本真實。

那次默禱究竟在什麼時間？此處不甚明確。「御極踐祚初」，對於享國六十餘年的皇帝，開頭幾年都可算數；而「春秋二十有五」，很容易被視為發生在第二年，即乾隆元年。讀《清高宗實錄》，我們會發現多處數字上的微小差異，如繼位的二十四歲或二十五歲，禪位時的八十五歲或八十六歲，在位六十年還是六十一年，常可見出細微的不一致。實際上，這次焚香告天就在剛剛登基之後，弘曆獨立星月之下，虔敬默禱，祈望能如皇祖康熙帝在位之久：

憶乙卯九月，朕踐祚之初，即焚香告天默禱云：「昔皇祖御極六十一年，予紹膺寶位，不敢仰希皇祖。若邀昊蒼眷佑，至乾隆六十年即當傳位皇子，歸政退閒。彼時朕春秋方二十五歲，初未計及在位六十年壽當幾何，亦復不以為意。」❹

說得頗為輕鬆，當也是數十年後的輕鬆，歲月已淘洗去當初的擔憂。在弘曆之前，自努爾哈赤至胤禛的四代君王，尚無一人活到七十歲。

3.《清高宗實錄》卷一四七五，乾隆六十年三月己巳。

4.《清高宗實錄》卷一○八一，乾隆四十四年四月癸未。

最為他尊崇的皇祖康熙帝沖齡繼統，辭世時六十九歲，而自己若在位六十年，已經年過八十。弘曆是一個高度自信的人，也是個縝密審慎的人，大約是覺得期冀過高，拈用了「若邀昊蒼眷佑」之類假設詞。寫下以上這段話時，已是乾隆四十四年初夏，差一年便到了弘曆的七十大壽了。當年春出了一檔子小民獻書的事件：直隸高邑縣有個叫智天豹的，編造了一本《大清萬年書》，「內按八卦名目，復於每卦後編設三項年號，以應三十三天之數，名為受天之命，見得本朝國運比周朝八百年更為長久」❺。他打聽到皇帝要往西陵，便要趕往行在，想親自敬獻領賞。又因腿腳出了毛病，走不了路，只好讓徒弟張九霄代往，跪在御道旁呼喊呈獻，當即被護軍拿下。這位智天豹讀書不多，家境貧寒，弄了一套道士行頭，平日行醫賣藥為生，窮則思變，竟想出這麼一個怪招來。他在書中為皇上設定在位五十七年，也動了一番腦筋，算出那時弘曆已是八十二歲，算是曠古少有了。豈知讖緯推背歷來為朝廷大忌，豈知乾隆帝期盼的是活過九十歲，智天豹被定為狂誕悖逆、詛咒聖上，落得個抄家砍頭下場。連帶那個代師獻書的徒兒張九霄，也被判了斬監候。乾隆帝還真翻了翻這本怪書，一眼便見出其巴結逢迎的真實意圖，否定了詛咒聖上之說，要不然就是凌遲處死了。

就這樣，一個獻書的鬧劇（也是那位實在不智的智兒的悲劇），引發了乾隆帝的久遠追憶。他講述了繼位之初的禱告，還說起年滿五十歲之際，曾將欲行禪讓之意告訴母親，而皇太后的懿旨是「皇帝受祖宗付託之重，代上天愛養億兆，董治百官」，即使在位六十年之後，也不宜「遽釋仔肩」❻。換句話說，就是讓兒子死而後已。元明以降的

5.奏摺錄副：于敏中、福康安奏，為會同審擬智天豹編造本朝萬年書案事，乾隆四十四年四月二十九日。

6.奏摺錄副：著令智天豹從寬斬決張九霄改為斬監候事，乾隆四十四年四月二十九日。

所有皇帝，不都是如此交班的嗎？

二、建儲之痛

　　對於父皇創立的祕密建儲制度，乾隆帝論為「鑑古宜今」、「神明化裁」❼，決意遵照施行。元年七月初二日，年輕的弘曆在乾清宮西暖閣召見總理事務王大臣及九卿，宣諭已選定皇儲，並當著眾人書寫密緘，命總管太監置放於乾清宮「正大光明」匾額之後。皇上寫了什麼，跪伏在側的大臣自然看不見，但也不難猜測：其時雖已有了三個皇子，出於皇后富察氏的僅皇二子永璉。

　　在中國漫長的王朝嬗代、皇位承襲過程中，逐漸形成「以嫡以長」的傳位體制，載入禮典。這種僵化的禮法規定並不利於明君的選擇，卻內蘊著一種穩定力量，以強大的禮教正統觀念和宗法意識，壓制那些覬覦帝位的人。除卻唐太宗、明成祖等個別違例且成功奪位者，各朝帝位的傳承大體平順。清廷崛起於北疆，繼位體制本與內地不同，而隨著統治階層對華夏道統的接受，隨著清朝皇帝對儒家經典的學習領悟，不能不受到嫡長制的影響。康熙帝立儲的反覆和痛苦多在於此，弘曆首先選定的接班人，也是嫡子。

　　誰知兩年之後，永璉竟以寒疾死亡，乾隆帝極為悲痛，向大臣公布密定皇太子之事，曰：「永璉乃皇后所生，朕之嫡子，聰明貴重，氣宇不凡。皇考命名，隱示承宗器之意。朕御極後，恪守成式，親書密旨，召諸大臣藏於乾清宮『正大光明』榜後，是雖未冊立，已命為皇太子也。」❽此事並未打消他的立嫡初衷。過了幾年，富察氏又得一子，即皇七子永琮，寄望亦殷。孰料僅活了兩年，尚未來得及確立，

7.《清高宗實錄》卷二二，乾隆元年七月癸巳。

8.《清史稿》卷二二一，〈諸王七・端慧太子永璉〉。

就因出痘早殤，時在乾隆十二年小除夕。富察氏悲痛欲絕，乾隆帝也甚為傷感，特降諭旨，講述「默定」永琮為皇儲的過程，並反思原先所持的建儲標準：

> ……嫡嗣再殤，推求其故，得非本朝自世祖章皇帝以至朕躬，皆未有以元后正嫡紹承大統者，豈心有所不願？亦遭遇使然耳？似此竟成家法，乃朕立意私慶，必欲以嫡子承統，行先人所未曾行之事，邀先人所不能獲之福，此乃朕之過耶！❾

句句皆是痛語，痛出衷腸。比他更為哀痛的是孝賢皇后富察氏，不到三個月即奄奄病逝。乾隆帝與富察氏伉儷情深，作〈述悲賦〉，其中寫了兩子連殤對皇后的打擊，「嗟予命之不辰兮，痛元嫡之連棄。致黯然以內傷兮，遂邈爾而長逝」「嗚呼，悲莫悲兮生別離，失內位兮孰予隨？入椒房兮閴寂，披鳳幄兮空垂。春風秋月兮盡於此已，夏日冬夜兮知復何時」❿，真情流露，長歌當哭，是乾隆詩作中難得的佳篇。此時皇長子永璜二十歲，皇三子永璋十三歲，尤其是永璜，對皇位難免有所希冀，對皇后的病逝也缺少悲傷。乾隆帝看在眼裡，嚴旨責斥，宣布斷不許二人承繼大統，並警告：「若不自量，各懷異意，日後必至弟兄相殺而後止。與其令伊等弟兄相殺，不如朕為父者殺之。伊等敢於朕前微露端倪，朕必照今日之旨，顯揭其不孝之名，即行正法！」⓫一個父親能對兒子說出這樣的話，必是忍無可忍，必有錐心之痛，只是我們不詳所指，倒覺得有些過分了。

9.《清高宗實錄》卷三○五，乾隆十二年十二月乙酉。

10.《清史稿校註》卷二二一，〈后妃‧孝賢純皇后〉。

11.《清高宗實錄》卷三一七，乾隆十三年六月己巳。

三、選定皇十五子

　　三十七年十一月十九日，皇十五子永琰剛滿十二周歲，乾隆帝特發諭旨，說他已然長大成人，應參加祭祀奉先殿儀式。就在這一天，又專門諭及各皇子待遇，「一切服用，悉如親王」[12]，已賜封郡王的四阿哥和六阿哥亦照皇子之例，待自己八十六歲歸政時，再各定爵秩。這是乾隆帝首次公開宣稱未來歸政之年，未加詳述。

　　是時，乾隆帝對儲嗣已有意向，那就是永琰。其生母魏佳氏，內管領清泰之女，七年前已晉位皇貴妃，甚受愛寵。次年十一月，乾隆帝再次祕密建儲，以永琰為皇太子，親筆書名，藏於「正大光明」匾額之後，另於隨身小匣存貯副本，以備屆時勘對。由於有了上次立儲張大其事的教訓，弘曆頗為謹慎，僅將此事告知幾個軍機大臣，「但遵皇考舊例，不明示以所定何人」，是以不太為外界知曉。

　　雖已鄭重書旨建儲，並按程序密寫分藏，乾隆帝心中並非踏實。畢竟永琰尚在少年，心性未定，吉凶未卜，將來能否擔當祖宗家業，未知的成分很多。立儲之後不久，到了一年一度的郊天大祀，諸皇子皆陪祀在列，乾隆帝登臨祭壇，焚香禮天，以儲君之名默告，「所定之子若賢，能承大清基業，則祈昊蒼眷佑，俾得有成；若其人弗克負荷，則速奪其算，毋誤國家重大之任，予亦可另行選擇」[13]。永琰正與諸皇子隨同行禮，但見父皇神色肅穆，口中念念有詞，怎知有這樣一段禱詞。

　　乾隆帝情感豐富，舐犢情深，除卻選擇儲嗣之類頭等大事，對所有兒女以及孫輩、重孫輩，也是倍加愛惜。皇長子永璜受到嚴責後，

12.《清高宗實錄》卷九二一，乾隆三十七年十一月庚戌。
13.《清高宗實錄》卷一〇六六，乾隆四十三年九月乙未。

不兩年抑鬱死去，使之深受震動，追封為定親王，由其子綿德承襲王爵。皇三子永璋在二十五年七月病故，追封循郡王，並為他過繼了一個兒子，承繼香火。

弘曆的第二代「永」、第三代「綿」皆常見字，未來的御名避諱較難，缺筆亦難。乾隆帝思量斟酌，專發諭旨：與其改眾人之名以避一人，倒不如改一人之名，使眾人不必避諱，較為妥善；將來繼位者，當以「永」改作「顒」，以「綿」改作「旻」，都是不常用之字，缺筆亦易。他為兒孫兩代設計的避諱方案，操作起來很方便，所選「顒」、「旻」二字也具有御名之正大氣象。後來嘉慶帝、道光帝皆遵從改名，再後來標識輩分的第一字，乾脆不改了。

乾隆帝五世同堂，子孫眾多。確定禪讓之期後，他開始設想對皇子皇孫的安排，於是就有了六十年三月在安佑宮的那次家庭談話。安佑宮位於圓明園西北隅，乾隆七年建成，規制類似太廟，安放著康熙帝、雍正帝的牌位，為園中最重要的禮制建築。在這裡，乾隆帝鄭重宣布明年歸政，「大廷授受，景運增隆，實為史冊罕覯」，不無自豪地聲明要創造皇位更替的典範。他沒提及訓政一節，大約想的是把權力全交給兒子，樂得去頤養天年。倒是眼前的一大群皇子皇孫，讓他不得不有所思謀。一個現實的情況是：一旦自己成為太上皇帝，子皇帝繼位，依照朝廷章服制度，眾多的皇子皇孫等便會自動降為宗室，所有待遇皆隨之改變。這是勢在必行、遲早必然之事，但乾隆帝不願在有生之年看到，遂傳諭：

惟念諸皇子皇孫以及曾元，於子皇帝嗣位以後一切章服儀制例有一定等差，不可僭越。但朕為太上皇帝，而皇子皇孫不能照諸皇子皇孫之例，遂與宗室等倫，於親親之誼似有未協。著於明年歸政後，所

有諸皇子皇孫以及曾孫元孫仍在尚書房讀書，應用冠服輿輦等項，俱著仍照現在之例，不必更改。

八十五歲的老皇帝對健康信心滿滿，表示還希望看到第六代：

　　朕年登九秩即可得六世來孫，亦當視元孫一例，豈不更為千古未有之吉祥盛事！**⑭**

這是乾隆帝當著所有子孫的一次訓諭，也是對國家禮制的補充完善。禮教為歷朝歷代所重，《周禮》、《儀禮》出，孔門弟子為後世易於學習遵行，又編寫了《禮記》。各朝修史絕多以禮志為重，卻也沒有人會想到這一層。在位六十餘年，年近九十，五世同堂的皇帝，中國歷史上僅弘曆一人。乾隆帝口含天憲，語出律隨，命將此諭交尚書房敬謹存記，宣稱後世若有享國綿長、舉行歸政典禮、也成為太上皇帝者，其皇子皇孫等亦如此例。嘿，也是說說罷了，有幾人能有他這樣的福氣呢？

四、大清又有了皇太子

　　乾隆帝做事，格局恢宏而又運作縝密，既已決定丙辰元日舉行授受大典，便要先冊立東宮，給繼位的皇子預留出一些空間，也給王公大臣一個熟悉了解過程。就這樣，時隔十餘年，清朝又有了皇太子。

　　冊立儲君的消息，最早知道的是幾位樞閣大員。嵇璜已於一年前病逝，福康安遠在貴州，孫士毅時在四川，在京大學士只有阿桂、和珅和王杰，三人也是最主要的軍機大臣。立儲為國家頭等機密，皇上一刻不宣布，臣下一刻不得有任何洩露。阿桂與王杰素來不做機巧鬼祟之事，和珅則不同。已然混到次席軍機大臣的他，既想保持已有的

14.以上兩則皆出自《清高宗實錄》卷一四七五，乾隆六十年三月己巳。

富貴榮華，又覺得心中沒底，處心積慮要和嗣皇帝搞好關係。在這些方面，和珅似乎有的是辦法……

六十年九月初三日，乾隆帝出御乾清門，召見皇子皇孫和王公大臣，命內侍捧出傳位密匣，公同啟緘閱看。密詔為二十二年前御筆欽定，曰：「皇十五子冊立為皇太子。」這份傳位密詔，一直祕藏於乾清宮正大光明匾額後，此為第一次向臣下啟匣開示。

乾隆帝宣布摒棄一應虛文縟節，不搞冊立典禮。就在這個簡樸莊重的場合，他對著滿堂兒孫，以及一眾王公大臣，很動感情地講了一段話。實錄稱之為聖諭，實則是一次擴大的家庭談話，其中有對長期執政的簡明概括，也敘說了選定繼承人的曲折經歷。在這樣一個特殊時刻，往事歷歷，不免湧上心頭，乾隆帝先從立儲說起：歷朝公開立儲的經驗教訓，康熙帝預立皇太子之痛和不復冊立之旨，雍正朝祕密建儲制度的確立，以及曾選中孝賢皇后之子、不幸早夭的經過，最後才是確定皇十五子永琰。

最為核心的內容，是他強調了自身的健康強固，強調了天下臣民對自己的崇敬眷戀，並明確了大權獨攬、小權分散的歸政方針：

> 朕仰承昊眷，康彊逢吉，一日不至倦勤，即一日不敢懈弛。歸政後，凡遇軍國大事及用人行政之大端，豈能置之不問？仍當躬親指教，嗣皇帝朝夕敬聆訓喻，將來知所稟承，不至錯失，豈非國家天下之大慶！ **⑮**

娓娓道來，但見自譽滿紙、自戀亦多多。說的是退位交班，又留了較大的回旋空間，保持著至高無上的決策地位。這番話是對參加召見的所有人說的，更是對剛剛當上皇太子的顒琰說的。

次日一大早，顒琰上疏懇辭，訴說聆聽聖諭後內心緊張，整整一

15.《清高宗實錄》卷一四八六，乾隆六十年九月辛亥。

天一夜局促不安（「五內戰兢，跼踖彌日」）；說自己年齡還小，閱歷太淺（「年齒尚少，閱事日淺」）；說深怕不能擔當重任（「惴惴焉深以弗克負荷為懼」）；又說老爸身心康強，治國理政無人能替代（「聖壽日高，康彊純固，神運萬幾而有餘，慮周群下所不逮」），懇求父皇收回明年禪讓改元之命⓰。顒琰自幼入上書房（即尚書房）讀書，浸潤儒家經典越三十年，頗有文學之才，一篇奏章寫得孝情濃重，妥帖得體。乾隆帝看得舒服，所請當然是不允。

九月十一日，乾隆帝御演武廳閱健銳營兵，皇太子顒琰陪侍。閱兵結束後，他對著一眾皇子諸王和大臣，再次詳細講述當初的願心和立儲經過，第一次對顒琰大加肯定：

> 皇太子體度端凝，仁孝夙著，克肩負荷。新正授受之間，實為盡善盡美。

接下來話頭一轉，即說到即將舉行的禪讓。不知是風聞世間有些議論，還是自個琢磨出些滋味，弘曆針對「戀位」之說，大加反駁：

> 天下後世公論，以朕為戀位乎？不戀位乎？設朕於此稍有不欲歸政之心，又何妨不行此典？且皇太子及內外大臣皆具摺籲請至期頤始行歸政，情詞懇摯，出於至誠，朕亦何難俯俞所請。乃朕於御極初年，即以紀年六十傳位嗣子之意，齋心默禱，近年屢於諭旨內諄諄述及，是朕籲天歸政之語、不肯繫戀天位之心，上帝鑒之，天下臣民亦無不共見之。

所說可以隨時取消歸政，也可俯允皇太子等請求至九十大壽時再歸政，皆是真話，操作起來毫無難度。乾隆帝要做的是「歸政完人」，再三表

16.《清高宗實錄》卷一四八六，乾隆六十年九月壬子。

白不肯繫戀天位之心，可分剖越細，越覺得繫戀甚多。對於明立太子
後可能出現的複雜局面，他也有幾分擔心：

> 儲貳一建，其弊叢生，不特僉壬依附，易啟嫌隙；而名分早著，
> 日久必致流於驕佚而不自知。我國家不明詔立儲，燕翼貽謀，慮至深
> 遠，即緘名密貯，務當慎之又慎，不可預為宣露。⓱

乾隆帝熟讀史傳，對歷朝建儲之經驗教訓格外重視。皇祖康熙帝冊立
皇太子的悲劇，更讓他引為前車之鑑，對顒琰提醒警示。

為什麼要在九月冊立皇太子？

正可見乾隆帝為皇儲思慮之周：依照通例，每年十月朔日應頒發
次年時憲書，過此節候，嗣皇帝登基之後，年曆未改，不免名不正言
不順，是以在九月擇吉公開建儲。嘉慶改元的年曆自然遵旨編印，而
不知出於誰的安排，或者並無安排，乾隆六十一年的曆書仍照常印製。
九月二十八日，皇太子率同王大臣合詞懇求，「恭進《乾隆六十一年時
憲書》，預備內庭頒賞之用」。乾隆帝允准所請，同意印行少量《乾隆
六十一年時憲書》，「用備頒賞內廷皇子、皇孫及曾元輩，並親近王大
臣等，俾得遂其愛戴之忱」⓲。同時印發父子皇帝的兩部年曆，也是
亙古稀有之事，出現在乾隆帝禪讓時期，則顯得自然妥帖，親情絡繹。

第二節　從內閣到樞垣

清朝的政府設置與明朝略同，中央主要機構為六部及一些府院監
寺，六部之上也是內閣。惟雍正朝開始，在內閣之外，更準確說是在

17.以上三則皆出自《清高宗實錄》卷一四八六，乾隆六十年九月辛亥。

18.《清高宗實錄》卷一四八七，乾隆六十年九月丙子。

內閣之上，又設了一個軍機處，「掌書諭旨，綜軍國之要，以贊上治機務。常日直禁庭以待召見」❿。這些原是內閣最核心的職責，一經分解剝離，便覺出輕重親疏，軍機處也就漸漸凌駕於內閣之上。可話說回來，機構雖不同，人員亦有不同，核心大員卻也就那麼幾位，內閣大學士多數兼任軍機大臣，並無太多衝突牴牾。

一、樞閣中的「官二代」

　　軍機處位於隆宗門內、乾清門廣場西北角，緊挨著內右門，沿門內夾道向北稍走，不幾步便可拐入養心殿。雍正帝繼位後，那裡就是皇帝批閱奏章和接見大臣的所在。至於內閣大堂，則遠在東華門內、文華殿對面，若是皇上在養心殿召見議事，要經過半個紫禁城，往來頗費周折。雍正年間籌劃西北戰事，一則為防止牴密，二則為垂詢和議事便捷，雍正帝命設軍機房（後改稱軍機處），就在隆宗門內辦公和值班。軍機大臣皆皇帝親自揀選，例由重臣和能員組成，其中有內閣大學士，也有尚書和侍郎。比較起來，若在京大學士未入軍機，不是老邁衰病，就是受到皇上冷落了。

　　乾隆六十年的內閣，有六位大學士，阿桂以下，依次為嵇璜、和珅、王杰、福康安和孫士毅，三滿三漢。前四人已入閣多年，福和孫較晚，以出征廓爾喀軍功同時晉升。嵇璜因多病未入軍機，阿桂、和珅、王杰兼任軍機大臣，福康安、孫士毅則遠在雲貴總督和四川總督任上。

　　乾隆帝一向重視用人行政，內閣和軍機處堪稱人才薈萃。若稍加梳理，便能發現乾隆晚期所用重臣，往往是早期或中期重臣之子，「官二代」現象歷朝皆有，此時顯得格外突出。實事求是地論列，乾隆帝

19.《大清五朝會典》第十六冊，光緒會典一，辦理軍機處。

雖稱念舊，大臣的才能業績和品德卻是首位，所倚重的幾位宦門子弟，誰也不敢躺在父祖的功勞簿上，入相則兢兢業業，出將能馬上殺伐，幾乎個個是功勛茂著的英傑。

首先是內閣首輔兼首席軍機大臣阿桂，滿洲正白旗人，章佳氏，其父阿克敦在雍正間即顯露頭角，乾隆前期仕至刑部尚書、協辦大學士兼步軍都統，為兩朝重臣。乾隆朝用兵甚多，阿桂自年輕時便歷經戰陣，征討準噶爾、霍集占、緬甸，平定大小金川和甘肅回部之亂，皆建大功。兼領內閣和樞密的阿桂，對於出身較低、素無戰功，且品行不端的和珅，從心裡有些看不上，不屑與之為伍，連說話都懶得與他搭腔，「每朝夕同入直，必離立數十步外。和珅知公意，故就公語，公亦泛答之，然卒未嘗移立一步」⓴。考慮到皇上年事已高，也忌憚和珅受到的特殊溺信，阿桂自也不會去揭發其劣行，但平常對之很不客氣，令和珅頗有幾分忌憚怯懼。

內閣次輔為嵇璜，江蘇無錫人，是乾隆早年信重的大臣嵇曾筠之子。曾筠以治水之功，官至江南河道總督、吏部尚書、文華殿大學士。嵇璜自幼隨父在各處河工，對水患有著很深認知，也積累了豐富的治河經驗。乾隆帝知人善任，先後命他擔任南河副總河和河東河道總督。黃河水患貫穿整個清朝，治河大工向為歷代帝王憂慮牽念，嵇璜肩負重任，不避艱險，在危急時刻表現出很強的擔當精神：

> 一日宿廟中，聞虞城工險，馳往。其時天甫曉，雨雹交下，趨視所下之埽岌岌欲崩，從者瑟縮，面皆改色，或遮勸勿前，公立堤上，屬聲叱曰：「埽去，則我與俱去！」聲息，雨雹亦息，堤卒無恙。⓴

---

20. 洪亮吉，〈書文成公阿桂遺事〉，見《碑傳集》卷二八。

21. 《國朝耆獻類徵》卷二三，〈嵇璜墓誌銘〉，袁枚撰。

《御筆平定臺灣二十功臣像‧阿桂》

埽，舊時治河之術語，指以秫秸、石塊、樹枝等纏結成的長龍般龐大物件，用以堵塞口門，或護持大堤。埽去則大堤直接受沖擊，站在堤上，自是危險異常。對於大臣在危難時刻的表現，乾隆帝常通過不同渠道進行了解，一旦得知此情此景，能不愛煞！

嵇璜與乾隆皇帝同歲，被特許冬天可待日出後再上朝，仍不許其致仕。沒有進入軍機處，原因當是年高體衰。阿桂比他小五歲，乾隆五十年正月舉辦千叟宴，二人分別為滿漢大臣領班。雖不像和珅與皇上關係親近，然那份尊重與尊貴，卻為和某所無。

列於第三位的是和珅，接下來便是王杰，來自陝西韓城的窮書生王杰。和珅與王杰的出身和經歷大不相同，卻都是經歷寒苦（所謂「寒苦」，原也有千差萬別），都受到乾隆帝的特殊恩典，也都不算是官二代。和珅曾想拉攏王杰，多次示好，未想到人家不買帳，漸漸二人便成了死對頭。

二、和珅與王杰的鬥法

和珅相貌堂堂，幹練機敏，嘴上講得，筆下寫得，深受乾隆帝愛

寵，正值權勢和財富急劇膨脹的時期。然坊間傳聞的和珅貪婪弄權和橫行無忌，既有實情，也不無渲染。在大清已沿承一百五十多年的政體結構中，上有威嚴英察、乾綱獨斷的乾隆皇帝，身邊有一批資歷深厚、經驗豐富的重臣，供和大人騰挪輾轉的空間應也有限。和珅畢竟是一個政壇奇才，還是能夠有所施展，一點點進占地步。

　　有人以「不學有術」來形容和珅，不甚準確。在科試正途中，和珅沒有多少資歷可稱，但被選入八旗勛貴子弟為主的咸安宮官學，經過多年苦讀，再加上天資穎悟，對一般典籍堪稱熟稔。乾隆四十年，弘曆從侍衛中偶然發現了和珅，見其形象俊朗、反應機敏、言辭便捷，兼且通曉數種文字，寫得一筆好字，自是喜不自禁。在不到一年的時間裡，就將他由乾清門侍衛、御前侍衛、正藍旗副都統、戶部右侍郎，超授為軍機大臣。再授予內務府大臣、國史館副總裁、總管內務府三旗官兵事務，官居一品，抬旗正黃，無限富貴逼人來。

　　進入軍機處那年，和珅僅二十六歲。後人或有不解，多方尋覓和珅發達之特殊機緣，殊不知乾隆帝用人，歷來都是如此不拘一格。如傅恒，不到二十五歲就入軍機處，四年後成為首席軍機大臣；而傅恒的兒子福康安，三十七年五月以戶部侍郎、副都統「在軍機處學習行走」[22]，僅僅十八歲。雖說有孝賢皇后的至親關係，但重視青年英才，敢於把他們派往前線，一旦立有戰功即不次拔擢，出將入相，則是乾隆帝的一貫作風。應予說明的是，這幾位都屬滿族。至於對漢人中英才，超常規使用之例亦多有，但像福康安與和珅這般「坐火箭上來的」，尚未見到。

　　王杰也有著被乾隆帝特別識拔的榮寵。二十六年春闈，弘曆將王杰由一甲第三名欽點為狀元，據稱原因有二：一是自大清建國以來中

22.梁章鉅，《樞垣記略》卷二，〈除授一‧軍機大臣〉。

國大西部還沒產生過狀元；二是見其試卷字跡，覺得似曾相識，心生
喜歡。要說這兩條都不太合理，那位從第一被倒換到第三的趙翼，一
生耿耿於懷。可皇上就這麼定了，復誰敢言！王杰比阿桂年輕九歲，
也是數十年聖眷不衰，由翰林學士、刑部侍郎、吏部侍郎、左都御史、
兵部尚書一路提升。五十一年四月，命為上書房總師傅；十二月，在
軍機處行走。❷³次年入閣，已然六十二歲。比他年輕二十五歲的和珅，
一年前便成為文華殿大學士，至於入軍機處，更是早了整整十年。

　　同為內閣大學士，又以殿閣之名稱標示等差，以管事不同而權重
有別。年紀輕輕的和珅，兼吏部尚書，管理戶、吏兩部，皆屬要害部
門，比王杰只是管理禮部事務，顯然權力要大得多。

　　王杰初看平易和藹，通常待人處事亦如此，但性格剛直不阿，素
來厭憎善於逢迎、逞能逞才、行事詭詐的和珅，尤其憎惡他的貪婪納
賄。遇有和珅試圖夾帶私貨、安插私人之事，阿桂等還有些顧慮，要
留一點餘地，王杰總是當即反駁，不留情面。有這樣一段傳播很遠的
記載：

　　公高不逾中人，白鬚數莖，和藹近情，而時露剛堅之氣。其入軍
機時，和相勢方薰赫，梁文定公國治為其挪揄若童稚。公絕不與之交，
除議政外，默然獨坐，距和相位甚遠，和相就與之言，亦漫應之。一
日，和珅執公手笑曰：「何其柔荑若爾？」杰正色曰：「王杰手雖好，
但不會要錢耳！」和艴然退。❷⁴

簡簡幾筆，寫出大清軍機處的嚴重不和諧，亦畫出和珅的得意輕狂與
王杰的耿介硬拗。和珅應是藉開玩笑套交情的，王杰回敬的話語也似

23.《清高宗實錄》卷一二七〇，乾隆五十一年十二月壬子。

24.昭槤，《嘯亭雜錄》卷四，〈王文端〉。

調侃，卻帶著明顯的厭惡。內閣大學士兼軍機大臣，是官場所謂「真宰相」，率以崖岸自高，外示和煦，私下絕不與督撫等地方大員交接，以免物議。自乾隆帝以雷霆之勢打擊鄂爾泰、張廷玉的朋黨紛爭，首輔如傅恒、劉統勳、高晉、阿桂，皆不立門戶，閣僚亦然。而和珅為權欲、貪欲所驅使，大開賄賂之門，故遭到王杰的嘲弄譏諷，他也只有滿面羞慚的分兒。

　　皇帝的寵臣都是吃不得虧的。和珅銜恨在心，當然不會放過任何傾陷王杰的機會。有這麼一則文字，說是和珅打聽到王杰在家鄉韓城的房產很多，甚至有「三王府、四王府」之稱，遂添油加醋，私下奏與皇上。乾隆帝聞說又驚又怒，對一向視為清廉的王杰頓生疑竇，密旨命陝西巡撫速往韓城察訪，實地調查王杰在老家的宅第財產，查清所謂三王府四王府究竟是怎麼回事。巡撫怎敢怠慢，急急趕往韓城，到後見王杰老宅多年失修，殘破湫隘，如同寒門百姓。至於「三王四王」之說，原是當地另一王姓人家之老三老四，鄉人就其姓開玩笑而已。巡撫據實密奏，乾隆帝閱後大為感慨。該書寫道：

> 　　一日，上謂文端曰：「卿為宰相，而家宅太陋。」命賞內庫銀三千兩修之。文端悚然不知所由。❷⑤

文端，王杰逝後諡號，一個「端」字，真真恰切允當，與和珅的「不端」形成鮮明對比。天下沒有不透風的牆，王杰事後必能知曉和珅的小動作，對他更加厭惡。

　　陳康祺《郎潛紀聞初筆》卷六，有「王文端公欲用藥殺和珅」一段，說是和珅患有疑難病症，聽得禮部官員陳渼擅岐黃之術，要他來為診治。陳渼向座師王杰求教該如何應對，王杰說：「此奸臣，爾必以

---

25. 《清稗類鈔》第一冊，〈三王府四王府〉。

藥殺之，否則毋見我。」和珅長期為腰腿病痛折磨，有自撰長詩為證。此處寫得煞有介事，大約出自傳聞附會，其所傳遞出的王杰之痛恨，倒有幾分真切。

三、火線提拔二閣臣

乾隆晚期的大清內閣，是一個由年高資深官僚為主，加上皇帝寵臣構成的班底。和珅年齡資望最輕，自覺勢單力薄，想弄點權，引進幾個私人，可面對時見峻厲的皇上，怕也不太有膽量❷⑥。福康安、孫士毅同時入閣，福為武英殿大學士，兼吏部尚書；孫為文淵閣大學士，兼禮部尚書。或稱二人為和珅所援引，實際並非如此。

福康安，滿洲鑲黃旗人，富察氏，姑母為乾隆帝嫡妻孝賢皇后，一門貴顯。十三年春，孝賢皇后病死於東巡歸途中，乾隆帝不勝悲悼，隆重治喪❷⑦。當年十月，即擢孝賢皇后之弟、尚在金川前線的傅恒為保和殿大學士，次年擢為首輔，兼首席軍機大臣，一做就是二十餘年，直至去世。傅恒二十五歲任戶部尚書，二十七歲已位極人臣，始終勤慎謙和，尊重愛惜人才，在朝野享有清譽。傅恒卒後，乾隆帝讚為「社稷臣」，對他的四個兒子均委以重任。福康安是傅恒第三子，先後參與征討金川、臺灣林爽文和廓爾喀之役，無論參戰還是領兵，從來不畏艱險，迭獲戰功，為乾隆時期乃至整個清朝最著名的將帥之一。然出身貴冑的他排場驕奢，誅戮任情，曾以福建提督柴大紀禮數不周而痛下殺手，品行聲望遠不如其父。

孫士毅亦是能員，長期協助征剿，任封疆大吏。士毅與王杰同年進士，此科為皇太后七旬萬壽恩科，列二甲第四名，卻未能進入庶常

26.在《碑傳集》、《清史列傳》等書中，多處可見乾隆帝責斥和珅的記載。

27.參看戴逸，《乾隆帝及其時代》第三章，皇后之喪的政治風波。

館，僅得到一個候選知縣。所謂候選，往往先從雜差做起，或乾脆候著，一候就是數年。孫士毅年已四十二歲，滿腹經綸，精明練達，真是候不起，只好另尋捷徑。適逢傳來乾隆帝次年春要南巡的消息，士毅趕赴途次恭迎，經皇上面試一等，授以內閣中書。不久後選任軍機章京，漸露頭角，踏上官場的快車道。二十年後，孫士毅已是雲南巡撫，雲貴總督李侍堯貪贓案發，士毅以沒能先行舉報，又不積極揭發坐罪，遣戍伊犁。卻因被抄家時「不名一錢」，再次得到皇上關注。之後他便一路順風順水，歷廣西巡撫、廣東巡撫、兩廣總督。平定臺灣林爽文，出師安南和用兵廓爾喀，孫士毅都親身參與，督餉助戰，安排得周密妥當。如反擊廓爾喀入侵西藏之戰，用兵絕域，時際隆冬，面對的又是向稱彪悍的強敵，福康安和孫士毅督兵奮進，連克險隘，大捷之後，二人雙雙入閣。

和珅與傅恒第四子福長安關係密切，對戰功卓著的福康安頗存嫌忌。福康安也想與皇上身邊的和大人搞好關係，常送上厚重禮物，和珅來者不拒，表面示好，私底下將之視為競爭對手。和琳舉報福康安私運木料，背後應有和珅的影子。福康安因母喪請求回京，和珅不願其回到京師，暗中設置了不少障礙。孫士毅的情況不同，在李侍堯一案中雖大吃苦頭，卻也藉此贏得了皇上的好感，並與和珅搭上了關係，越來越熱絡。

福康安和孫士毅進入內閣，並各兼尚書銜，卻沒有在內閣管事。為什麼？只因二人一直在外地擔任總督。由於這一原因，兩人也未能兼任軍機大臣。此類大學士帽子，當是皇帝寵信慰勉的標誌，多用來獎勵建立殊勛者，先行備位，視需內調。不久後，苗疆生變，當地官軍損失慘重，難以鎮壓，乾隆帝立刻想到福康安和孫士毅。

第三節　苗變之痛

就在乾隆六十年元旦期間，一場巨大的民族暴動在苗疆醞釀，先是湖南、貴州，接著是四川、廣西，長期安靜畏服的苗民揭竿而起，格殺鎮篁總兵明安圖，圍攻鎮城和營汛，震撼朝廷。

苗族為中國古老民族之一，起源和繁衍的歷史悠遠莫辨，惟後世漸由平原遷避深山，專選險峻峭拔之處聚族結寨，必有一部民族痛史在焉。降至清朝，苗人主要散居於湖南、貴州、雲南、廣西諸省毗鄰的山區，以地域服色而分為紅苗、黑苗等，連綿數千里，統稱苗疆。雍正四年春，胤禛以貴州仲家苗「為亂二十餘年」，剿撫難定，垂詢署雲貴總督鄂爾泰。鄂爾泰疏中敘及：「苗疆四圍幾三千餘里，千三百餘寨，古州踞其中，群寨環其外。左有清江可北達楚，右有都江可南通粵，蟠據梗隔，遂成化外。」❷❽他列舉群苗久在化外的種種積弊，認為苗患甚於土司，建議改土歸流。雍正帝下旨用兵，剿撫並行，那時的大清猛將如雲，數年間將各苗寨次第蕩平。其間叛服反覆，清軍血腥殺戮，又成為苗人刻骨銘心的記憶。

一、總兵明安圖之死

應該說，改土歸流，置郡縣，設營汛，建學校，興科舉，打破苗疆固有的割據和封閉，袪除土司土官的無度盤剝，減少百姓的賦稅額度，對地域發展和普通苗人生活，都是一種福音。但事物的複雜性在於，山高路險，政令難及，苗疆人民的生活改善緩慢，而乾隆晚期官場和社會腐敗加劇，加上人口劇增，土地兼併日趨嚴重，客民（主要

28.《清史稿校註》卷二九五，〈鄂爾泰傳〉。

是漢族流民）漸漸擴展到苗人居集區，不斷引發族群仇恨，風暴一觸即發。

乾隆帝先時採納孫嘉淦之議，「令各寨用頭人為寨長」，管理苗民，半個世紀平安無事。而此時最先密謀起事的，正是一批心懷不滿的苗寨首領。乾隆六十年元旦前後，藉著節日活動的掩護，松桃廳大營寨百戶石柳鄧、永綏廳黃瓜寨寨長石三保，與鳳凰廳鴨保寨副百戶吳隴登多次祕密集會，歃血為盟，公推石三保為苗王。因眾人皆不識字，連個文告書帖都不知如何寫，三保忽然想起表兄吳八月，立刻派人去請。

要說這吳八月，雖然年已六十七歲，仍是響噹噹一條好漢。他幼時曾入學讀書，後痴迷武功，拜武藝高強的苗百戶石老喜為師，得到真傳，還入贅為婿。自此不光刻苦習武，還對苗族武術梳理總結，並獨創「九滾十八踢」等招式。石老喜死後，吳八月攜妻子回到家鄉坪壟，擔任苗百戶，廣收門徒，聲名遠播。他對官府早有不滿，接到石三保的信，馬上趕往黃瓜寨。大家商定共同舉事的日期，吳八月草擬文告和口號，以雞毛信方式分送石柳鄧等各處首領。暴動的口號大約是以他為主提出，在場各人再添加一些，如「逐客民，復故地」「驅逐客民，奪回苗地」，在苗人中有相當強的煽動性；另有什麼「打到黃河去，不到黃河心不甘」，就有點兒不切實際了。

所涉各寨雖分屬湖南和貴州，實際上相距不遠。各路起事苗民先要分別集合演練，石柳鄧在大寨營演練時鬧得動靜太大，附近一個苗百戶石老三發現苗頭不對，跑去向官府報告。松桃都司孫清元也算幹練，親自率領三百官兵趕來清剿，卻沒估計到事態的嚴重性，被衝殺得七零八落。石柳鄧等悍然無懼，先是憑險抵抗，後來衝出圍堵，趕到黃瓜寨與大隊集結。兩天後的正月十八日，是諸苗約定的起事之期，乾州、鳳凰、永綏等地揭竿而起。號稱「統兵元帥」的石柳鄧一支聲

勢最大，先殺回大寨營，攻占大營汛，進而包圍了松桃廳城。

相距最近的總兵府駐紮鎮筸，位於鳳凰廳城不遠處，士卒素以強悍敢戰聞名，被譽為綠營六十六鎮之首。總兵明安圖為蒙古正紅旗人，「以雲騎尉授三等侍衛，累遷湖南保靖營游擊。從征金川，大小戰五十有四」❷❾，是一位出身宮廷侍衛的悍將。二十二日，明安圖聞知貴州松桃苗變，即率五百餘部下前往省界堵禦。行至途中，猝遇石三保的大隊苗軍，漫山遍野衝殺而來。明安圖見勢不能擋，領兵且戰且退，先進入鴨酉寨，據險死守。血戰至夜半，部下折損甚多，本人也多處被創，見該寨已被苗軍攻破，只好突圍而出。永綏駐守官兵在副將伊薩納、同知彭鳳堯帶領下趕來救援，也被團團圍困。明安圖平日待士兵不錯，事到危難，部屬拼死保護，親兵中有兄弟三人，兩人先後戰死，剩下一個仍堅持揹他下山。山道狹窄，苗民箭鏃與矛鋒多餵毒，又有火槍鳥銃，明安圖、伊薩納等先後戰死，所帶官兵大部被殲。

旗開得勝，苗眾士氣高漲，進圍永綏廳城，晝夜攻打。多地苗民群起響應，堵截官軍救援和糧餉的通道，聞訊馳援的雲南鶴麗鎮游擊永舒、四川阜和協都司班第試圖還擊，皆不敵而死。另一路在吳八月率領下，也是攻勢凌厲，數日後一舉攻克乾州城，同知宋如椿自盡，巡檢江瑤被殺。這場苗變一開始就極為慘烈，一批文武官員死於苗民之手，其中有久歷戰陣的二品大員，加上一千多名以驍勇著稱的綠營兵，苗軍大振，朝廷大震。

二、大員雲集

平定苗變之役，照例由乾隆帝親自部署指揮。對起於湘西和黔東南的苗人大暴動，弘曆由起初的不太經心到高度重視，調兵遣將，在

29.《清史稿校註》卷三四一，〈明安圖傳〉。

京師遙控攻剿事宜。

　　第一份奏報在二月初四日送到京師，為湖廣提督劉君輔所呈。君輔剛剛由永州鎮升任，對情況不很清楚，奏稱先接到總兵明安圖咨文，說貴州松桃廳有苗人石柳鄧聚眾鬧事，恐怕會竄入湖南境內，現帶兵前往堵截；又接游擊田起龍等人稟報，稱湖南鳳凰廳黃瓜寨石三保糾眾搶劫，「焚燒民房，殺斃客民」，正在竭力保護永綏廳城。君輔奏稱已檄調就近各處駐軍趕往鳳凰，並率領標下戰兵六百名前去辦理。乾隆帝閱後不以為然，對軍機大臣發表了一番看法：

> 貴州湖南等處苗民，數十年來，甚為安靜守法，與民人等分別居住，向來原有民人不准擅入苗寨之例。今因日久懈弛，往來無禁，地方官吏暨該處土著及客民等見其柔弱易欺，恣行魚肉，以致苗民不堪其虐，劫殺滋事。迨至釀成事端，又復張皇稟報。看來石柳鄧、石三保等不過糾眾仇殺，止當訊明啟釁緣由，將為首之犯拿獲嚴辦，安撫餘眾，苗眾自然帖服，何必帶領多兵前往，轉至啟其疑懼，甚或滋成事端。是因一二不法苗民，累及苗眾，成何事體！❸⓪

一段話娓娓道來，對苗民生存之艱的理解同情，治國經驗和治吏手段都在其間。乾隆帝並未意識到苗疆發生了重大事變，要給即將接班的兒子做個愛民的榜樣，著重講的是對民族關係必須審慎，是對民間疾苦的關心，以及對底層苗眾的悲憫。老皇帝見過的大陣仗太多了，對苗民多年馴順的印象也太深了，劉君輔火速調兩千綠營兵撲救，被他斥為遇事張皇，缺少頭腦。他也擔心雲貴總督福康安聞訊統率大軍前往，會引發全苗疆的騷動，傳諭如已起身，到達後應不動聲色，妥善辦理；如尚未起動，也不一定要親往，以免大動干戈，影響地方穩定。

30.《清高宗實錄》卷一四七○，乾隆六十年二月丙辰。

　　當日稍晚時分，湖廣總督福寧和湖南巡撫姜晟的急奏遞到。福寧已改調兩江總督，因繼任的畢沅尚未接印，仍須堅守崗位，聞知變亂後一邊急急趕往鳳凰，一邊上奏朝廷。所奏基本是轉述劉君輔的急件，沒有太多新內容。乾隆帝再一次強調「苗民安靜畏法，素習供役，與內地民夫無異」，斷定鬧事的原因為客民欺凌苗人（「必係外來客民平日有侵占地畝、恣意欺凌等事」），敕令福康安和福寧到後核查清楚，連同涉事官員一起嚴辦。對兩份奏本皆以五百里或六百里馳遞，老皇帝也覺得有些過分。姜晟在摺盒外面的傳牌上寫「緊要事件」，還算知道保密；福寧則註明「永綏廳苗人劫殺客民」，一路急遞也一路傳播，被皇上好一通訓誡❸❶。第二天，在隆重的祭孔大典之後，乾隆帝興致勃勃，吟成御製詩四章，令大學士和文學侍從等恭和，還特地叮囑，抄寄一份給「遠在滇南」的福康安閱看。

　　僅僅過了一天，又接福寧急奏：乾州被圍，倉庫遭搶劫，同知宋如椿、巡檢江瑤俱已殉難，鎮算總兵被圍困，聲稱正在調兵前往會剿。儘管還不知總兵明安圖等已被戕殺，乾隆帝已高度警覺，心態也不再平和，立即降諭：「必須痛加剿除，以儆凶頑而彰國憲。」❸❷他將此事交給素來信重的福康安，要其選調道府幹員，路過貴州時再帶上些勇健官兵，前往平定事變。同時寄希望於已在鳳凰廳的福寧，令其率領地方文武趕緊剿捕，最好能迅速自行解決，不用福康安勞師遠征。新任湖廣總督畢沅已至湖北，受命速赴荊州等地駐紮，「籌辦糧餉軍火」。乾隆帝雖已年邁，頭腦仍極為清晰，得悉兩省亂苗頭領都姓石，有可能是先有串連和預謀，立刻意識到形勢嚴峻，調兵遣將，叮囑前線將領處處謹慎，尤其不要中了假降的陷阱。

31.《清高宗實錄》卷一四七〇，乾隆六十年二月丁巳。

32.《清高宗實錄》卷一四七〇，乾隆六十年二月戊午。

　　明安圖做過三等侍衛，曾被派往金川前線，衝鋒陷陣，多次建功。乾隆帝對這位蒙古勇士有較深印象，很想知道明安圖陣亡的具體情形。幾日後，終於接到劉君輔的有關報告，說是面詢唯一逃出的馬兵高某，得知明安圖和副將伊薩納以及永綏廳同知、守備三員、巡檢二員，帶兵五百名，在鴨酉寨與苗民接戰，至半夜全寨已失，次日且退且戰，參戰苗人更多，最終在盤打扣地方被害。乾隆帝讀後疑問更多：明安圖久經戰陣，所帶五百官兵已不算少，為何如此不堪一擊，竟至全軍覆沒？他對劉君輔（也包括福寧）再次表達不滿，要求將「明安圖等如何與苗匪打仗，及如何被害情形」查清奏報。

　　這一質疑是對的。明安圖等經歷了慘烈血戰，兩天一夜連續廝殺，最後彈盡力竭而亡。怎奈身邊部下絕多戰死，那位受傷逃回的為永綏廳士兵，所知也就是這些了。後來，福寧找到了揹明安圖下山的親兵林勝仲，將他送往京師，乾隆帝命軍機大臣詢問，得悉那場遭遇戰的詳情，批曰「情殊可憫」❸❸。懼於乾隆帝的敏銳英察，那時的前線將領大多還老實，不敢對作戰情形胡編亂造。否則活靈活現來上一篇，寫得可歌可泣，老皇帝閱後也就舒服些了。

　　到了這時，乾隆帝已將平定苗變視為朝廷頭等大事。他仔細查看姜晟報來的苗疆地圖，見出事之地實為三省交界處，與四川的秀山縣毗鄰，那兒苗寨亦多，當即下旨，命新任四川總督和琳前往處理。前任川督孫士毅本已奉調進京，也被要求留下籌辦軍需等項。老皇帝心目中的統軍主帥是福康安，副帥則是和琳。讓他倍感欣慰的是：和琳正在由西藏回京途中，行至打箭爐，聞知湘貴地方出事，立即折向秀山；而福康安也馳送奏本，說是正在率軍奔赴松桃路上，並已做出一系列平叛部署。至此，動亂苗區方圓數百里地方，已有兩位大學士兼

33.《清高宗實錄》卷一四七四，乾隆六十年三月戊午。

總督（福康安、孫士毅），三位總督（和琳、福寧、畢沅），加上相鄰各省提督、總兵，可謂大員雲集！乾隆帝力圖早日敉平變亂，戡定苗疆，避免給明年的禪讓大典添事端，又從侍衛中選拔十餘名巴圖魯，令正紅旗護軍統領德楞泰帶領，由京師趕往前線。後應福康安之請，再派正藍旗滿洲副都統額勒登保率領巴圖魯侍衛，趕赴軍前。

　　清太祖以馬上殺伐得天下，從親兵（後亦從宗室和藩部）中遴選青年俊彥，平日研習騎射，遇敵捨命廝殺，稱為侍衛，即扈從親軍也。入關後專設侍衛處，由勛戚大臣統領，負責御前和宮禁的安全。警蹕護衛之責多由護軍承擔，各侍衛則分以等級，明確職責，主要是檢視督察，更像一個高級武官培訓中心。頭等侍衛秩在正三品，更是優中選優，歷來深受皇帝信任。遇有大的戰事，皇帝照例要選派侍衛赴前線。一則彰顯朝廷的重視，激勵前線將士；二則也給他們建功立業的機會，從實戰中考驗與選拔人才。這些皇上的身邊人，深受熏陶和激勵，不獨武藝過人，亦有著強烈的國家意識和個人榮譽感。後來的作戰過程證明，額勒登保和德楞泰皆為滿洲勇將，所帶侍衛多不懼血戰，成為平定苗疆的一批中堅力量。其後在追剿白蓮教教軍時，二人皆成為重要的領兵大員。

三、軍中三虎將

　　二月中旬，福康安率部急急趕到銅仁。正如乾隆帝所判斷的，他在接到苗疆變亂的稟報後，不待命即領兵起身，由昆明兼程前來，途中不斷發出指令，布置攻剿，並向朝廷請調三員大將：前兩位是皇帝已經派出的額勒登保和德楞泰（君臣二人也稱心有靈犀），另一個便是貴州安籠鎮總兵花連布。

　　深得乾隆帝倚信的福康安，十三歲已是三等侍衛，在乾清門行走；

十五歲升二等侍衛，御前行走；再一年擢頭等侍衛，已在武職大員之列。三十七年五月，十八歲的福康安以鑲黃旗滿洲副都統進入軍機處，儼然已是軍機大臣。金川之役，福康安奉旨往軍前授印，留軍為領隊大臣，督兵冒雨夜戰，毀垣克碉，身先士卒，大受皇上獎譽。自此數年鏖戰，金川平定後封男爵，繪像紫光閣。再數年之間，歷正白旗都統、吉林將軍、盛京將軍、雲貴總督、四川總督、御前大臣、工部尚書、兵部尚書，這還不是他擔任的全部要職，已覺如走馬燈一般。凡有地方動蕩，如甘肅回民起事、臺灣天地會起事、安南內亂，多派他前往鎮壓或辦理，所至皆不辱使命。此次受命總統軍務，平定苗變，福康安為武英殿大學士、嘉勇忠銳公、雲貴總督，真可謂文武一肩挑。如此豐富的經歷，養成了他審慎周全的風格，而骨子裡的悍厲剛勇依然無改，甫一抵達，立刻督兵分路攻剿，與龜縮在鎮城內的福寧形成鮮明對比。

苗疆之變的血腥開始，意味著誰都沒有了回旋的餘地，必然是一場接一場的惡戰。這裡山高林密，道路崎嶇陡峭，多數苗寨憑險而建，豎木柵，設石卡，再根據地形布置埋伏，獸夾陷阱，鳥槍毒箭，來犯者多是有來無回。千百年來，苗民就是以此來自衛和拒敵的。

清朝的盛極而衰，首先在軍隊戰鬥力上反映出來，能打仗、會打仗、敢打硬仗惡仗的將領，滿朝望去已經不多了。苗變發生在三省交界地區，清軍本已密集駐防，然變亂一起，明安圖等輕舉妄動，所部損折殆盡，各處駐軍不免聞風惶恐，基本是縮在鎮城和營汛，只求固守自保。而苗眾氣勢大增，城外架雲梯，擲火球，百計進攻；城內使人投毒放火，不斷製造騷亂。官軍能守住幾個據點，已是大不易。福康安久歷戎行，對軍隊腐敗和將士的怯懦很清楚，請求皇上特旨急調的三員將領，曾與他一起參加金川等惡戰，又都有在紫禁城任侍衛或

護軍的經歷——

　　德楞泰，蒙古正黃旗人，行伍出身，以藍翎長隨軍征大小金川，接著隨福康安遠征石峰堡和臺灣，戰功累累，遷前鋒參領，賜號巴圖魯。乾隆五十六年，隨福康安出征廓爾喀，盡復被占國土，加副都統，繪像紫光閣，擢健銳營大臣。健銳營者，大清的特種部隊是也。川貴苗變，德楞泰為正紅旗護軍統領，正二品武大臣，在福康安奏本到達之先，已奉乾隆帝欽命率十二名巴圖魯侍衛經河南馳赴湖南。遇此類緊急軍務，所過之驛站均先期「揀選膘壯好馬」，「隨到隨即更換，兼程前進」。各道府除保障供應外，還要負責稽察，「務令依限馳過，毋許片刻稽遲」。河南巡撫阿精阿專摺報告了德楞泰和額勒登保等進入省境和離境日期，皆精確到某刻，政令軍紀之嚴，於此可見❸❹。

　　額勒登保在十日後出發，也是帶領十二名巴圖魯侍衛。他與德楞泰從征經歷略同，個人素質和所建功績又勝之。額勒登保為滿洲正黃旗人，從馬甲（即驍騎營兵）做起，以戰功擢三等侍衛、御前侍衛直至頭等侍衛，署駐藏大臣，兩次繪像紫光閣，歷升護軍統領、正藍旗滿洲副都統，亦正二品大員。他雖年齡比福康安大好幾歲，但長期作為其部下，跟著東征西伐，忠心耿耿，苗疆要打大仗，又是聞命赴召，兼程趕往湖南。

　　花連布為蒙古鑲黃旗人，也是一員虎將，曾做過八旗健銳營前鋒，積戰功為藍翎長，火器營護軍參領，以參將就職地方，漸升為副將、總兵。花連布時在回京述職途中，接奉旨意即行折返，抵達銅仁，向福康安報到。該地苗眾正紛紛聚集，攻城截道，正大營位於貴州邊界，靠近湖南的鳳凰廳，是苗變的中心，成千上萬苗眾輪番攻營襲擾。總

34.奏摺錄副：阿精阿奏，為護軍統領德楞泰過豫妥備車馬等事，乾隆六十年閏二月初二日。

兵珠隆阿還算勇武，領兵出營廝殺，格斃數百人，無奈苗民越來越多，只好撤回。貴州提督彭廷棟領兵趕來增援，苗眾稍退，很快又蜂擁而來，營中官兵拼命抵抗，才算沒有陷落。廷棟等急向福寧求救，可那裡的情景也差不多，正處於苗眾的四面包圍之中。

二月十五日，福康安率大隊趕來，仔細偵察附近各苗寨情形，又密派士卒繞道往正大營，告知行動時間。十九日深夜，福康安分兵兩路，自將主軍，以花連布為偏師，包抄前行。至盤塘坳地方，見苗寨叢集，木柵石壘擋道，即令開炮轟擊和拋擲火彈，清兵見人即殺，哪裡管「良苗」和「凶苗」。天已漸漸放亮，對面山梁鳴鑼吹號，四面皆有苗民趕來對拒，清兵槍炮齊發，各據地形飛攀而上，奮力強攻。苗眾起事以來，見慣了官軍的驚惶怯戰，從未見過這等強橫霸蠻的氣勢，抵擋不住，慌忙四處逃散。花連布乘勝率三千精兵直趨正大營，一路斬關進擊，兵鋒甚銳。彭廷棟聞聽救兵到達，由城內領兵殺出，攻城苗眾四散而去，正大營之圍立解。此役首戰告捷，還繳獲了一大批苗軍糧餉。

解圍正大營，不僅解除了進軍的後顧之憂，也將貴州提督彭廷棟一彪人馬解脫出來，福康安妥為部署，仍留彭廷棟守住後路，然後揮師北上，殺向松桃。此一路苗寨密布，山高水急，所有道路均被阻斷，處於中間的嗅腦城和松桃廳城一樣，正被苗軍圍困攻打。福康安雖剛過四十歲，身為經略苗疆的統兵大帥，凌厲中不失謹慎，步步為營，穩健推進。閏二月中旬，清軍先解嗅腦之圍，連續進擊，終於抵達松桃廳城，多日的長圍立解。福康安奏捷：

> 自嗅腦以至松桃一路，兩旁皆有賊寨……官兵爭先直進，殺斃數人，奮力追出山口，一望該處地勢稍平，苗寨無數，賊見官兵飛馳前

來，俱挾鏢矛向前撲拒，幾有四五千人，齊來對敵。官兵刀槍競發，登時殺斃賊苗甚多，滾岩落溝而死者不計其數，餘匪皆向兩旁山後竄逸。官兵直趨下山，將近馬乾溪，見有大河一道，水溜甚急，臣一面用炮轟擊，一面派令官兵飛赴上流各淺處所過河，抄至賊後，猛力剿殺……。㉟

短短一段文字，滿篇皆見「殺」字，至今日讀之，仍覺血氣迷濛。「撲拒」二字，寫出苗民之殊死搏命，也寫出官軍之艱危和殘暴。松桃廳的解圍，讓乾隆帝大大鬆了一口氣，降諭命和琳率軍前往會合，謀劃下一步行動。

在這之前，德楞泰已趕到苗疆，根據皇上的指令，直接抵達鎮筸大營。乾隆帝堪稱知人，部署三路會剿，獨對湖南一路最不放心，覺得福寧懦弱怯戰、劉君輔和蘇泰也缺少大智大勇，命德楞泰先不去福康安帳下，而是前往鳳凰廳的鎮筸，以期振作。孰料主帥無能，勇將也起不了多大作用。德楞泰被派往後路的永綏等地清剿，打通糧餉軍火的輸送之路，所做只是應付一些零星襲擾。乾隆帝聽不到德楞泰奏報戰功，先是無奈，漸也產生不滿。

額勒登保到湖南辰州後，四圍皆苗寨，驛路不寧，遂不等護送，直接馳抵大營。時在閏二月之末，軍情緊急，福康安即令率軍進攻，先後蕩平長沖塘、卡落塘等，直趨大寨營。苗變首領石柳鄧頗有韜略，不與官軍死拼，借助地理優勢打起了游擊戰，聲稱「官有萬兵，我有萬山；其來我去，其去我來」，率隊撤往湘西，與吳八月、石三保等會合。福康安不予任何喘息之機，指揮大軍各路進逼，層層圍剿。

35.《欽定平苗紀略》卷八，乾隆六十年閏二月二十六日。見《清代方略全書》第四十五冊，99～102頁。

四、殺俘令

　　到了這時，朝廷在苗疆已調集數萬大軍，分駐三省，以福康安總統軍務，形成對起事苗寨的合圍之勢。湖南鳳凰廳方面由福寧主持，武將有護軍統領德楞泰、湖南提督劉君輔、總兵蘇泰，還有急欲建功的十二名巴圖魯侍衛，雖未有大的清剿行動，但能保鎮城不失和後路糧餉軍需的暢通。四川酉陽方面是副帥和琳，帳下也是猛將如雲，有重慶鎮總兵袁國璜、建昌鎮總兵諸神保、松潘鎮總兵達三泰、川北鎮總兵朱射斗、藍翎侍衛穆克登布，在孫士毅協助下，已將秀山境內的苗變基本肅清，堵住苗軍後退之路。福康安大營，除額勒登保和花連布，還有貴州提督彭廷棟等。黔川兩路大軍勢如破竹，三月即在松桃廳會師。福康安與和琳早年有過一點過節，但在西藏反擊廓爾喀之戰配合默契，這次受命辦理平苗軍務，也很協調。三路將領多是福康安舊部，自是令行禁止，各呈悍勇。

　　苗疆氣候無定，地形複雜，山路曲折陡峭，加上到處都是深邃的岩洞，易守難攻。而官軍一入山坳，便無所謂前鋒中軍，皆置身隨時被襲的危險之中。在福康安督率之下，諸將分道進剿，雨戰，夜襲，包抄，火攻，戰事異常激烈。常會出現孤軍深入，獨自對敵，諸將多能奮不顧身，有的受傷仍不離火線，裹創進擊。前線捷報頻傳，乾隆帝在京師心情大好，諭令大加封賞。

　　自聞知明安圖死訊，震怒的乾隆帝即下旨「必須痛加剿除」，此際的苗疆百姓，正承受著痛剿之痛。苗疆的情形是錯綜的，並不全以民族劃分：有揭竿而起、殊死抵抗的苗人；有同情和支持苗變，通風報信的漢人；也有向當局密報消息，甚至組織起來保衛山寨，並與起事苗軍血拼的苗民。朝廷曾大加獎助所謂「良苗」，福康安等也力圖有所

區分，而一旦打起仗來，刀光劍影之中，區分極難。這是一次殘酷掃蕩，大軍所向，例先發炮轟擊，還特別針對苗寨的木質結構，加量配備了類似後世燃燒彈的火彈，數百年苗寨焚於一炬，寨中婦孺老幼在所難免，哪裡還管什麼「凶苗」與「良苗」。

來自苗疆的捷報，每以「焚大寨二十六」、「縱火焚之」、「毀大寨五十六」、「焚巴溝等寨二十」稱之，讀來讓人惋嘆和悲憫。苗民多選險峻處為棲息地，同姓為群，一代代繁衍生聚，始建成祖祖輩輩棲依的家園，形成獨特的文化遺產。試想當地能有多少古老苗寨？經此一番浩劫，又有幾個能保留下來？

與一些民間宗教或族群的暴動相同，湘黔苗變的大多數人也是被裹挾的，而官軍兵鋒所向，可就不管這些了。滿洲統治者歷來有屠城和殺降傳統，乾隆帝至此也是毫不手軟，對各處奏報拿獲的俘虜，降旨速行正法。《清高宗實錄》有這樣一段上諭：

> 又據馮光熊奏拿獲漢奸楊興農、張勝祿，現在暫行嚴禁，並據孫士毅等奏，都司何元卿等稟報拿獲活匪三十四名，嚴行收禁各等語。當此軍行之際，剿捕防堵在在皆需兵力，安有餘兵可以分派看守？此等拿獲賊匪，若夫照常監禁，或該犯思越獄逃竄，及其餘黨糾眾潛來搶劫，別生事端。……著傳諭福康安、和琳、福寧，遇有生擒活口，除有關緊要一二人外，其餘一面錄供具奏，一面將該犯等速行正法。㊱

俘虜中苗、漢皆有：所謂漢奸，指的是支持或參與苗變的漢人；而「活匪」，則是生俘的苗民。此御旨發布在二月末，尚在苗變早期，老皇帝已斷然下達殺俘令，不許留下活口，以免行軍累贅。此後的平苗之役，殺俘殺降，成為家常便飯。對於躲到岩洞中的苗民，官兵用火燒煙熏，

36.《清高宗實錄》卷一四七一，乾隆六十年二月壬午。

死傷相枕藉。苗民再沒有後退餘地，被迫以死相拼，打到後來，真是慘烈無比。

在福康安指揮下，清軍連克苗軍要隘和營盤。三月，攻克苗軍據點土空寨，解永綏城之圍。四月，接連攻下苗軍老營黃瓜寨和蘇麻寨，石三保、吳半生等被迫轉移。五月，「大兵五路分剿，克大小苗寨六十、木城四、石卡三十五，進至大烏草河，水深闊不可渡，移師克沿河之沙兜諸寨、盤基坳山……」❸❼大烏草河水深流急，官軍遭遇頑強抵抗，攻勢受挫。苗眾沿岸布防，高度戒備，官軍欲在哪兒越渡，苗眾就湧向那裡拼命阻擊，搭建的木橋一次次被毀，兩個多月，竟是一籌莫展。

乾隆帝以數萬大軍會剿苗變，用魏源後來的話來說，是以搏象之力搏兔，以求一舉底定。福康安等趕到後捷報頻傳，乾隆帝心情輕鬆，認為苗疆之變指日可平。豈知時已盛夏，最大的威脅已是湘西和黔東南的可怕癘疫，大隊官軍受阻於水流湍急的大烏草河，溽暑熏蒸，瘴癘之氣在山谷間彌漫，軍中將士病倒與死亡相繼。福康安不愧國家重臣，每日深入營伍，勘察敵情，尋找渡河之策。多次強渡不利，費盡千辛萬苦，終於在上游水淺處，派奇兵悄悄渡河，抄襲苗軍後路，守軍大潰，福康安麾師越河進擊。

交戰形勢自此出現根本性變化，苗軍由進攻和對抗轉為退卻和游擊，清軍則節節推進，分片掃蕩。福帥督兵深入眾山之中，毀卡焚寨，追拿苗變首領，晝夜不得停息。八月，苗軍各路首領聚集平隴，推舉吳八月為吳王，自稱平西王吳三桂之後（傳說吳三桂有後人躲進苗疆，但可肯定不是這位吳八月，他以臭名昭著的吳三桂為號召，也算錯估了情勢），以石三保為護國將軍、石柳鄧為開國將軍（此類稱呼甚隨

37.《清史列傳》卷二六，〈大臣傳次編一‧福康安〉。

意，後也叫護國元帥、開國元帥）。九月，偵知另一個要犯吳半生在高多寨，福康安乘夜發兵，四面圍定，吳半生不得已出降。十月，福康安率眾夜半進軍，冒著漫天大雪，鏟平石三保的鴨保寨，三保乘亂脫逃。十一月，大兵攻克臥盤寨，吳隴登密降，並誘擒吳八月等人以獻。十二月，清軍接連強攻大小天星寨、爆木寨，搶占高斗山梁，擒殺頭領廖老慕、隴老西等。而反叛苗眾散而復聚，石柳鄧和吳八月之子吳廷禮、吳廷義在山中與官兵兜圈子，又突然殺回鴨保寨。

禪讓大典在即，苗疆仍在絞殺纏鬥之中，難以平定。老皇帝由起初的憤懣激切和急欲平定，逐漸意識到速勝之難，諭令福康安等妥善辦理。

第四節　預設的皇權運行規則

還在苗疆攻剿激烈之際，乾隆帝在京舉行簡樸的冊立皇太子儀式。弘曆又提及登基初年的祈願，多次宣示「不敢上同皇祖紀年」，對這些話不必太當真。御批印行《乾隆六十一年時憲書》，已與皇祖紀年相同；後來陸續印了乾隆六十二年、六十三年、六十四年時憲書，早超過了其所尊崇愛戴的皇祖。

弘曆對禪讓體制的設立，對禪讓體制下最高權力的分層運行，想得很多很細，思想上的發展變化亦復不少。大皇帝讀書多且辯才無礙，什麼情況下都是振振有詞、理直氣壯。朝中政治生態早非盛世氣象，和珅自是百般阿諛順承，其他人（包括阿桂、王杰、劉墉）也是滿口頌詞，未見有敢於廷爭面折者，一切都是皇上說的是。

一、關於「歸政」

　　「歸政」一詞，自乾隆帝在三十七年冬月第一次提出，後來出現的頻率甚高，成為他論說禪讓的關鍵詞。雖覺歷史和理論依據不足，語意上也不太妥帖，然明顯帶有乾隆風格，呈現了他獨特的思維軌跡，應該做一點探討。

　　歸政，出典於《詩序》和《尚書注疏》，指交還政權，引申為將權位移交他人。寫周公在武王突然辭世、太子年少的局面下，擔心天下初定，諸侯未穩，毅然代攝王政，平叛亂，治禮樂，七年後復將權力歸還長大成人的周成王。古代典籍中記載此事甚多，皆為讚美之詞：

> 　　成王即位，年幼，周公攝政七年而歸政焉。於是成王始將蒞政，而召公為太保、周公為太師以相之。❸❸
>
> 　　始者，管叔及其群弟流言於國，成王信之，而疑周公。至後三監叛而作亂，周公以王命舉兵誅之，歷年乃已。故今周公歸政，成王受之，而求賢臣以自輔助也。❸❾

大哉皇權，危哉皇權，寶光映照之下，親情常顯得稀薄脆弱。周公攝政之初和歸政之後，都曾遭受到很多猜忌，包括親族和成王本人的懷疑，承擔了極大心理壓力，為捍衛國家社稷，所毅然不顧也。而成王知錯能改，倚信周召兩位叔叔，使國家走向安定繁榮。在中國歷史上，周公被譽為「立德立功立言」的萬世楷模。弘曆將他作為人生榜樣，追慕和比擬周公，不僅僅要做千古一帝，還要做古今完人。

　　也許就是這個原因，乾隆帝不顧自己的情形與周公全然不同，提

38.卜商，《詩序》卷下，明《津逮秘書》本。

39.毛亨，《毛詩》卷十九，〈敬之〉一章。

出「歸政」一說。周公是攝政，代年幼的成王執政，故有「歸政」之說，《史記・魯周公世家》稱為「返政」；而乾隆帝在年邁時舉行禪讓，將皇位交給兒子，是傳位或曰授政，何以談到「歸」和「返」？可不管怎樣，乾隆帝就這樣說了，一說就是幾十年，滿朝文武又誰會出來爭辯討論？大家都明白皇上的意思，那就是御極六十年時舉行禪讓，絕不超過皇祖在位的六十一年。如此英明睿智、清醒坦蕩的決策，臣下嵩呼萬歲、感泣勸慰還來不及，哪裡會想起挑剔詞義呢！乾隆帝自己倒是不斷斟酌調適，不斷有一些解釋性變動，也可以說是完善，系統清理一下，也有些意思。

一是在歸政年齡上表述不一。開始大多說八十五歲歸政，見於《清高宗實錄》者甚多，如：

三十九年七月乙亥，「從前雖有志願，至八十五歲時，即當歸政」。
四十一年十一月庚辰，「朕常有願，俟春秋八十有五，即當歸政」。
四十四年十一月丙戌，「若蒙上蒼眷佑，得遂朕之初願，至八十五歲歸政」。

這裡所說的八十五歲，應指六十年乙卯。弘曆也不止一次明確表示於此年歸政：

四十二年正月庚寅，「其六十年乙卯，則係朕當歸政之年」。
四十三年九月丁未，「至乾隆六十年乙卯，予壽躋八十有五，即當傳位皇子，歸政退閒」。

就在此後未幾年，乾隆帝在慶祝七十大壽時再提此事，開始稍稍有了變化，宣稱八十六歲時歸政：

四十五年八月己未，「蓋予宿志，有年至八旬有六即歸政，而頤志於寧壽宮」。

曾有論者說弘曆延後一年行禪讓，主要是由於聽信和珅等人讒言，大概不是。和珅深知皇上的個性，豈敢在這類事體上插嘴。這只能是乾隆帝自己的意思，是他在慎重思考後作出的改變。

應該說，即位之初的默禱，在弘曆只是一種美好預期，對能否活到八十以上心中全然沒底，說說而已。而隨著年齡的增長，文治武功，威加海內，乾隆帝對身體狀況信心日增，開始仔細推敲歸政的時間。若以八十五歲御極六十年計，則在乙卯元旦就應舉行禪讓大典，他曾多次明確說在此年歸政，意思也是指在年初，否則到了萬壽節，便是八十六歲了。正因為想到這一點，弘曆將禪讓延後一年，宣稱八十六歲時歸政，搬往寧壽宮頤養天年。

延後一年再行禪讓，仍沒有超過皇祖在位之數。康熙帝玄燁於順治十八年正月繼位，康熙六十一年十一月駕崩，踐位大寶將近六十二年。而乾隆帝至丙辰改元，實際在位也只有六十年零四個月，是以並不違背誓約。這是一個屬於弘曆的個人話題，八十五歲也好，八十六歲也罷，乙卯也可，丙辰也行，沒有任何臣子敢說一個不字。乾隆帝的標尺是皇祖玄燁，卻不說康熙帝親政前有著八載少年歲月，雖稱踐祚，卻算不得御極。

乾隆五十年十一月，弘曆以「明年元旦日食，著停止朝賀筵宴」，預訂各項救護措施，並就此說到觀看曆書，十年後的乾隆六十年元旦也有日食，為避免對嗣皇帝不利，特將歸政大典推後一年。諭旨又扯出宋高宗趙構，卻對其不到六十歲就傳位退閒，表達了不屑：

如宋高宗年未六十傳位孝宗，置軍國大事於不問，不獨無以對天，

並無以對子，朕豈肯出此乎？從前推算天行度數，乾隆六十年乙卯亦當正旦日食，與今歲同。若於是年歸政，則置嗣子首歲元正，尤屬非宜，朕心亦有不忍。❹

照這樣解釋，原來是因為乙卯元旦日食，方才挺身擔當，不將麻煩推到兒子身上，父愛如山，令人感動。可通篇讀來，總覺得有點兒疑信參半，五年前由八十五歲變為八十六歲時，似乎還沒有日食之說，不是嗎？看來乾隆帝還是為這一年心中犯嘀咕，總想著自圓其說、堂皇其說。

二、為數歸期

也許因原來的想法持續太久、入心太深，申明在八十六歲歸政後，乾隆帝時或重提八十五歲歸政之說❹，史官照錄原話，頗覺矛盾舛亂。大約他自己也覺得麻煩，後來說起此事，大多以「丙辰歸政」作規範表述，始明確無誤。

確定了丙辰元旦歸政，不再為六十年還是六十一年、八十五歲還是八十六歲糾結，乾隆帝開始從容布置應辦事宜，開始一年一年數算，迎接歸政之期的到來。《清高宗實錄》記載頗多：

五十一年閏七月庚寅，「朕壽已高，距歸政之期，屈指九年」。

五十四年十二月辛未，「今雖八十，逮歸政之歲，尚有六年。一日未息肩，萬民恒在懷」。

五十五年四月庚午，「今距歸政之期尚有六年，猶日孜孜不懈」。

40.《清高宗實錄》卷一二四三，乾隆五十年十一月乙亥。

41.《清高宗實錄》卷一二七一，乾隆五十一年十二月甲子，「以俟八十有五之歸政」。

這裡又出現了不一致，去年說「尚有六年」，今年還是「尚有六年」，卻也並不是什麼錯誤，一則數到乙卯年底，一則算上丙辰新歲，大家也都知道皇上說的是什麼。就在兩個月後，又說「今距歸政之期，尚有五載」，哈，又折回來了。

五十七年二月，又逢一年一度的仲春經筵，直講官舒常、劉墉進講《論語》「君子思不出其位」。乾隆帝在發表御論時，認為此語有兩層含義：「蓋位者，職也，一為不越職，一為盡其職。」言及身邊近臣與朝中大員，說他們不越職易，盡其職甚難，大學士與六部九卿都難稱盡職，實乃聰察和正大之論。接下來聯繫到自己的禪讓歸政，口風一轉：

> 為人君者，協和萬邦，辟門明目，實皆予位中之事也，不能身體力行，兢業惶恐之不暇，尚何敢有出其位之思哉！且出其位更何之乎？然而今實有四年後歸政之期，則亦所謂過望之思，出其位矣。然在耄期倦勤者或宜，餘不可也。㊷

請注意文句間傳達的重大思想變化。念叨了幾十年的禪讓退隱，擬定在四年後舉行的歸政，竟被喻為「過望之思」，喻為「出位」；通常所說的「不在其位，不謀其政」，也被加入了「盡己之職無越思」的新內涵。

這番話，是弘曆多次反思後的心曲剖白，也是他內心糾結甚至衝突的自然流顯。可以肯定的是，乾隆帝不會否定禪讓，但思想已起變化，關於歸政的一整套新思路正在形成。當年十月，他再次強調自己期待著這一偉大時刻的到來，「兢兢惶惶，以俟天眷，為歸政全人」，若非歸政，則不算全人也。

五十八年四月，乾隆帝頒布諭旨，大開恩科：命於次年秋特開鄉

42.《清高宗實錄》卷一三九六，乾隆五十七年二月。

試恩科，六十年春為會試恩科；六十年秋特開嗣皇帝鄉試恩科，丙辰春為嗣皇帝元年恩科會試。「嗣皇帝」、「嗣皇帝元年」皆出現在諭旨中，證明了如期禪讓的決心不變。進入五十九年，乾隆帝先以明年元旦日食，傳諭停止萬壽慶典，復因審辦吉林參局虧短不力，降旨將辦案大臣福康安、胡季堂、松筠嚴責，並將所有軍機大臣交部議處。諭旨指責吉林將軍恒秀到任後掩蓋真相，懷有私心；福康安與之為姑表兄弟，有心徇庇，希圖含混了事；而胡季堂、松筠聯銜入奏，隨同附和，也有失職之過。

顯然和珅在皇上心中地位不同，屬於前面講過的「盡其職」者，乾隆帝聲稱「若朕必欲徹底根究，無難再派和珅前往復審」，但也只是將福康安等薄加譴責，罵幾句了事。最後又說到歸政，「現距歸政之期尚有二年，朕一日臨御，即一日倍加兢業，豈容大臣等顧頇從事」❹❸。由於涉及各大員多為自己素來倚信者，乾隆帝並未深加究詰，心底卻在醞釀著一場廉政風暴。攤上大事的倒霉蛋，換成了閩浙總督伍拉納。

這也是為迎接歸政之期，為嗣皇帝的登基做好政治上的鋪墊。

三、頂層設計

冊立皇太子的詔書，是在圓明園勤政殿宣示的。乾隆帝回顧了歸政的心路歷程，述說選擇和確定儲君的曲折經歷，最後講的是禪讓期間與嗣皇帝的「分工」：

歸政後，遇有軍國大事及用人行政諸大端，豈能置之不問？仍當躬親指教，嗣皇帝朝夕敬聆訓諭，將來知所稟承，不致錯失，豈非國家天下之大慶！至郊壇宗社諸祀，朕年開九秩，於登降跪拜儀節，恐

43.《清高宗實錄》卷一四四七，乾隆五十九年二月甲申。

精力稍有未充，不足以將誠敬，自應嗣皇帝親詣行禮。部院衙門並各省具題章疏，及引見文武官員尋常事件，俱由嗣皇帝披閱，奏知朕辦理，為朕分勞。❹❹

如此設計，哪裡還是什麼歸政？哪裡還有什麼戀位不戀位？分明是乾隆帝位的順勢延伸，只是增加了一個助手，名曰「嗣皇帝」。這就是乾隆帝經過深思熟慮的歸政方略。不過細讀詔書的全部文字，話雖然說得霸氣，實也將國家的日常治理，主要交與了嗣皇帝顒琰。

　　這年的十月，一個曾經的歐洲大國波蘭被瓜分淨盡，俄皇凱撒琳大帝一手扶植的國王斯坦尼斯瓦夫，也只好於當月十五日羞愧退位。而清廷對於這個強鄰的舉動一無所知，乾隆帝仍然關切苗疆的戰事，但將更多注意力放在對歸政的思考上，正在制訂禪讓期的頂層政治設計。十八日，軍機大臣等奉旨議奏「丙辰舉行傳位大典」及配套施政制度，經過御批准行，頒發京師各部院並各直省，主要內容關乎太上皇帝和嗣皇帝如何用權，略如──

　　丙辰年嗣皇帝登基，頒發傳位詔書一道，鈐用「太上皇帝之寶」，次用「皇帝之寶」；

　　太上皇帝仍然稱朕，所頒諭旨稱為敕旨；

　　由起居注館派員，分別編纂太上皇帝起居注和嗣皇帝起居注；

　　題奏行文，凡遇「天」、「祖」等字高四格抬寫，「太上皇帝」高三格抬寫，「帝」高二格抬寫；

　　太上皇帝生日稱萬萬壽節，嗣皇帝生日稱萬壽節；

　　遇大祀，由嗣皇帝親詣行禮；

　　遇有經筵、耕耤、大閱、傳臚各典禮，屆期奏請嗣皇帝循例舉行；

44.《清高宗實錄》卷一四八六，乾隆六十年九月辛亥。

遇太上皇帝、嗣皇帝生辰及披輦巡幸地方，內外大臣恭遞慶賀請安摺，俱繕備二分呈遞；其隨奏事件請安摺，俱照常繕備一份，呈嗣皇帝批閱；

外廷筵宴，嗣皇帝恭奉太上皇帝正中御座，嗣皇帝侍坐，一切儀注臨時具奏；

各部院衙門題本、改簽、放缺、奏派各項差使，俱奏報嗣皇帝批閱；各部院衙門及各省題奏事件，俱照常式恭繕「皇上睿鑑」字樣，後書嘉慶年號；

御門聽政，由嗣皇帝示期遵辦；

鄉會試、殿試、朝考、散館及一切考試題目，奏請嗣皇帝命題考試；

召見文武大員及新授道府以上官員，具摺恭請太上皇帝恩訓、嗣皇帝恩訓。

這是對乾隆帝歸政方略的完整呈現，是從貫徹落實著眼的政策細化。而一旦細化，便知老皇帝的安排甚為周全，軍國大事的決策權和大臣的任用權雖未放手，朝政的日常運行則基本交給嗣皇帝，如是再過渡幾年，即可順利交班了。乾隆帝對江山社稷有著強烈的擔當精神，雖年邁而未稍減。在這一點上，他的確比那位急匆匆舉行禪讓、把一大堆麻煩推給兒子的宋高宗，要高出許多。

四、寧壽宮與重華宮

尚在密定顒琰為皇儲之前，乾隆帝已開始考慮禪讓後頤養天年之地，主要是皇宮內，還包括圓明園（在位中後期，他越來越多地居住該園）和避暑山莊等地。

三十五年八月，乾隆帝六十大壽，御太和殿受百官朝賀，不久「即敕豫葺寧壽宮，為將來優游頤養之所」❹❺。四十二年正月二十三日，

他的母親孝聖皇太后病逝，奉安於慈寧宮正殿。弘曆事母純孝，「以天下養」，「每出巡幸，輒奉太后以行，南巡者三，東巡者三，幸五臺山三，幸中州一。謁孝陵，獮木蘭，歲必至焉。遇萬壽，率王大臣奉觴稱慶」[46]。皇太后誠為福大壽高之人，年過八旬，仍身心康健，成為皇帝兒子踐祚久長的心理支柱，孰料以小恙不起，享年八十六歲。老母長逝矣，弘曆以含清齋為倚廬，哀毀慟哭，治喪之隆超於常格。為母苫居守孝之夕，乾隆帝聯想到自己禪讓後的歲月，傳旨：「園內之長春園及宮內之寧壽宮，乃朕葺治，為歸政後所居。」[47]四十四年八月，寧壽宮大工正式告竣，乾隆帝看後非常滿意，厚賞在事大臣及在工人員，再一次表示要作為「將來歸政後頤養之所」。可知在相當長的時間內，乾隆帝是希望歸政後退居寧壽宮，靜享清福。

　　寧壽宮在紫禁城東路，文華殿側後，是一組規制宏麗、裝飾精美、花園雅潔、配套設施齊全的宮室。該宮也是前朝後寢，成為紫禁城中最為富麗堂皇的地方：首先是皇極門，門前有九龍壁，門內玉樹琪花；向裡經寧壽門，是仿乾清宮建造的皇極殿，上皇原擬退閒後在此接受百官朝賀；再向後經寧壽宮，便到了寢宮區域，有費工六年、精心營造的「乾隆花園」，有讀書撰文的「尋沿書屋」，有觀賞戲曲的暢音閣大戲樓，核心建築則是樂壽堂，前為養性殿，後則頤和軒。如果說乾清宮和養心殿都還算是前明舊物，這裡則是全新設計和巨資打造，處處呈現著乾隆中期的盛大氣象。

　　弘曆孝思深長，對父皇的潛邸雍和宮，一直完整保留，作為龍興紀念之地；又在圓明園興建安佑宮，奉安皇祖康熙帝、皇考雍正帝御

45.《清高宗實錄》卷一〇六七，乾隆四十三年九月。

46.《清史稿校註》卷二二一，〈后妃‧孝聖憲皇后〉。

47.《清高宗實錄》卷一〇二五，乾隆四十二年正月丙申。

寧壽宮養性門

像，以供祭拜行禮。對於自己百年之後的供奉祭祀，他也預先設想，令不必將「平日居處燕息之地，奉安御容」，致使占用和閒置太多，擠占後來人的生活空間。而實際上，其大婚後居住的西二所，早被改建升格為重華宮，連帶相鄰的西四所、西五所，漸次擴建為建福宮、敬勝齋等，美輪美奐。乾隆帝很是喜愛此處景物，曾於五十五年元月傳旨：

> 重華宮等處實為興祥所自，即歸政以後，亦尚思年節重臨，奉時行慶。世世子孫惟當永遠奉守，所有宮內陳設規制，亦應仍循其舊，毋事更張。

由此又聯想到將來繼位的永琰，與一眾皇子皇孫共居東五所，若日後仿照施為，其他金枝玉葉難免要改遷，一代代下去，龐大的皇宮將擁擠不堪。乾隆帝於此明確禁止：

至東五所內，為年少皇子皇孫公共所居，隨侍內監等住屋亦在此內，率無隙地矣。若照重華宮之例另行興建，不特宮牆四圍，別無空隙之地可以廓展，且亦非朕垂示後昆之意，自不如一循此時舊制之為善也。❹

此諭應是專為永琰而發，戒其仿效。為鄭重其事，俾子孫後代敬謹遵奉，乾隆帝命將此旨交尚書房存記。

六十年十月，乾隆帝再次就重華宮發布諭旨：

重華宮為朕藩邸時舊居，朕頻加修葺，增設觀劇之所，以為新年宴賚廷臣，賦詩聯句，及蒙古回部番眾錫宴之地。來年歸政後，朕為太上皇帝，率同嗣皇帝於此臚歡展慶……太上皇帝於正殿設座，嗣皇帝於配殿設座，以迓蕃禧而伸孝養，實乃億萬載無疆之慶。朕臨御六十年，殿庭園籞俱為朕臨憩之所。將來我子孫祇循前典，惟當於壽皇殿、安佑宮舊奉神御處所，一體展敬，足抒孺慕。設因重華宮係朕藩邸舊居，特為崇奉，勢必扃閉清嚴，轉使歲時錫慶之地無復燕衎之樂，何如仍循其舊，俾世世子孫衍慶聯情，為吉祥福地之為愈乎！❹

本來是要對幾年前的諭示有所調整，讓嗣皇帝及後世繼位者能使用該宮，告誡子孫後代不得追崇過甚。可僅就諭旨中布置，已知與五年前的意思並無改變，龐大的重華宮建築群，後來的確成為扃閉之地。

48.《清高宗實錄》卷一三四六，乾隆五十五年正月甲申。

49.《乾隆朝上諭檔》第十八冊，850 頁。

第二章

歸政前的大反貪

進入統治大清王朝的第六十年，乾隆帝心理上應有些複雜：為了給即將到來的禪讓盛典營造祥和，他盡量寬緩施政，如元月初五日將一批官員的罰銀予以寬免，兩日後又降旨普免積欠一千七百一十餘萬兩；而對於貪贓枉法之類案件，不管涉及誰，拿下多少官員，他也毫不猶豫地嚴加查處，抄沒誅戮，絕無手軟。

閩浙總督伍拉納一案，為乾隆朝最後一樁欽辦重大案件，涉案大員不乏覺羅宗室和滿蒙勛貴，主審者亦難免徇庇之念，正是乾隆帝嚴諭督辦，才得以一一嚴懲。禪讓在即，老皇帝對官場日趨嚴重的腐敗深為憂慮，斷然祭出雷霆手段，一則力圖廓清貪腐之風，也為皇太子樹立一個反貪的範例。

第一節　接連不斷的整肅

乾隆皇帝的好大喜功，也體現在晚年的反貪上。那是一個讚歌嘹亮的時代，可皇上也知曉各級官府腐敗嚴重，一經發現便出重拳打擊，以儆效尤。今人所說的大貪官和珅，曾是一個熱衷反貪、勇於也擅於辦案的人，被乾隆帝倚為股肱；而遭到查處的不少高官，與和珅有千絲萬縷的聯繫，也沒有見他為誰遮掩辯解。李侍堯曾深受乾隆帝賞識，案發後難以查清，欽派和珅領銜查辦，很快將之定罪。禪讓之前，和珅又盯上了當年恩科的主考官竇光鼐。

一、乙卯科場風波

乾隆六十年乙卯，並非通常的會試年。為慶祝行將到來的禪讓大典，早在兩年前，弘曆就專發諭旨，預定鄉會試恩科，本年「乙卯科」是乾隆帝歸政恩科，明年「丙辰科」則是新帝登基恩科。這種嘉惠學

林之舉，自然使天下士子奔走相告；而丙辰年本來就是例行會試的正科，乙卯才是名副其實的恩科。

從秋闈到春闈，鄉試會試，科舉關乎無數舉子的命運。窮困和苦讀的士子不知凡幾，總是幸運的少，失意者多，一生無出頭之日的屬於大多數。幾乎每一屆科試，都會鬧出些或大或小的事端，小的很快過去，大的則釀成政治風波，將一些人吹得東倒西歪，甚焉者萬劫不復。乾隆六十年乙卯科會試結束之際，也是陡起波瀾，而因風吹火、唯恐事情不鬧大的，又是和珅。

主考官左都御史竇光鼐，為朝野公認的飽學之士，素來意氣用事，性情急躁，是一位頗有個性的大臣。光鼐常常與人爭鬧不合，在官場已是幾上幾下。此科由他主持，禮部侍郎鐵保和副都御史方維甸知貢舉，翰林學士瑚圖禮與禮部侍郎劉躍雲任副主考，資歷名望都不如他。竇光鼐所定第一卷、第二卷都是浙江人，大家多認為不妥，建議將其中一個換到二甲，避免招致物議。竇光鼐根本不聽，慨然曰：「我論的是文章，不論試子是哪個省的。」

禮部會試開榜，會元是浙江舉子王以銜，第二名是他的親弟弟王以衛。親兄弟聯袂榜首，誠為科舉史上一段佳話，豈知頓時輿論嘩然，一些試子聚集都察院外，鬧嚷不休。和珅急忙向皇上奏報，說竇光鼐曾三次任浙江學政，藉主考之權將兄弟二人定為卷頭，不聽同考各官勸告，必有私弊。乾隆帝其實是有幾分喜歡光鼐的，他的學識與詩文，他的持正敢言，包括他固執己見，在皇上看來，都與那些唯唯諾諾的臣子不同，可這次也不由得起疑，下旨令將所有取中者加試一次。

清代科舉史上，類似由皇上決定的複試並不罕見。傳聞飛布，禁衛環列，王氏兄弟當然知曉複試的原因，驚懼之下，考得都不怎麼樣。弟弟以衛列二等第四名，哥哥以銜居然成了三等第七十一名。疑點大

增！王以鋙的會試卷被專門提出，再加磨勘（即多人覆核試卷），參與者為翰林院官員，怎敢不從嚴挑別？卷中如「一日萬幾」、「一日四事」等語被指粗陋，整篇試卷被斥為「膚淺失當」。乾隆帝也調閱了試卷，倒還未認定其中有弊、罰令停科，但覺得竇光鼐於掄才之典漫不經心，命以四品休致，兩位副主考各降四級。

與其同時，乾隆帝命大臣搜閱落卷，以免遺失有真才實學者。皇上發話，臣下也是個個用心，挨卷檢讀排查。老竇主持的會試閱卷實在是很認真的，經過仔細複勘，也只有蕭山傅金、天津徐炘、山西李端三卷尚可，得授內閣中書，後來皆不見有什麼作為。

廷試之日，和珅為讀卷官，王家兩兄弟只有以銜准許參試，仍然得中第一名。這次是在保和殿應試，閱卷大臣以前十卷進呈御前，拆開第一卷彌封，乾隆帝吃了一驚，問：這不就是原來的會元嗎？和珅自是有幾分尷尬，回稱是會元之弟。問：誰取的？紀曉嵐回說是自己判的卷子。又問由誰核定，和珅答曰「臣定」。皇上哈哈大笑，曰：「爾二人豈有私者？外間傳聞固不足信。」❶和珅一臉尷尬，老皇帝畢竟愛惜人才，衷心為之高興。

乾隆帝印證了竇光鼐的冤枉，對張大其事的和珅也略示責備。不過這位老竇實在不會辦事，不聽人勸阻，不斷惹出些麻煩，也是事實。既然已經致仕，就讓他在老家待著吧。

二、道員德明的三輛大車

五月末，山東巡撫玉德密摺參劾屬下道員德明，說接泰安知縣張晉稟報：兗沂曹道德明自兗州赴省，先有傳單令泰安預備接待，共轎夫、馬夫十九名，馬二十二匹，大車三輛；當月十六日德明等行至境

1.《清朝野史大觀》卷六，〈兄弟同榜〉。

內夏張驛，該驛正忙著辦理京差，未能如數供應，其家人到驛站辱罵毆打，管理驛站的徐元與之辯解爭執，被扭至德明下榻的公館，加以杖責，徐元被打得傷痕累累，不能站立。

　　清代設立驛站，主要為能迅速傳遞文報軍報和皇帝諭旨，對於接待官員與夫馬使用有著嚴格限制。像德明作為當地官員赴省辦事，例不許傳驛供應。玉德奏稱接報不勝駭異，說德明即使因公來省辦事，亦不應勞煩驛站，更不該縱容家人嚷鬧打罵，表示一定要嚴屬追查，奏曰：

> 查兗沂曹道德明身為監司大員，所有本省驛站理應整理休養，即有公事上省，亦應自備車馬，何得如馳驛人員傳單飭縣備辦？已屬違例。乃因伺備不周，即縱容家人承差赴驛肆行毆罵，復聽信家人之言，將該縣管號家人重責不起，是否有需索別情，必須嚴行究辦。❷

其時驛站已改為屬地管理，每省由臬司總負責，道員多加按察使銜，大約是德明有恃無恐的原因。玉德奏稱已派濟南知府陳文駿趕往驗傷和瞭解情況，並命按察使布彥速提一干人證到省審問。玉德還請旨將德明革職，硃筆夾批：「可惡，豈止如此！」

　　兗沂曹道管轄魯中魯南等地，區域較廣，道署常設於兗州。這一次德明上省辦事，然後還要到曹縣督辦河工，隨帶員弁較多，也置辦了一些禮物，以備進省送給上司。出行之事由家丁陳錦辦理，先寫條子交道差遞與所轄滋陽縣，要求提供號馬十二匹、轎馬夫十一名。知縣陳時見上司出行，敢不滿口應承，一面迅速提供夫役馬匹，一面依照道差要求，如數填寫「需用夫馬數目」，「親自過硃，發寧陽縣轉遞

---

2. 硃批奏摺：玉德奏，為特參兗沂曹道德明任性乖張擾累驛站請旨革職事，乾隆六十年五月二十二日。

前途預備」❸。德明出身滿洲,歷任府道多職,官不算大,派頭十足,自帶家人多名、馬十匹,跟隨書辦承差及道署轎夫二十餘人,大車三輛,加上滋陽縣提供的夫役馬匹,浩浩蕩蕩由兗州起程。下一站寧陽為腰站,雖無馬匹可換,然見上司蒞臨,忙不迭安排公館飲用,恭謹有加,同時將傳單發給前站夏張驛。

夏張驛位於泰安縣境內,已出了德明的管轄範圍,加上正好接待兵部承差,難以提供夫馬,但還是安排了公館飲食。陳錦等大為不滿,當即將管號的徐元叫來斥罵。徐元賠笑解釋,並送給一些草料餵馬。陳錦以為不夠,又添買了一些,並再次辱罵徐元,見其不服爭辯,即揮拳猛擊。被人拉開後,陳錦仍不解氣,令快役將徐元拉至公館毆打。徐元係泰安知縣張晉家人,兼在驛站管號,經事閱人不少,像如此蠻不講理的尚未遇見過,情急之下大聲嚷叫。德明聽見後查問,陳錦告訴此人不僅不提供夫馬,反而借醉吵鬧。德明將徐元喚進公館詢問,可又不聽他訴說實情,令將其暫且鎖押,明早送縣處理。徐元不服,說了句「泰安不屬於兗沂曹道所轄」,惹得德明大怒,喝令杖責。手下快役早已等著這一聲,將徐元拖翻在地,下手甚重,且不打屁股,專意猛擊腿骨。德明見行杖過重,打到第七板即令釋放,徐元的兩腿已受到重創。張晉聞訊氣憤難平,忍了幾天,還是決定稟報給巡撫。而德明在省城待了幾天,趕往曹縣河工之前得知張晉告狀,有些不安,跑了幾處打探拜託,也沒太當回事。

清廷對騷擾驛站處分素嚴,乾隆帝接奏,即命「將德明革職拿問,提同人證,嚴審究辦」。玉德立刻派員馳赴曹縣工次,宣布諭旨,將德明革職摘印,押回省城審問。涉案的德明家人差役被悉數解來,夏張

3.硃批奏摺:玉德奏,為遵旨審明兗沂曹道德明擅發傳單縱容家人擾累驛站按律定擬事,乾隆六十年七月初三日。

驛徐元等也被解省作證。除卻問明事件經過，審問重點在於追查為何擅自傳驛進省。張晉呈出接到的傳單，「係用硃標判，由寧陽轉遞泰安」，證據俱在。德明推說不知情，陳錦則把責任推到滋陽知縣陳時頭上，說是該縣自行發送。緊急札調陳時來省質訊，誰知他心理負擔太重，行至歷城鐵塔寺地方，因更深不能進城，暫且住下，當夜竟然自縊身亡。

　　一場驛站糾紛，居然嚇死一位朝廷命官，令山東巡撫玉德大感意外，委派幹員緊急審理。據陳時之子供述：

　　五月十五日兗沂曹道上省，有道差任文炳送到夫馬單一紙，上寫需用夫馬數目，叫縣裡寫發傳單。我父親即叫書辦照寫了一張，親自過硃，發寧陽轉遞前途預備。後來聽得本道被參拿問，解省審辦，我父親即懷憂懼，又染患痢疾病症，日重一日。六月十九日，奉文調我父親來省，越發害怕，二十日就帶病起身。我叔叔陳明因見我父親神思恍惚，飯也不吃，放心不下，也跟隨一同上省照應。父親在路上說：「傳單是我標硃發遞，如何能抵賴得過？若承認了，不但去官，還怕問罪。原籍雲南八九千里，你們如何回去？」只是憂愁弔淚，我同叔叔早晚解勸，緩程行走。至二十五日一更後行至距省三里之鐵塔寺地方，投宿歇店，不料我父親乘我們睡熟，自縊身死。❹

陳時之子還將道署交辦的夫馬數目底單呈出，與泰安縣提供的過硃傳單數目一致。出了人命，審訊的力度自然加大。陳錦和任文炳抵賴不過，交代所發傳單實在是請示過主人，再提訊德明，只得承認下來。玉德認為已可結案，擬將德明遣發伊犁效力贖罪（硃批：錯了），另請

4.硃批奏摺：玉德奏，為遵旨審明兗沂曹道德明擅發傳單縱容家人擾累驛站按律定擬事，乾隆六十年七月初三日。

將陳錦、任文炳發往黑龍江給披甲人為奴（硃批：更錯了）。乾隆帝的御批極為嚴厲，指出德明「擅用號馬，多帶車輛，復縱容家人滋擾，甚至拖累知縣，致有自縊之事」，命改為絞監候，重責四十板後在濟南收監；指出外省官員的家人多仗勢欺人，州縣大多隱忍不報，督撫則置若罔聞，命將陳錦即加絞決。

皇上責斥玉德以為禪讓歸政在即，有意寬縱，諭曰：

> 玉德辦理此案，意存寬縱，豈以明年屆朕歸政之期，輒敢輕為嘗試？朕仰承昊眷，康強逢吉，一日不至倦勤，即一日不敢懈弛。雖歸政後遇有此等事件，亦必加意整飭，豈肯置之不問！❺

歸政在即，法紀鬆弛，為一椿格外敏感之事，由老皇帝親口說出，應是有切身感受在焉。弘曆下令將此諭「交在京大學士九卿等閱看」，阿桂率閣老卿貳趕緊聯名上疏，表達「實深欽凜誠服之至」❻。其中沒有和珅的名字，原因不詳。

玉德就事論事，急欲了結此案。皇上則對種種疑點進一步追問：德明進省辦事，為何要這麼多馬匹和三輛大車？大車裡一定裝了些禮物，有沒有饋送玉德本人？諭旨還說到滋陽知縣陳時被上司牽累，畏懼自盡，實在可憐，命玉德本人出資，將其家屬妥善送回原籍。

七月十四日，傳諭由定親王綿恩領銜，查抄德明在京資產。此時朝廷尚未宣布接班人是誰，綿恩為皇長孫，也是坊間傳播的重要人選之一。起初對德明宅第的搜檢所獲不多，綿恩即派番役打探追蹤，順藤摸瓜，很快將其寄頓隱藏資產抄出，開列奏報，數額之大，令人吃驚。於

5.《清高宗實錄》卷一四八二，乾隆六十年七月庚申。

6. 奏摺錄副：阿桂等奏，為奉旨閱看玉德審錯德明家人倚勢逼死縣令事，乾隆六十年七月十三日。

是該案由騷擾驛站進入第二階段，即清查德明的貪污婪索。諭曰：

> 昨因綿恩等先後查出德明資財共有七八萬兩，而房屋什物及任所資財尚不在其內，且該員曾賠潼關工程銀六萬七千餘兩，俱已繳清，其家資總計竟不下二十萬兩。德明係下五旗包衣，歷任部員，又非大員子弟，家計素非饒裕……是其在道府任內必有婪索情弊。❼

諭旨再一次提及「三輛大車」的問題，命正在沿海巡視的玉德火速回省，徹底嚴究。玉德也有些慌了，急命抄檢德明任所的資財，並根據軍機處咨文，逐項追問在京抄出德明家地契借據的實情。三輛大車裝了些什麼，也被反覆究問，德明坦白確實裝了些禮物（如意、朝珠、蟒袍、錦緞之類），本打算進省餽送，可聽說在端午節一向不送禮，就沒有打開包裹。

對於個人財富的快速積累，德明及管家姚六都作了詳細供述，讀來頗覺真實。茲引錄姚六一段口供，可見當日地方官聚斂之易：

> 老主人福祿從前當護軍校，家中原只有老圈地六十畝、住屋六七間。四十九年主人升了潞安府知府，管有鐵稅，那年產鐵正旺，在任一年零四個月，除交正額外，原剩銀五萬餘兩；五十年升了潼關道，又管有稅務，每年除正額之外約剩銀二萬餘兩，作了六年，約剩銀十三萬餘兩……四十九年上主人出本銀一萬兩在前門外珠市口開了一座協泰號布店，邀了民人靳訥、石添佑掌管，開了四五年，也生了些利息，又在涿州買了十二頃地……。❽

---

7. 珠批奏摺：玉德奏，為遵旨擒捕盜匪及星馳回省審辦德明一案事，乾隆六十年七月二十七日。

8. 珠批奏摺：玉德奏，為遵旨查抄德明任所資財并究審婪索侵貪情形事，乾隆六十年八月初二日。

這是一個個案，卻不是特例。養廉銀之外，清廷從未對陋規明確允許，而許多地方官視為理所當然，鐵稅、關稅，完成了正額就是自個兒的。然後便是買房買地，開大店，雇伙計，做生意賺錢。司空見慣渾閒事。若不是皇上抓住不放，德明之罪也就止於縱令家人騷擾驛站；而被抓住的是德明，反映的卻是各地官員的肆無忌憚。

　　此時，閩浙總督伍拉納、福建巡撫浦霖的貪污瀆職案正在審辦中，乾隆帝看了這些供詞，由道員聯想到職位更高的督撫，一時感慨萬千：

　　此案因朕節降嚴旨查詢，該撫不敢隱飾，是以據實奏出，此外未經破漏者自更不少。督撫受國家厚恩，簡任封圻，廉俸優裕，理宜潔己率屬，何得私受饋送，相習成風，殊非肅清吏治之道。各督撫中潔己自愛者不過十之二三，而防閒不峻者亦恐不一而足……倘經此次訓飭之後，尚敢相率效尤，不自檢束，一經發覺，必當從重治罪！❾

老皇帝的目光，何處激射不到？三輛大車的問題似乎解決了，德明的禮物沒有送出，玉德等必也連呼僥倖，乾隆帝則對「各省饋遺之風」心知肚明。他說：「近年以來，政刑未免稍寬，今外省遂有饋送婪索之事，自係寬之所致，不得不糾之以嚴。」德明被從嚴定為絞監候，而皇上所關注的重點，已轉移到正審理中的福建大案。

第二節　福建官場的斷崖式崩塌

　　福建的案件在乾隆六十年四月被密奏，與科場風波幾乎同時。其時官軍正在數百里苗疆艱難搏殺，臺灣又出現嚴重騷亂，閩浙總督伍拉納等貪贓枉法形跡隨之顯露。這是一個典型性官場包庇案。從倉庫

9.《清高宗實錄》卷一八四，乾隆六十年八月乙酉。

虧空和官銀的挪用開始，由經辦小吏而布政使，再到巡撫和總督，後來又扯出已經升遷而去的按察使，道府以下官員更是廣有牽連⋯⋯

　　該案的典型性，在於真實反映了當時的官場狀況，福建如此，另外的省份也好不到哪兒去。從德明案的多份諭旨，可知乾隆帝對此十分清楚，他以伍拉納等貪瀆為例，大開殺戒，以期恢復天朝的法紀和規矩，為即將到來的禪讓做政治鋪墊。

一、將軍魁倫的密奏

　　當年三月，一向低廉的臺灣糧價持續大漲，民眾的不滿情緒漸漸失控，再現亂情，彰化同知朱慧昌、游擊曾紹龍先後被殺。福建巡撫浦霖此前赴漳州辦公，總督伍拉納聞訊趕往廈門調兵遣將，只有福州將軍魁倫駐留省城。二十三日，亦即伍拉納離開的次日，魁倫密疏奏聞臺灣軍情，表示自己「於滿營內密挑精兵一千名，暗為預備」，一旦總督咨會，「立即帶領前往」❿。這種積極配合的姿態很使皇上欣賞，接下來附有兩份奏片，魁倫便說到另外的事情。且看第一片：

> 至春夏之交，米價日漸增昂，現在每石糶錢七八千文不等，合銀五兩以外。即省城米價每石亦在四千七八百文，合銀三兩以外。且春間各處雨水頗多，麥收未免歉薄，現在早禾雖經插遍，而低窪處所亦因雨多之故未見及時茂發。查福寧府屬上年秋收較好，糧價中平，經撫臣於閏二月初旬委員赴彼采買穀石薯絲，由海運接濟漳、泉，聞已配載船隻，因懼洋匪劫奪，尚未得聞運到之信。

所奏應是福建通省（包括臺灣）的實情。清廷素來重視各地雨水和糧價，重視民風民情，賦予司道以上官員密摺奏事之權，在於令其互相

監督制約，亦在於從不同渠道獲得消息。可越是到後來，各地大員越是明哲保身，花花轎子人抬人，井水不犯河水，彼此以幫襯遮掩為主。

魁倫心知此奏有違官場潛規則，一面舉報，一面自我撇清：

> 至於地方事務，奴才不能詳細周知，但風聞各州縣倉儲大半多非實貯，似此情形，內地尤覺可慮。奴才在閩七載，雖有奏事之責，但地方官倉庫事件聞有虧缺，經督撫設法辦理，若混行冒瀆宸聰，殊屬不曉事體。今時勢至此，再不據實陳明，即是背負天恩，喪盡良心之至。❶

一番話可謂占盡地步，也讓皇上感受到其忠誠謀國、不得不爾的苦衷，更加重視，傳旨令魁倫查辦。

魁倫，滿洲正黃旗人，康雍時副將軍查弼納之曾孫，世襲輕車都尉，歷任參將、總兵，算是一個武人，然貌似爽直，心機頗密。一次覲見時蒙乾隆帝詢及家世，趁機鋪敘祖上也包括自個的戰功，聽得皇上高興，很快將之擢拔為福州將軍。惟此際的將軍與國初大不同，內地將軍又與邊疆總攬軍政的將軍不同，除管理數營滿兵，幾乎沒有太多事務。魁倫素不安分，「喜聲伎，制行不謹」，也不太將閩浙總督伍拉納放在眼裡。

執政的中晚期，乾隆帝常陶醉於國家富足、庶民安居樂業的感覺中，也能隱隱感覺到官場腐敗、社會矛盾在快速積聚。福建各地普遍存在倉庫虧空等情形，使老皇帝頗為震驚，立刻採取霹靂手段。被魁倫舉報的伍拉納出身覺羅，血統純正，加以朝中有人（有些史書說他與和珅有親誼，未見確據，然其以福建布政使不數年超擢為閩浙總督，可證靠山很硬，留給皇帝的印象亦屬上佳）。伍拉納對魁倫的作為難以容忍，便放出口風要加以彈劾。哪知自己還在忙於臺灣事變，魁倫先

11.《史料旬刊》第 31 期，第 78～79 頁。

下手了。

　　四月初九日，乾隆帝收閱此摺，很重視，也很慎重，覽奏兩日之後，先命福建布政使伊轍布解職來京候旨，調浙江布政使田鳳儀前往接替。布政使為從二品大員，掌一省之行政，舉凡稅賦、倉儲等皆由其負總責。將布政使調開，另選幹員接掌，是徹查倉庫虧空的重要步驟。田鳳儀，乾隆三十六年進士，曾任刑部主事和員外郎，歷任知府和道員，既有豐富的辦案經驗，又悉知府道衙門錢糧之運作；五十八年三月，出任浙江按察使，一年後升任浙江布政使。此人正直明練，歷次引見召見，都使乾隆帝印象良好，去年十一月更是得到「本分正人而曉事」的評語**⓬**。福建出現虧空大案，乾隆帝第一個便想到選派鳳儀，知人善任，很快抓住了重大線索。

　　倉庫虧空，在乾隆帝心頭曾留有一個陰影、一次不愉快的經歷。五年前，內閣學士尹壯圖慨然上奏，稱「各督撫聲名狼藉，吏治廢弛」，經行之處「商民蹙額興嘆」**⓭**，請派大臣清核各省虧空。自視聖明的皇帝聽得刺耳，先令其一一指實，復命尹壯圖與戶部侍郎慶成去山西查庫，經和珅一番操弄，最後將老尹搞得灰頭土臉，差一點丟了性命。這次倉儲虧空之說再起，且出自一位駐防將軍的密摺，乾隆帝決意嚴加核查。他降旨令魁倫署理巡撫一職，著手查辦此案，並採取一系列組織手段：以臺灣動亂，嚴命伍拉納渡海赴臺，「查拿逆黨餘匪」；令浦霖立即解任，「來京候旨」；再選任幹員、貴州巡撫姚棻調補福建**⓮**。一樁大案要案，就此拉開一個大清查的陣勢。

12.《清代官員履歷檔案全編》第二冊，396 頁。第一歷史檔案館編，華東師範大學出版社 1997 年版。

13.《清史稿校註》卷三二九，〈尹壯圖傳〉。

14.《清高宗實錄》卷一四七七，乾隆六十年四月己亥。

　　魁倫一炮命中，有些興奮，打聽到一點消息便行奏報，說伍拉納駐節泉州，「饑民圍繞乞食」，沒有辦法，求巡撫調款「買米設廠施粥」；說在巡撫衙門看到了伍拉納的函件，資金來源是藩司所存「漳州賑案內餘款六萬兩」；又說詢問伊轍布，「此項銀兩原係督撫商同扣存」❺。只此一件，便見出地方混亂和督撫無能，見出伍拉納與浦霖等人在資金上的東挪西借，毫無法度。皇上對伍拉納和福建各大員失望已極，尤其痛恨其隱匿不報，下旨：

　　上年漳泉二屬偶被水災，經朕特降諭旨，加倍賞恤，寬免秋糧，並屢飭該督撫加意撫綏，務俾窮黎均沾實惠。乃浦霖等並不董率所屬實心經理，甚至總督駐箚泉州，饑民圍繞乞食，尚不認真籌辦，又無一字奏聞。伍拉納之罪，此節尤為重大，殊出情理之外。該督現赴臺灣辦事，著先行摘去翎頂，俟回至內地即行革職，交與魁倫等質審。其閩浙總督印務，著長麟就近馳驛速往接署。長麟未到之前，著交魁倫兼署。浦霖、伊轍布前已有旨解任來京，亦著革職……。❻

通常的清查，先將涉案官員解任，以免干擾辦案，革職則是查清後的一種處分；現在是還未正式審理，先命將二人革職，可見皇上之痛恨。浦霖和伊轍布已在來京途中，傳諭浙江巡撫吉慶將之截留，解赴福州接受審訊。同時被革職的，還有原福建按察使錢受椿和原福州知府德泰。錢受椿已在當年二月間升任廣西布政使，興興頭頭赴京接受召見，卻在赴任的歸途中被拿下，押回福建受審。

　　至於德泰，情況頗有些複雜。出身滿洲正白旗的他很有些才幹，二十出頭即從知州做起，歷知府、署道員、護糧儲道，三十歲實授四

15.奏招錄副：魁倫奏，為辦理賑恤事，乾隆六十年五月初六日。

16.《乾隆帝起居注》，乾隆六十年五月初六日。

川建昌道，後來因事降調，署泉州知府，兩年後為汀州知府，再調任福州知府，去年八月升任廣東按察使。德泰不知怎麼得罪了魁倫，大約頗有私恨，雖已離開，魁倫在密奏中仍舊將他列入，稱其對伍拉納「迎合慫恿」。乾隆帝一聽就信，即傳諭廣東督撫，令將德泰革職拿問，解送福州受審。

由誰來代替伍拉納，以迅速改變福建和臺灣的混亂局面？乾隆帝頗費斟量，將所有人選扒拉一遍，覺得都不太勝任。恰此日福康安奏到官軍在苗疆連克寨壘，正乘勝進剿，乾隆帝大喜，遂降諭：

> 閩省吏治廢弛已極，現在清釐查辦一切，正關緊要，非福康安前往不足以資整頓。福康安著即調補閩浙總督。計此時逆苗賊首石三保等當已就擒，福康安於拿獲賊首後，著即馳赴新任。**⓱**

對苗疆戰事之艱難慘烈，老皇帝顯然估計不足，以為大軍一到，摧枯拉朽，叛亂各寨自接連而下。這道旨意也能看出和珅的算計，苗疆大勝在望，將福康安調走，弟弟和琳自然便位列大功第一。孰料戰事變幻，一條大烏草河就將官軍阻隔數月，福康安的起行一緩再緩，最後竟死於軍中，那是後話。

由於福康安難以很快趕到，乾隆帝再命兩廣總督長麟就近趕往福州，暫署督篆，與魁倫一起審理該案。長麟出身宗室，隸正藍旗，乾隆四十年進士，「明敏有口辯，居曹有聲」，很快位至藩司卿貳，後歷官多省巡撫。對於皇上跟前的紅人和珅，長麟雖不願得罪，也絕不接近，更不枉法屈從。任山西巡撫時辦理董二誣告案，和珅曾當面叮囑將被誣者「務坐以逆黨」，長麟卻據實予以平反，令其切齒。這次諭旨命長麟赴福建辦理虧空大案，卻一再對他提出警告，稱其與伍拉納為

17.《清高宗實錄》卷一四七八，乾隆六十年五月丁巳。

宗室近支，不可徇私枉法。如聯繫到和珅對他的惱恨，便不奇怪了。

　　雖然皇帝在各地選調能員，但限於地域遙遠，軍機處字寄抵達、各官交代赴職均需要時間，開始的一兩個月只有魁倫一人主持。將軍大人兼署督篆撫篆，大力辦案，參革捕訊，一時風聲鶴唳，但魁倫缺少真本事，虛張聲勢，沒有實質性進展。

二、藩庫的巨額虧空

　　最先抵任的是田鳳儀。由於浙江相距較近，田鳳儀五月初二日趕到任所，即赴藩司廣積庫辦理交接。田鳳儀很有經驗，雖然是倉儲出現了虧空，他卻藉交接之機，先從庫銀查起。經逐年查驗底冊，核對實貯，福建藩庫的大額短缺浮出水面：

　　……內乾隆五十九年各州縣額征地丁，除漳、泉等屬被水應免銀十四萬兩，實應完銀一百一十萬零，截至五月初二日，止收銀三十三萬餘兩，奏銷已屆，核計不過十分之三。明係各州縣將錢糧任意侵挪，以至不能完解。且所解三十三萬，多在本年開徵以後，更難保無挪新掩舊情弊。又五十八年以前代報未完州縣正雜錢糧十三萬兩，又代報未完秦為幹、李振文等罰俸捐復等銀四千八百四十餘兩，是閩省庫項虧空正多，不獨倉儲之非實貯也。**❶❽**

不查不知道，一查嚇一跳。接下來提訊相關官員及書吏庫丁，弄清了藩庫長期虧空，以及歷任道府積欠分賠、督撫掩蓋不報的實情，累年積欠已達兩百五十萬兩以上。這還僅僅是省裡的銀庫。

　　清代所謂倉庫，原屬兩項：倉儲糧穀，庫藏銀錢。魁倫舉報的倉儲虧空，更是一個龐大的黑洞，全省普遍存在短缺和挪移弄假。魁倫

18.奏摺錄副：魁倫、田鳳儀奏，為省城廳縣倉庫虧缺情形事，乾隆六十年五月十二日。

和田鳳儀先面詢福州知府鄧廷輯，他不敢再說假話，只好承認「府城兩廳兩縣虧缺五萬三千餘石」，後又查出庫項短缺「七萬八千餘兩」。各地倉儲庫貯，除漳州府等極少地方，都存在大量虧短。

　　乾隆帝實不知吏治已敗壞到這種地步，閱後硃批：「大奇！」隨後，清查的大網在福建全省迅速撒開，一百餘名道府州縣官員大多不能倖免；加上積弊多年，層層追索，更多人牽涉案中。浦霖和伊轍布在浙境被巡撫吉慶受命攔截，五月二十八日押解回閩，即被嚴密監管。長麟抵達後立刻會同審訊，先問藩庫所存六萬兩賑餘存銀挪用一項，「伊轍布供出此項銀兩並未解往漳、泉，其二萬兩補給漏查戶口聞賑歸來之饑民人等用去，餘存四萬兩係代填前庫吏周經欠交庫項，現有田房契券等物作抵」❶❾。又是一件案中案，總督巡撫均由此被追出貪污濫索的確證，最後丟了腦袋。

　　前所提到的周經，原為伍拉納任布政使時藩庫庫吏，伊轍布接掌藩司，周經仍是庫吏。他顯然很會察言觀色，備受兩任上司信任。清朝為防止吏役任久生事，對之有著嚴格的任期之限。周經任滿離職，由於有總督和藩司的靠山，就在福州開了一家銀鋪，藩庫銀兩皆交其傾熔，甚至總督府的修繕、伍拉納置辦進貢物件，都交給他辦理。而這位老兄能為上司辦事，從而獲得稀缺資源，卻不善經營，加上貪心不足，又開了鹽店和當鋪。食鹽經銷為專營，大權在總督手中，利用官府資源，自是穩賺不賠；當鋪則不同，要的是豐厚資金，結果很快把周經套牢，不得不挪用庫銀支用。伊轍布平日放任不管，接到解任進京旨意，情知不妙，趕緊清理庫貯，發現周經還有八萬多兩沒有交回。當即勒限追索，勉強交上四萬有零，剩餘四萬兩死活拿不出，抱

19.奏摺錄副：長麟、魁倫奏，為遵旨訊問浦霖、伊轍布供情事，乾隆六十年六月二十一日。

了一堆房產地契來抵押。也是怕事情洩露被牽連，伊轍布只好拿賑餘銀兩暫時補足。伊轍布被反覆究問，供稱與周經實無密切關係，看他實在交不出銀子，只能拿一些契據玉器抵押，自己擔心新任不通融，心內著急，就先將剩餘賑銀代墊，並將那些契據等交福州府變價還款。伊轍布沒有說到伍拉納與周經的關係，然審訊者自能聽明白，卻也沒有抓住這條線索追問。

乾隆帝對此案很關注，諭旨密集且多變：浦霖、伊轍布赴京途中，有旨革職抄家，押回福州受審，再傳諭解京審訊；伍拉納被從臺灣押回，先在福州接受訊問，繼而奉旨解赴京師，交軍機大臣會同刑部研審。幾位大員披枷帶鎖去也，福建官場的大震盪，仍遠沒有結束，甚至波及奉調前來辦案的兩位大員。

三、「官心惶怖」

此四字出現在長麟和魁倫奏摺中，傳遞出整個福建官場大難臨頭的恐懼心態。依《大清律・虧空定例》：凡官員有「經手侵挪」、「輾轉結報」、「知情扶同徇隱」之議者，皆先行解任。諭旨也命「遇有經手虧空之員立即拿問，嚴行究辦，暫委佐雜代理」。魁倫開始時查拿題參，雷厲風行，可也很快發現：各府州縣主官多被虧空牽累，嚴訊之下，拔出蘿蔔帶出泥，不少衙署為之一空。其時的福建外有洋盜，內有劫匪，官衙前聚集著嗷嗷待哺的饑民，而倉中又無糧可以賑濟。未接時看人家有職有權，接過這個攤子，才知情況大是不妙。

六月初二日，長麟行抵漳州，遇到重大盜案，稍作停駐審辦，即趕往福州。豈知事情有變，經過一段考察，乾隆帝認為魁倫很能辦事，姚棻也很快會趕到，就不必長麟參與了。就在三天前，皇上發出諭旨，命長麟在姚棻抵達後即可回廣州，曰：

　　想長麟接奉諭旨，不日即可先抵閩省。但思長麟、姚棻到彼，合之魁倫共有督撫三人會同查辦，未免人多，轉致掣肘。且長麟向來辦事，每喜務虛見巧，不能結實認真。伊與伍拉納係同旗覺羅支派近屬，又安保不存回護？魁倫係原參之員，所辦尚有端緒。姚棻現已起程赴閩，即可會同魁倫詳悉查辦，轉不必長麟在彼，徒滋推諉……俟姚棻抵任後，魁倫將撫篆交與姚棻，即行接署督篆。廣東亦屬海疆，關係緊要，長麟即著回兩廣任事。❷⓪

尚未抵達辦事，先受一番指責。似此恣意訓斥、羞辱封疆大吏和朝廷重臣的話，在乾隆帝晚期時或可見。一則老皇帝不免自戀任性，再則身邊的和珅也適時進言，撥弄於其間。有意思的是，僅過十餘日，軍機處又以六百里加緊，傳旨命長麟留閩，「務將緝盜暨清查各事宜幫同魁倫實力妥辦，俟大局完竣，再行奏明起程回粵」❷①。可留則留也，署理督篆的已是魁倫，長麟的角色變為幫辦，不無尷尬。好在清代大員多有起落無定的經歷，對上諭逆來順受，喜怒不形於色。長麟心中惴惴，只有表示心悅誠服，在奏報時自覺排在魁倫之後。客觀論列，諭旨所指未必不是長麟的性格缺陷，他與伍拉納為宗室近支也是事實。然僅憑揣測和「莫須有」便加責斥，用人而疑，疑人又要用，老皇帝已呈暮年氣象。

　　連長麟都這般戰戰兢兢，新任巡撫姚棻的壓力還要大一些（原因複雜，詳後），福建官場更是人人自危。伍拉納素稱粗率急躁，先被催促赴臺弭亂，又被在軍前摘去翎頂，押回福州革職受訊，再命押解進京，應早已魂飛魄散。而臺灣道楊廷理、福州知府鄧廷輯、泉州知府

20.《清高宗實錄》卷一四七九，乾隆六十年五月戊寅。

21.《清高宗實錄》卷一四八○，乾隆六十年六月辛卯。

張大本及州縣官員十餘名被同時拿下，抄家審訊，佐貳吏役、幕友長隨多也難逃罪責，所至一片恐慌。

四、新任巡撫姚棻

乾隆帝選用姚棻接任福建巡撫，原因大約有二：一是他曾在福建長期擔任知府和道員，熟悉此地情況；二則與福康安配合較多，未來督撫聯合辦案時容易溝通。姚棻，安徽桐城人，與內閣大學士王杰、孫士毅同年進士，為二甲第六名，宦程跋涉比二人要艱辛許多，從甘肅知縣做起，歷知府道員、臬司藩司，洊至巡撫。接奉諭旨和福康安密札，姚棻即於五月十二日上奏，其中特別寫道：

> 臣前在閩省道府任內，知藩庫每年奏銷時，各州縣庫項俱係年清年款，未聞有虧缺之事。惟各屬常平倉穀因濱海地方，潮濕甚重，每遇出陳易新、交代盤查等事，氣頭廒底不無盤折，例應隨時買補。平糶穀石亦應秋成買還。偶遇糧價昂貴，收買不齊，無論是否民欠，經該管上司查出，即著落經手原官暨交代出結之員勒限繳價存庫，以備價平買補足額。❷❷

本來是奉旨赴任，卻以一大段寫出倉儲短缺的複雜性，亦有伏筆在焉。姚棻還說離開福建已久，表示「到閩後即徹底清查，如有缺額，會同魁倫據實參奏，不敢稍為瞻徇諱飾，自取重咎」。這是一種例行表態，可字裡行間總覺有一點兒不安。他在最後說到縱橫海上的洋盜，承諾將會同總督和各水陸提鎮，「先查出海之船，繼訪銷贓之地，使盜匪畏法斂跡。倘文員徒留海捕具文，武弁虛應會哨故事，查出即行嚴參重辦」。這才是作為福建巡撫應做的頭等大事，皇上深為認可，硃筆夾

22.奏摺錄副：姚棻奏，為接任盤查倉庫並稽查巡緝盜匪事。

批：「此最要。」

　　姚棻在福建擔任府道主官，已是十餘年前的事了，但似乎仍有一些帳目未完。就在去年，還接到浦霖催繳積欠的咨文，讓他心中沒底。赴任經行漳浦途次，姚棻接到諭旨，命他就此「據實檢舉」（今日之「坦白交代」是也），遂將有關情況詳悉奏明。皇上怎麼知道的？原來是魁倫上了一道滿文密摺，揭發「姚棻前任汀漳道府時所屬三縣內即有虧缺，竟至二萬餘兩之多，並經浦霖諭令分賠」。乾隆帝對姚棻的自行檢舉交代並不全信，降諭將其解任質訊，並命長麟將魁倫的滿文奏摺譯成漢語，讓姚棻閱看，「令其據實登答」。時姚巡撫抵任不到一個月，「跪聆之下，恐懼惶悚，無地自容」㉓。這之後，他便成了待罪之身，由辦案大員一變而為被審疑犯。欽選的新任巡撫也陷入泥淖，令皇帝十分關注，但也毫不手軟，先後三道諭旨，提出各種疑點，命長麟等嚴查，並警告不得化大為小。

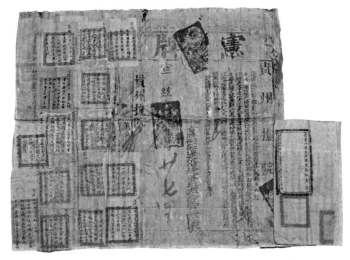

巡撫解送人犯的憲牌，經行州縣都要登記蓋章

23.《史料旬刊》第 31 期，姚棻供詞，地 135 頁。

　　長麟等不敢怠慢，連忙調取各衙門卷宗，復將當時姚棻屬下及管庫吏役傳來質訊，姚棻更是被反覆究問，茲錄兩段：

　　臣等復詰以：你說本年過漳州時尚不知從前已有虧缺庫項之事，查你上年在廣西巡撫任內已經接見閩省咨文，即行繳銀一萬餘兩，若不知從前庫項已有虧缺，何肯甘心認賠？

　　據稱：在廣西接見閩省咨文，係籠統咨追，並未指明是倉是庫。我因身係大員，既奉咨追，且事關倉庫，若不早行完繳，更必干連獲罪。但我一面繳銀，一面即咨詢閩省我名下所賠究竟是何款項，令其詳細咨復……若說我是預為狡飾地步，我上年在廣西，何能先知閩省今年有事……

　　臣等復詢以：你前在廣西接到咨追文書，既經備文查詢款項，閩省自必列款咨復，你今年六月過漳州時何尚僅稱倉項虧缺，仍不將庫項檢舉，豈非始終徇隱？

　　據稱：我在廣西咨詢後，即調任貴州，實未接獲閩省列款咨復回文。前過漳州時，即向現任汀漳道史夢琦詢問，據云現在尚未查明，不能得有確數。我於六月二十九日到巡撫任，當向書吏索看閩省咨復原稿，才知道我任內應賠係武平縣穀價銀四百八兩零，仍係倉項，並非庫項；又應賠寧化縣除穀價一千六百三十七兩外，應賠庫銀僅止十一兩零，我何必隱瞞？❷❹

長麟和魁倫在奏摺中詳細開列了質詢過程，我們注意到這裡所用字眼為「詢」，並非「訊」，但稍後便出現了「訊」字。所有諭旨中提到的疑點，都反覆問，姚棻的回答皆能原原本本，坦蕩懇切。看到這裡，

<hr>

24.硃批奏摺：長麟、魁倫奏，為遵旨嚴切訊明姚棻虧空銀兩情由事，乾隆六十年九月初七日。

皇上也基本上明白了，但既已解任，沒有徹底查清問題之前，只能先「掛」起來。於是前巡撫倒了，新巡撫被掛起來了，軍機處字寄前來，在人事安排上又有變化：幫辦的長麟再次暫署總督，本署督篆的魁倫改署巡撫。真不知接旨之時，老魁是何滋味？

對於大清查必然出現的官員荒，朝廷早有預料，五月間即命吏部於京察記名道府中選十六員馳驛前往，接著又從本年大挑知縣中發去五十餘員備用，以彌補福建官缺。然還是沒料到倒下的官員如此之眾，從各地調來這麼多人，仍是嚴重缺少可用之員。九月十五日，長麟、魁倫密奏，不得不吐露這一實情，以及不得已的延緩變通：

> 閩省情形有不敢不實陳於聖主之前者：查臣等署任之初，正值臺灣甫定之際，彼時通省米價昂貴異常，盜匪充塞於海洋，搶劫頻聞於道路，民氣未寧，官心惶怖，若即將虧缺各員紛紛提省審訊，不但地方州縣同時無官，猾吏奸民必致乘機滋事。且五六月間閩省並無候補試用人員，摘印署事亦實無一人可委。即省中諸事，當廢弛已極之後，雜亂紛歧，竟屬茫無頭緒。臣等焦切如焚，轉不敢稍形詞色，惟有諄飭虧缺各員安心辦事，若能撫綏斯民、無誤地方，必將奏懇聖恩，赦其前罪。是即以應行審辦之人，誘其暫為指臂之助……㉕

這番話使皇帝有所震動，夾批：「此等情節，何不奏聞？」而二人所奏應非盡實。魁倫辦事偏執操切，開始時到處抓捕審訊，還是長麟經驗老到，抵達後為穩定大局，才商量出一個權宜之計。由此亦知乾隆帝雖對魁倫的參劾獎許有加，但不無察人之明，督撫之任都無意交給此人，僅令其暫署而已。

25.硃批奏摺：長麟、魁倫奏，為遵覆審辦閩省倉庫虧缺一案遲延情形等事，乾隆六十年九月十五日。

長麟和魁倫自以為聰明，而官場之中傻子甚少，多數虧缺官員也能料到必有一個秋後算帳，可事情到了這個分上，又能怎麼樣呢！二人奏稱七月間糧價漸平，治安情況好轉，揀發的候補道府和試用知縣也先後趕到，由田鳳儀帶領分赴各地清查，那些污點官員則被次第解職摘印，押送省城審訊。至奏報之日，先後解省的「虧缺州縣」已有二十五員，後面出事的陸陸續續，還有不少。

第三節　十五萬兩鹽規

查出福建藩庫巨虧和通省存在的倉儲短缺，以及由於懶政怠政、挪移掩蓋引發的社會動盪，乾隆帝失望已極，殺心已起。一省之軍政錢糧混亂到這種程度，其中有不作為或亂作為的問題，必然也因主要官員由漸而著的貪贓枉法、徇私舞弊生成。伍拉納頭腦簡單，性情殘暴，在臺灣動輒大開殺戒，一年前曾奏請，欲請出王命旗牌，將一批販私拒捕的平民處死。乾隆帝降諭禁止，並通諭各督撫愛惜百姓，不得概行從重定擬。就是這個伍拉納，要說平日並不算甚貪，卻收受了十五萬兩鹽務陋規，在皇上眼裡更屬無可赦免。

一、前任庫吏開銀鋪

乾隆帝本來對伍拉納還有幾分信任，以為倉庫短缺之責主要在浦霖和伊轍布等。從長麟等所奏四萬兩庫銀被挪墊一事，從伊轍布含含糊糊一番交代，弘曆敏銳地發現一個微末人物周經，增大了對伍拉納的懷疑，接連兩天由軍機處發出字寄，諭曰：

看此情形，伍拉納之罪更重於浦霖。周經以藩司庫吏，竟敢在外

開張銀店，短缺庫銀至八萬五千餘兩之多。伍拉納先係福建藩司，旋擢閩浙總督，每年具奏銀號並無舞弊，及接受盤查時何以俱未查出，任其虧缺？❷⑥

藩庫庫銀為何到了銀鋪？在於對所收散碎銀兩需要熔鑄成錠，稱為「傾熔」，其中銀水火耗，賺頭不少。為何到周經的銀鋪？自是因為其在官府的背景，在於其與伍拉納的特殊關係。

可一個小小庫吏，怎麼會與布政使和總督搭上關係呢？皇上認定伍拉納必與周經通同謀私，令長麟等嚴訊，如不坦白，即加刑訊。自此抓住不放，諭旨疊頒，令在事大臣研審。嚴旨之下，福州的審訊驟然升級。請看乾隆帝在魁倫、長麟、姚棻奏摺上的批諭：

> 臣等因伊轍布身任藩司，明知各屬虧缺累累，既不據實參辦，轉為捏報完數，又挪用賑餘銀兩代墊周經侵挪庫項，恐係平日營私染指，有心庇護及與周經通同侵漁肥橐，（**硃批：此非欲化大為小之意乎？**）併伍拉納、浦霖均有知情縱容、勾串舞弊各情事，嚴加究詰。據伊轍布堅供：伊因庸懦無能、辦理不善，日夜焦心愧懼，何敢絲毫再有沾染？（**硃批：豈有捨命為人之理！然此語自知錯了，今恐竟有似此者，慎之，恐不覺也。**）即周經拖欠庫項，亦因事在緊急，萬出無奈，是以代為墊補，委無別項情弊。惟時伍拉納尚在臺灣，浦霖已經卸事，均不知情。質之周經，亦稱素常赴庫領繳銀兩，雖有掩挪，但隨催隨繳，並未露有拖欠形跡。（**硃批：可見此事不小。莫非爾等亦欲朕親問乎？甚為爾等懼之！**）❷⑦

26.《清代檔案史料選編》三，714 頁。

27. 硃批奏摺：魁倫、長麟、姚棻，奏報清查倉庫究出藩司侵扣挪墊錢糧審明定擬事，乾隆六十年七月十一日。

此奏在七月十一日由福州發出時，伍拉納、浦霖等要犯已遵旨分批派幹員解京。魁倫等三位大員以為此事已然審清，該當歇歇氣，將重心轉向閩省治理了。通過硃筆夾批，可知皇上認為此案遠沒審出真相，認為三人意圖化大為小、草率結案，旨意峻厲。魁倫等讀後心中戰慄，只有再加熬審。終於打開了缺口，將隱藏未露的督撫得受巨額鹽務陋規案情，公諸天下。

魁倫奏摺附有伊轍布、周經以及後任庫吏羅嘉信的供單。周經，侯官人，四十一歲，五十二年起任藩司衙門庫吏，時伍拉納為布政使，顯然很得信任，役滿告退，就在省城開了一家銀鋪，經常到藩庫承領一些雜色銀兩，傾熔兌換，時領時繳。周經被視作關鍵人犯，「擰耳跪鏈，嚴切刑夾」，「設法哄誘，連夜熬訊」，堅持說除了給伍拉納充當買辦之外，實在別無私下交易。長麟和魁倫要他將歷年所買物件的價格數量列出，希望能找出藉此行賄之跡，也是一無所獲。

二、行之已久的鹽規

以常理推測，周經與伍拉納必有瓜葛，必有經濟上的聯繫。可不知是確屬例外，抑或周經咬緊牙根，百般刑求，仍是堅不吐露。失望之餘，長麟等轉而追問鹽店的經營，未想到竟有了重大突破，奏曰：

詰以該犯既開鹽店，各總商豈無派湊公分之事，令其據實供吐。據該犯供稱「開設鹽店，總商派湊公分是每年常有之事，但係鹽務向例，按引核派，並非小的一人賄賂行私；其所派銀兩亦係出自售賣鹽價，並非此項領銷庫銀」等語。臣等隨即查傳總商薩重山、謝承光到案，據供：此項經費自乾隆四十四年起，楊景素收過銀二萬兩，富勒渾三任共收過銀五萬五千兩，陳輝祖收過銀二萬兩，雅德兩任收過銀

四萬五千兩，伍拉納任內共收過銀十五萬兩，其餘正署各任均未收受；至巡撫衙門向無規禮，惟浦霖於五十七年索取銀二萬兩，均係按引攤派。周經鹽店每年應銷引十萬七千餘道，應派銀二千九百餘兩。商等窮疲無本之人，實在力不能支，因係鹽務例規，不敢不辦，此外實無饋送鑽營的事是實。❷❽

鹽規亦陋規之一端。國家設立鹽政，配屬員弁，原為加強食鹽產運銷的管理，打擊走私，增加稅收。各地鹽商有巨大利潤空間，從其在迎接康熙帝、乾隆帝南巡的誇飾豪富，即可見出。降至乾嘉之際，鹽政亂象叢生，商戶日疲，拖欠日多，一些省份先後將鹽政劃歸督撫直管，或乾脆由總督兼任。福建鹽政即由總督直接管理❷❾，故而多年來皆有一份規禮，大約每年兩萬，由總商負責收送，各經銷商按所售鹽引上繳。

　　陋規，是清朝官員收入的一個灰色地帶，幾乎存在於各級官府和各個領域，鹽政尤甚。就在前一年的六月，因查辦兩淮鹽政巴寧阿一案，究出該鹽政衙門收取飯食雜費，每日達一百二十兩之多。乾隆帝諭令將日費供應一律裁革，並命將所收鹽商供應銀如數退賠。諭旨是針對兩淮鹽務所發，其他地方雖未經明諭，應也不能例外。

　　從最後追查結果看，福建鹽規也屬日費供應，當道者有收有不收，曾任總督的李侍堯、福康安、富綱、常青等均未收。當然不會是總商不送，而是遭到拒絕。伍拉納則是來者不拒，任職不到六年半，已收取十五萬兩，超過常例，在兩淮鹽規被裁革後仍未停止。和他一樣不

---

28. 奏摺錄副：長麟、魁倫，覆奏審出伍拉納浦霖得贓款跡事，乾隆六十年八月二十五日。
29. 查長麟、魁倫〈遵旨將浦霖、伊轍布等拿問並接卸署理督務等情形摺〉，有「所有閩浙總督關防及鹽政印信」被伍拉納攜往臺灣的描述，並有若姚棻抵任，福康安未到，「長麟亦即將閩浙總督及鹽政印信交臣魁倫接署」等語，可證閩浙總督兼管福建鹽政。（硃批奏摺：乾隆六十年六月十五日。）

收手的還有浦霖，本來巡撫無此先例，他卻破格索要了二萬兩。

三、「監斃十命」的案中案

　　八月二十五日，長麟等奏報伍拉納得受巨額鹽規同時，還專摺將審出的一椿刑事案件奏聞。此案發生於五十九年四月，漳州府長泰縣薛、林二姓因爭水大規模械鬥，死亡達十七人之多，經府縣兩級設法抓捕，將五十七名人犯先後捕獲，正審問間，按察司要求解省再審。而犯人和證人等抵省後，如此重大命案，按察使錢受椿並不親自審理。拖延日久，復以證據不全、主凶未獲為由，命發回地方，致使在省監斃兩人，押回漳州後又有八人死於獄中。這類大案要案，在督撫衙門必有「原報案據」，可此時找不見了。

　　新任按察使李殿圖恰好抵任，立刻將相關書吏員役嚴加究訊，交代出是錢受椿「向督撫商同，撤出原報各卷，並將人犯發回」。這種擅自「抽卷」的做法，明顯違反辦案規條，長麟等奏稱：

> 此等聚眾械鬥、殺傷多命之案，如果府縣拿審均非正凶，自應一面將該府縣詳揭參奏，一面嚴緝正凶，並應將現在被誣各犯立時平反釋放，俾免拖累。乃錢受椿既不親身提訊，轉向督撫私行抽卷，以致此案於未經抽卷以前監斃人犯二名，既經抽卷之後又復監斃人犯八名，是上下衙門串通一氣，於殺傷多命重案竟可出入抽換，實出理法人情之外！福建省吏治廢弛，州縣並不以審案為要務，以致積案如山，竟有事經數年及十餘年未審未報之案。❸⓪

吏治廢弛，積案如山，正是閩臺地方混亂，米價騰飛，饑民鬧事，劫

30.奏摺錄副：長麟，奏報查出伍拉納、浦霖、錢受椿玩視民命串通抽卷事，乾隆六十年八月二十五日。

匪叢生的根源所在。如果說伍拉納、浦霖是貪，則此案一出，還要加上一個「酷」字。錢受椿主持司法，恣意勒索，可稱無法無天。乾隆帝判斷其得了府縣賄賂，連發三道諭旨，要求嚴加追查，尤其是追查錢受椿與督撫分肥之事。

豈知恰恰相反，是府縣官員被逼勒無奈，只好呈上禮物和金銀，錢臬司嫌少，仍不為所動。長麟等也以為府縣官員與老錢有勾連，將他們全都拘來，親加訊問，沒想到漳州知府全士潮等當堂哭訴，傾倒一肚子苦水。據奏：

> 當將已革知府全士潮、知縣顧棪提至當堂，據全士潮等痛哭呼冤，叩頭碰地，供稱錢受椿性情暴戾、藉案索錢是常有的事。參員們遇有械鬥案件，若要率領兵役徑往拿人，漳州民情刁悍，必致激成拒捕毆官重案，勢不能不購線買眼，設法緝拿。上年四月內長泰縣薛明鑾聚眾械鬥一案，參員們費銀二千餘兩，始將通案人犯全行拿獲，正在審訊，尚未定供，即被提解省城，另行委員審訊，案延半年有餘。錢臬司並不親提一訊，輒稱兇手不確，欲行發回……。❸❶

民間械鬥往往涉及不同宗教和族群，背景複雜。提省再審，久審不下，不光府縣主官威望受損，且一旦發回，將數十名案犯押回原籍，在地方更易引發事端。是以府縣官員均在省城守候等待，可臬司不聞不問，從來不令參與會審。全士潮等心知錢臬司「意存需索」，只好去置辦禮物，於是全知府「用價銀一千四百餘兩購買綠晶朝珠一盤，又配八版大呢羽緞，及顧繡鋪墊等物」，顧知縣「備了三十兩金葉及大呢羽緞」，送到錢受椿那兒，一律收下，卻仍將人犯發回，並找碴將全士潮參革。看來這位錢兄，逼勒卡拿，收錢也不辦事，實在是福建官場一大惡人。

31.長麟、魁倫奏：為速行回奏事，《乾隆朝懲辦貪污檔案選編》四，3482～3485頁。

審訊錢受椿，人證物證俱在，不得不承認受賄事實。接下來追問
與督撫有無通同作弊、合夥分贓情形，便矢口否認。他說自己與浦霖
為姻親，又一向得總督倚信，因這起案犯羈押已久，且有的已瘐斃獄
中，以後一旦追究，不免要擔責任，便與督撫反覆陳說利害，徵得二
人同意，將案卷撤出，消滅痕跡。長麟、魁倫在奏摺中引錄了錢受椿
的供詞：

我與浦霖本係姻親，伍拉納亦待我甚好，因我屢次稟說此案兇手
不確，此時若將府縣揭參，將來拿不著正兇，我們倒要受重案遲延的
不是。若將原卷抽還，如拿不著正兇，亦無遲延形跡。我再三講說，
伍拉納等才准我抽卷，實沒有串通分肥情弊。我已身負重罪，如何還
敢替伍拉納等隱瞞？❷

長麟等人顯然是相信了錢受椿所供，如實呈報。而皇上仍不相信，時
伍拉納和浦霖已解京，即命軍機大臣就此隔別質訊。大約實在是沒問
出什麼來，二人的供詞被整理為一條：「我們實因案情重大，日久未
結，正兇又未拿獲一名，若一經參奏，顯得地方廢弛，實在心裡害怕，
一時糊塗該死，就允錢受椿所稟，將原卷發還。若果有分肥的事，錢
受椿、全士潮等豈肯替我們隱瞞呢？」❸兩地多犯，反覆究詰拷問仍
是這個結果，雖不免讓皇上失望，應屬真實情況。

嚴諭之下，長麟等壓力如山，不光對錢受椿及身邊親信、皂司吏
役輪流熬審，省內那些虧空道府知縣也被帶來仔細盤問。果然又有了
一些收穫：廈門同知黃奠邦交代「每年除遵照奏明章程備辦呢羽燕窩

32.奏摺錄副：長麟、魁倫，覆奏伍拉納等饋送抽卷致斃人命各款事，乾隆六十年十月。
33.軍機大臣奏報覆審伍拉納浦霖得受屬員銀兩情形片，乾隆六十年十月初七日，附件：
　浦霖伍拉納供詞。見於《乾隆朝懲辦貪污檔案選編》四，3529頁。

之外，另送督撫陋規銀各四千六百兩，參員在任二年，先後共送過伍
總督銀九千二百兩，又送浦撫院九千二百兩」❸；上杭知縣姚鶴齡揭
發錢受椿任糧道時，要求以米折錢，或以錢折米，從中賺取差價；泉
州知府張大本供出被錢受椿勒要朝珠、玉碗等情；福鼎知縣史恒岱、
邵武府經歷楊瑚招認曾送過錢受椿玉帶鉤、玉如意等物……除黃奠邦
之外，所有控訴和供述都指向錢受椿。按察司書吏雜役皆被提來，「掌
嘴跪鏈，加以刑夾」，令指實送禮官員姓名。長官犯法，受審時通常不
太用刑，對吏役則少了客氣，動輒用刑。錢臬司也知罪在不赦，一一
招認。

第四節　嚴厲的懲處

　　一些研究者常說乾隆帝晚年寬縱，放任和珅等弄權營私，史料中
自能找出不少依據。通過此案，通過一道道峻急嚴苛的諭旨，我們看
到了一個更真實的乾隆帝，一個有底線、不揉沙子、絕不有絲毫妥協
通融的帝王；以及一個執行力很強、堅定高效的軍機處。魁倫、長麟
等在辦案過程中，的確曾有過將就結案的念頭，由於皇上的嚴詞督催，
才得以水落石出。

一、抄家連著抄家

　　對於伍拉納等涉貪案件，乾隆帝從一開始就親自部署，查辦過程
中不斷予以階段性處置：先命總督伍拉納赴臺，將布政使伊轍布和巡
撫浦霖解任，為辦案掃清干擾和障礙；再把已升職的原按察使錢受椿
革任，押回福州聽訊，揭開黑幕；又將伍拉納由臺灣解回，革職審訊。

34.奏摺錄副：長麟，奏呈審訊黃奠邦等送督撫陋規銀等事，乾隆六十年十月。

而一旦涉案官員罪責明朗，緊接著便是抄家，第一個被抄的為伊轍布。

七月二十六日，諭令查抄伊轍布家產，定親王綿恩奉命主事，很快將其京宅房產田畝、金銀衣飾登錄造冊，雖有多處田產房舍，銀錢上所獲不多。奏報皇上，認為絕不止此數，遂將管家僕役等拘來訊問，又查出在外寄存物件、典鋪銀兩首飾等。清廷統治者似乎對抄家有一種特殊喜愛，也積累了豐富的查抄經驗，往往是任所、老家同時抄檢，罪員的家人親族也被盯住不放，做起來乾淨徹底，不留死角。

九月初七日，接到伍拉納、浦霖均有收受鹽規銀兩的奏報，乾隆帝即諭令將二人家產「嚴密查抄」，以軍機處字寄發給福建、浙江、江蘇、山東等督撫。時伍、浦正在分起押解進京途中，所過省份接奉諭旨，立刻飛札四出，布置沿途堵截。第一個動身的是伍拉納，其妻小家人攜帶錢帛物件，已進入山東地界，分東西兩路進京，「並有玉玩木器箱隻裝船由水路行走」，山東巡撫玉德即督令各府縣「嚴密稽察截留」。於是，一撥為帶著金銀細軟的眷屬家小，在山東郯城被截住，所有資產即加封固，山東藩司和臨沂知府等急急趕往，逐一查明登冊；另一撥有大車七輛、轎車一輛，主要是運送衣物等，由家僕押運，在兗州一帶被截獲，兗沂曹道孫星衍前往查辦，清單中分別開列呢羽氈緞、貂狐海龍皮件等；僅朝珠一項，計有「蜜蠟朝珠三盤、青金朝珠一盤、紫晶朝珠二盤、綠松石朝珠二盤、枇杷根朝珠一盤、綠晶朝珠一盤、椰子朝珠一盤、金珀朝珠二盤、琥珀朝珠一盤、沉香朝珠一盤、香朝珠一盤」㉟，亦可知總督之富。

水路雇船兩艘，「裝貯箱籠共一百八十三號」，主要是大件玉器、瓷器和銅器等，由於途中撞灘毀損、更換船隻等耽誤了幾日，剛剛行至蘇州地方。蘇州知府李廷敬即加截留，江蘇巡撫費淳迅速趕往查辦，

35.奏摺錄副：玉德奏，呈截留伍拉納西大道行李物品簿冊，乾隆六十年。

造冊呈報，其中有「嵌玉如意一百一十二支」「雄黃如意二枝」「檀香如意一枝、嵌料石如意九枝」❸❻。乾隆帝閱後極是氣憤，斥為如石崇藏胡椒六百斛（老皇帝怎知寵臣和珅收藏如意，竟數以千計！）。對於中途查抄，沿途督撫均極為重視，多數伍府家人被審訊究詰，務求無遺漏。至為縝密的還有魁倫，大約早就料到必有抄家一節，為防止伍家途中轉移，還專派三名員弁，隨船看押。

　　浦霖比伍拉納晚兩日起程，收拾東西卻要早很多。自五月初二日被解職，其一家老小就整理行裝、攜帶主要資產，回歸家鄉浙江嘉善。聞聽浦霖被革職拿問的訊息，其妻胡氏情知抄家難以避免，想方設法加速轉移田產銀錢，據次子浦煌供認：

　　母親聞知覆奉諭旨將父親拿問，恐怕抄家，日後難以過度，因想舊買華亭縣田一百五十七畝零、價錢二千串，係在隔省，可以隱匿，母親就喚親戚駱侶梅來家，商定把契紙九張交與駱侶梅帶到他家收藏；又將銀五千兩交與妹夫錢洪緒的老家人盛忠換些錢文，買得坐落嘉興縣田一百七十八畝二分、秀水縣田一百四十畝零，契上就假寫在錢姓名下，並倒填正、二、三、四等月分，共算用銀五千一百三十二兩，除過付外又找銀一百三十二兩，契紙十一張，即交給盛忠收藏；七月裡又叫在外居住的長隨陸升出名，在嘉善本縣買得田四契，計田五十畝二分，共價錢八百三十六千七百五十文；又叫長隨劉文興、王文新兩人拿了朝珠十五串、金如意三枝、銀四百兩，寄與已故家人朱相之妻王氏家內收藏；又叫家人張榮陸續運出銀五千兩、洋錢二千塊藏在他家。後來母親恐在外寄頓，耳目昭彰，就吩咐在家裡掘坑埋藏，先

36.奏摺錄副：蘇凌阿奏，呈截留伍拉納資重船二隻查抄物件清單，乾隆六十年九月二十二日。

後在於花臺下及屋後小院地內兩處共埋銀一萬三千餘兩；又在夾牆、枯井內藏放銀一萬六百兩、洋錢七千四百圓；至連子房地內埋銀十萬兩，係五十五年八月間藏的⋯⋯。**❸⑦**

真可稱費盡心機，真堪稱枉費心機！「平日只恨聚無多，及到多時眼閉了」，正可為浦霖這位兩榜進士出身的高官寫照。主持對浦家抄檢的為浙江布政使汪志伊，舉人，從知縣做起，一步步到於高位，也是一個能員。他料到此前數月間必有轉移掩埋，到後即將胡氏貼身僕婦使女及家人長隨等隔別審訊，很快弄了個清清楚楚。浦霖顯然聚斂有術，除大量金銀田產，僅金玉如意就有一百五十九枝，朝珠一百二十三盤。

　　查抄錢受椿的旨意是在十月初七日下發的，因判定其家眷資財已回至常熟故里，軍機處字寄直接發給江蘇巡撫費淳，要他「即行親往，嚴密查抄」。字寄中還特別提到汪志伊抄檢浦霖隱匿家產之功，命費淳思慮周密，不許有任何隱藏寄頓。費淳正在江寧武闈監試，奉旨後飛札命臬司通恩前往常熟辦理，自己隨後趕往，查得家產並不太多，隨即加大審訊力度，知還有大批資財在途中。原來錢受椿頗為狡獪，當年二月升任廣西布政使後赴京接受召見，同時已安排搬家事宜，五月間水路搬運船隻行至江西地面，接密告家主出事了，要妻小轉道回常熟老家，又命裝載資財玉帛的兩隻船由可靠家僕管押，於途緩行，等待事態的進展再定。於是，兩隻裝滿箱籠的船便在新洲一帶江面盤桓，幾個家人閒極無聊，乾脆上岸嫖娼，被當地邏卒發現形跡可疑，一舉拿獲。江西巡撫陳淮即率司道趕往清查審問，奏報皇上。錢受椿寄頓在閩縣的粗重家具器皿也被查出，幾處都有詳細清單和供詞，也是到

37.奏折錄副：汪志伊，秦呈審訊參革閩撫浦霖之子浦煌等人供單，乾隆六十年九月二十九日。

處埋藏轉移，也有大批如意朝珠等珍寶，茲不贅述。

二、綁縛刑場的督撫

　　在藩庫短缺和倉儲虧空被初步查出時，乾隆帝已是非常憤怒，再審出收受鹽規情節，便動了殺機。而隨著查出的問題越來越多，件件與督撫都有牽連，更是無可赦免。

　　從很多史料分析，伍拉納平日也不算太貪。其在供述時說自己巡視地方，從不要府縣招待和花費，應有幾分屬實。他的癥結，當也是一些滿蒙大員的通病，即不學無術，以擅殺顯示果決，以輕信表達仗義，如抽卷之舉就是輕信了錢受椿。類似的情況在兩年前曾出現過，查辦浙江巡撫福崧貪縱案，乾隆帝嚴旨斥其既未早加參奏，又不及時請罪，並將他停支養廉銀三年，以示懲罰。可雨過忘雷，遠在南部海疆的伍拉納唯我獨尊，早把皇上的嚴諭丟在腦後。

　　十月初九日，乾隆帝下旨將伍拉納和浦霖即行正法。諭旨甚長，數說伍、浦之罪不可赦：

> 今伍拉納、浦霖在督撫任內惟知婪贓受賄，甚至人命重案竟敢貌法徇情，拖累無辜十命，而於洋面盜匪又並不認真緝拿，以致盜風日熾。且伊轍布串通庫吏侵虧帑項，錢受椿延案勒賄拖斃多命，種種營私舞弊，伍拉納、浦霖竟若罔聞，一任肆行無忌……伍拉納自蹈重罪，至於此極，更為有玷覺羅，亦斷難稍從輕典，免其肆市也，伍拉納、浦霖俱著照擬即行處斬。

乾隆帝認為伍拉納為自己和宗室丟了臉，「竟不能全朕用人顏面」。他在諭旨最後頗有反思，意識到晚年過於寬縱，切切自責：

此皆因朕數年來率從寬典，以致竟有如此婪贓害民之督撫，朕當先自責己。嗣後各督撫等益當各矢天良，倍加儆惕，倘不知潔己奉公，再有廢弛婪索等事，伍拉納、浦霖即其前車之鑑，毋謂不教不誠也！❸

痛心疾首，值得注意！誅殺自己長期信任、一手提拔的總督巡撫，在乾隆帝決不是輕鬆愉快之事；而通過他們和福建官場的種種不堪，老皇帝不能不聯想到其他省份，為之憂慮。他在嚴諭中諄諄告誡，也知道收效未必很大。

此時伊轍布已死於再次解京途中，逃過顯戮，乾隆帝多有懷疑，長麟和吉慶等不得不派員調查，反覆陳奏。對於錢受椿，皇上的痛恨又超過他人，先命鎖拿進京，擬親自審訊，交部從重治罪❸；接下來覺得錢受椿「職分尚小，不足以加之廷鞫」，仍命押回福州正法，要求署任督撫監視行刑，砍頭前「刑夾二次，重責四十板」，在省官員必須到現場觀看❹；過了十天有餘，見報來錢受椿家資甚巨，又命將其解京審訊❹。可憐魁倫、姚棻剛剛將錢受椿解送赴京，接新旨再派員狂奔截回，待第三道旨意抵達，老錢已是身墮黃泉了。

其他牽涉案中的道府州縣官員，先有貪贓數額超過一萬兩的秦為幹、李廷彩被斬決，李堂等八名被絞死，後又查出兩名處絞（其中彭

38.軍機大臣奉旨著將伍拉納浦霖即行處斬，乾隆六十年十月初九日。《乾隆朝懲辦貪污檔案選編》四，3538頁。

39.諭內閣：著將伍拉納浦霖從重定擬錢受椿鎖拿解京其子嗣發往伊犁充當苦差，乾隆六十年十月初七日。《乾隆朝懲辦貪污檔案選編》四，3531頁。

40.寄諭魁倫等：著將錢受椿刑夾重責後再傳集在省官員監同正法並供出饋送各員永不敘用，乾隆六十年十月十四日。《乾隆朝懲辦貪污檔案選編》四，3558頁。

41.寄諭魁倫等：著將錢受椿迅速解京並嚴查其本籍及任所寄匿財物，乾隆六十年十月二十五日。《乾隆朝懲辦貪污檔案選編》四，3573頁。

良護從寬改絞監候），革職遣發者更以數十計。其中從廣東高調押回的
廣東按察使德泰，大約沒審出什麼有價值的口供，未見到相關檔案。
六年後，伊犁將軍保寧以人才難得奏請起用，始知也被流遣新疆。

三、被革職遣發的主審官

　　貪腐是一個歷史悠久的權力痼疾，在每一個國家的每一個時期都
可能存在，而如何懲治，則見出當政者的境界和決心。

　　對涉貪涉事官員的處分，乾隆帝堅定果決，不分親疏，越是出身
宗室的大員，越要從嚴從重從快，此案的處置即是一個證明。而他對
吏治清明、百姓安樂的期望，對於留給兒子一個好攤子的希冀，都使
之在禪讓前夕大張旗鼓地整頓吏治。俗話說殺一儆百，此案先後將總
督、巡撫、按察使公開正法，布政使病死，道府州縣十一人被處死，
數十人革職流放，帶有最明顯不過的警示意圖，嚴懲一地官員以警醒
天下眾官。

　　在嚴諭頻頒、窮究不懈之際，一世英察的乾隆帝難道沒有聯想，
沒想到大清吏治整體跌落？應該想到了，諭旨中的自責，正是其痛苦
反思的結果。可又能怎麼辦呢？只能殺一儆百，殺十儆千，殺覺羅滿
洲立威立戒，懲處福建一省警示全國。這樣做當然會有巨大作用，會
立竿見影，然而亦有限，在一個人情大於法理的社會裡，多數貪腐都
是在親切自然狀態下完成的，多數貪腐者在大限未到時都渾然不覺。

　　乾隆帝深諳世情，洞悉官官相護的所謂「外省陋習」（實則京師又
何以避免），一方面另委官員辦案，另一方面又對他們叮囑告誡，防止
回護遮掩和化大為小，長麟就是一例。由於福康安在苗疆難以脫身，
又不太信得過魁倫，只得調兩廣總督長麟就近前往主持審辦，應也有
一份信任倚重在焉。然對長麟的性格弱點，對他在辦案中的優柔和不

徹底，乾隆帝不斷予以警告斥責。十月初七日，伍拉納和浦霖審明定罪，當日連發六道諭旨，其中兩道關乎長麟：

　　一是由阿桂、和珅簽發的軍機大臣字寄，主要是發給廣東巡撫兼署兩廣總督朱珪，告知已將長麟革職，要他傳諭廣東布政使陳大文，對長麟廣東任所資財嚴加抄檢，諭曰：

　　長麟查審此案，並不據實奏明，竟存化大為小之見，經朕疊加訓飭，諭令嚴查，始據將伍拉納、浦霖等得受鹽規、抽詳換卷及婪索各款陸續奏出，實為沽名取巧，難勝海疆重任，已降旨將長麟革職，來京候旨。至長麟受朕深恩，特由廣東派往閩省查辦重案，而意存瞻徇，竟欲顢頇了事，恐其平日居官亦難保無似伍拉納、浦霖等昧良婪索情事。朱珪現在督拿盜匪，且兼署督撫兩篆，無暇兼顧，著即飭藩司陳大文將長麟任所資財嚴密查抄。㊷

此件同時發給魁倫，命他會同姚棻抄檢長麟在福建任所資財。諭旨中再次表彰汪志伊查出浦霖家眷寄頓埋藏等情，要求陳大文仿照施行，「務須慎密查辦，毋任稍有隱匿寄頓」。

　　而就在當日稍晚時分，乾隆帝傳諭內閣，說自己僅命將長麟京中家產查封入官，「軍機大臣因擬寫諭旨，令朱珪、魁倫將長麟粵閩任所資財一併查辦」，有些過分，傳諭即行停止。這位擬旨的軍機大臣自然是和珅。阿桂雖屬首樞，身體多病，軍機處由和珅全面負責，或有鼓動煽惑、乘機擴大之舉。接旨後，和珅立即隨風轉舵，帶頭上了一個學習貫徹、感激聖上寬仁的摺子。

　　對長麟的革職查抄雖覺突兀，也是草蛇灰線，有跡可循，說到底

42.寄諭朱珪等著查辦長麟任所資財並究明浦霖等受賄各情，乾隆六十年十月初七日。《乾隆朝懲辦貪污檔案選編》四，3527 頁。

還是為了整頓朝綱，警示大小臣工，尤其是內外重臣。另外，乾隆帝也想通過抄檢，看看長麟是否涉貪，「欲觀其是否家擁厚資，如伍拉納、浦霖之貪污肥橐；以驗伊在督撫任內是否尚能謹飭，或者亦如伍拉納等之貪賄，積家產至三四十萬之多，亦當別問」❸。這是福建大案的延伸，是老皇帝痛苦反思後的測試之舉，決不僅僅一點兒好奇心。對長麟的查抄也是由親王領銜，很快呈上查抄清單，雖說玉器皮貨為數不少，也有數十枚如意、數十盤朝珠，但銀錢很有限，田產也不多。乾隆帝心底也不希望長麟再出事，見奏鬆了口氣，即命軍機大臣酌擬賞還（即還給一部分），以作為長麟赴疆資斧。在查抄長麟物品清單上確有一些「擬賞還」的標記，最後則是全部賞還。

　　長麟是在十月二十二日離開福州赴京的，風雲莫測，命運難定，哪裡還敢叫屈喊冤！至此逃過一劫，更是加額慶幸。君臣有一段很有意思的隔空對話，皇上說：

　　……你在京資產查封後即經賞還，你所存玩器等件自亦係屬員饋送，不過因你不至派累，所以未加深究。而廣東、福建任所並未封查，此實格外施恩。你所得之咎甚重，今復賞給副都統職銜，令往葉爾羌自備資斧辦事，你尚有何顏希圖召見？著即前赴新疆。

長麟說過希望皇上召見的話嗎？據現有文獻尚未見到。揣測或對軍機大臣表達過，或即乾隆帝自己的想像，傳遞出對長麟的複雜感情。跪聽諭旨的長麟伏地碰頭，感激涕零，說：

　　我蒙皇上天恩，用至總督，又特派我前往福建署理督篆，審辦要

43.以上兩則皆出自諭內閣：著將查抄長麟家產交軍機大臣酌擬加恩賞還，乾隆六十年十月十一日。《乾隆朝懲辦貪污檔案選編》四，3539頁。

案。我未早將實情審出，屢蒙聖明飭訓……蒙皇上不加嚴譴，並將在京資產賞還，任所亦未加查封。今復蒙格外施恩，賞給副都統職銜，前往新疆辦事。我實在感激慚愧，刻骨鏤心！**④**

長麟素稱明練，自能從嚴諭中體悟到皇上的憐惜愛護，當即表示情願認罰銀三萬兩，先交一萬兩，以贖罪愆。這種認罪態度令乾隆帝感動，也覺得處理的有些過，傳旨賞戴花翎，同時免去未交的二萬兩銀子。君臣雖未相見，倒是真情絡繹。

　　此日為乾隆六十年十二月初九日，長麟收拾行囊遠行去也，而改元在即，舉國矚目的禪讓大典將要來臨。

44.軍機大臣奏報長麟叩謝賞副都統銜往新疆辦事並情願認罰銀三萬兩片，乾隆六十年
　十二月初八日。《乾隆朝懲辦貪污檔案選編》四，3617頁。

第三章

嗣皇帝・子皇帝・嗣子皇帝

　　禪讓之前，弘曆在諭旨中提到將要繼位者，稱之為嗣皇帝。此一稱呼是恰切的。嗣：繼承，接續，明確指君位的延續。韓愈〈永貞行〉「嗣皇卓犖信英主，文如太宗武高祖」，就是這個意思。禪讓以後，乾隆帝所發敕旨，對顒琰仍稱嗣皇帝，有時也稱子皇帝、嗣子皇帝。

　　皇帝就是皇帝，前面一旦綴以一二字，便覺微妙和複雜，給人留下許多想像空間，也將至高無上的頭銜打了折扣。所有的微妙複雜都來自禪讓，不這樣定位，又能如何呢？這當然不僅僅是稱謂的問題，更在於怎樣去扮演角色，怎樣拿捏得恰到好處。雍正帝曾作〈為君難〉一文，真情流露，懸掛於圓明園勤政殿後楹壁上，殊不知做嗣子皇帝，更是難上加難。

第一節　京師的禪讓大典

　　可以推想，乾隆帝是非常渴望早日平定苗疆的。欽派當朝第一大將軍福康安總統軍務，再派擅長後勤保障事宜的川督和琳為副帥，又將大學士孫士毅留下協助，調集七省數萬軍隊圍剿，都是想一舉蕩平動亂，為即將舉行的禪讓大典，增加新的榮光和喜慶。未想到三路進剿了幾乎一年，苗民據險抗爭，此消彼長，雙方仍處於艱苦搏殺狀態。京師的大典當然要如期舉行，各項活動都在嚴密籌備中，可老皇帝心底那種焦灼牽掛，身邊人應也看得出。

一、喜字第一號玉寶

　　終於到了舉行禪讓大典的日子。這是紫禁城雙喜降臨的一天，既要舉行授受典禮，又要舉辦新帝的登基大典。一切都依照事先擬定的儀節進行：當天子夜時分，乾隆帝起床開筆之後，先往宮中各佛堂祭

拜祝禱，然後到西弘德殿用膳；接下來是率皇太子往奉先殿和堂子，
祭告列祖列宗；太和殿、太和門直至午門外盛陳鹵簿，殿前平臺擺設
雅樂，禪讓大典在太和殿隆重舉行。

　　整個典禮簡樸莊重。阿桂、和珅、王杰等重臣肅立於殿檐之下，
滿蒙王公及眾臣分文武兩班，由殿門排向陛階和庭院，各藩屬國使臣
也挨次站立。雖說是朝廷盛典，臣子們頗能理解老皇帝的複雜心境，
一切肅穆平靜，人人表情凝重，不見歡欣喜悅。典禮的時間很短。皇
太子由吏部官員引領往養心殿，迎接父皇法駕到中和殿，侍候下輦，
從後門進入太和殿，在殿中央寶座上落座，皇太子一側侍立。靜鞭響
起，「丹陛大樂作，奏慶平之章」，顒琰恭立於寶座前，率眾臣行叩拜
禮。大學士跪讀表文，顒琰起身挨近御座跪下，從父皇手中鄭重接過
「皇帝之寶」玉璽，小心翼翼，轉交給右邊侍立的大學士。至此顒琰
已成為當朝天子，舉止卻益發謹小慎微，率王公大臣和文武百官再行
三跪九叩大禮，禪讓大典完成。

　　寶璽是皇權的象徵。「皇帝之寶」已經授予新天子，又如何體現太
上皇帝的尊威？老皇帝早有安排，於冊立皇太子時即專發上諭：

　　　朕歸政後，應用喜字第一號玉寶，鐫刻「太上皇帝之寶」，玉冊即
　將御製「十全老人之寶說」鐫刻，作為太上皇帝寶冊。❶

軍機大臣隨即擬定了新的用寶制度，從明年起頒發詔書，首先鈐用太
上皇帝之寶，然後再用皇帝之寶。

　　「喜字第一號玉寶」，也是乾隆帝專為禪讓所製。清朝皇室起於荒
僻草莽，有著對皇室寶璽的特殊關注，也有一種起初的陌生感。當年
攻滅蒙古察哈爾部，從林丹汗遺孀手中弄到一塊明朝的「誥敕之寶」，

1.《清稗類鈔》第一冊，〈帝德類・高宗內禪〉，中華書局 2003 年版。

竟然誇飾為傳國玉璽，宣稱天命所歸，建元大清。定鼎北京後的很長時間內，朝廷璽印也是材質混雜，甚至有一些係用前朝舊璽改鐫。至乾隆帝繼位，考定寶譜，以二十五枚御寶收貯於交泰殿，以十枚藏於盛京宮中，並親撰〈御製寶譜序〉。回疆平定，和闐良玉源源運來，乾隆帝親自揀選，根據玉色分類珍藏，「其玉色與五朝冊寶相符者，均編為『廟字號』，俟後有舉行冊寶入廟之事，概用此玉，以昭畫一；其玉色較白而未能一律者，另編為『喜字號』，將來朕歸政後嗣位之皇子，崇上尊稱，即將此玉成造冊寶」❷。細味此一段文字，喜字號玉色潔白，比廟字號品質更為優良。

　　為什麼標稱「喜字」？當不外乎取意吉祥。而所標稱「第一號」，也是早有安排，其在命名喜字號兩年後，乾隆帝又明諭這批玉料的用項：

　　其現在「喜字號」第一分純潔者，著敬謹存貯，俟朕將來歸政之期舉行崇上太上皇徽號慶典所用寶冊，即將此分鐫造，以彰熙朝盛瑞。❸

由喜字號第一分玉料，到喜字第一號玉寶，跨越了十餘年的時光，乾隆帝為禪讓大典謀劃之遠、計議之周，凡事之追求盡善盡美，均可映見。

　　授受典禮之後，太上皇帝回宮歇息，太和殿又舉行嘉慶帝的登基大典。依照通例，新帝是要頒布即位詔的，這次卻沒有。簡短的儀式很快結束，大學士、內閣學士恭詣乾清門送寶，禮部與鴻臚寺官登上天安門城樓宣讀太上皇帝的傳位詔書，廣沛恩賜，大赦天下，通篇皆是老皇帝的口吻。僅在「欽此」之後，新帝附和了幾句：

　　予小子祗承慈命，勉荷洪圖，謹奉宣敕旨，布告天下，咸使聞知。❹

2.《清高宗實錄》卷一一六六，乾隆四十七年十月壬寅。

3.《清高宗實錄》卷一二一六，乾隆四十九年十月癸未。

這便是即位詔的縮小版了，頗像是一次帶頭表態。在強大的父皇面前，嘉慶帝永遠是一個小學生，分寸拿捏得恰到好處。

這份傳位詔至今仍在，鈐用寶璽處，正是太上皇帝之寶在先，皇帝之寶在後。

二、再開千叟宴

正月初四日，嘉慶帝奉侍父皇出御寧壽宮皇極殿，舉行隆重的千叟宴。所謂千叟宴，即邀請國內高壽老人來皇宮參加宴飲，是朝廷的敬老親民措施，更是國家強盛和祥瑞的一種標誌。千叟宴者，形容與宴老者眾多，並不限於千人之額。康熙五十二年，清廷舉辦首屆千叟宴，在暢春園三次大擺宴席，每次都在兩千人左右，與宴者總共超過六千六百人。乾隆帝仿效祖父，在繼位五十年時於乾清宮設宴，年滿六十歲以上者三千人與宴。這一次再開盛宴，他已經八十六歲高齡，又值禪讓傳位之後，能不隆重其事！

千叟宴之日，一向寂寥的寧壽宮熱鬧非凡。太上皇帝賜親王、貝子、蒙古王公、台吉及大臣官員年六十歲以上，普通兵民七十歲以上者三千人與宴，加上回部和屬國貢使，躬逢其盛，應邀參與皇極殿宴集；還有全國各地趕來的五千餘人，實在是坐不下了，命有司賞賜壽杖、如意、銀牌等物，也是一份難得的榮寵。據內務府《御茶膳房》檔案記載，這次大宴共設八百桌，按照事先擬定的次序，由殿內、外廊、平臺、丹陛兩側，一直排列到寧壽門外花園。待太上皇由嘉慶帝陪侍著出場，頓時鼓樂齊鳴，眾人跪迎，拜舞嵩呼，怎不讓老皇帝心潮澎湃！

千叟宴的主打菜是火鍋，為滿族人傳統的飲食習俗，也最適合超

4.《嘉慶道光兩朝上諭檔》一，嘉慶元年正月初一日。

大型宴會的準備和配送。大宴具有很強的禮儀色彩，進茶，進酒，進饌，次序井然。穿梭於各桌間服務的御前侍衛，個個衣甲鮮明，人人儀態恭謹。太上皇命引一品大臣和九十歲以上老人到御座前，親遞卮酒，舉杯共飲；又命皇子、皇孫、皇曾孫輪桌敬酒。整個宴會洋溢著祥和喜慶，與宴者各有賞賜，官員除外，兵民滿七十歲者賞十兩重養老銀牌一面，滿七十五歲者賜十五兩重銀牌，滿八十歲者賜二十兩重銀牌，八十五歲者二十五兩重銀牌，九十歲以上為三十兩重銀牌。其中有一位福建進士郭鍾岳，曾在乾隆帝南巡時受到賞識，時年一百零四歲，特旨問其身體狀況，邀來與宴。高壽民人如一百零六歲的熊國沛、一百歲的邱成龍，敕諭賞給六品頂戴；還有一批九十歲以上老民，皆賞給七品頂戴。

銀牌有如意祥雲、福山壽海圖案，正面鐫鑄「太上皇帝御賜養老」，背面刻「丙辰年皇極殿千叟宴」，不僅本身具有非凡的紀念意義，持有者還可在當地衙門領取一定資費，怎不讓這些老者開心。

太上皇帝也極為開心，即興賦詩一首：

> 歸禪人應詞罷妍，新正肇慶合開筵。
> 便因皇極初臨日，重舉乾清舊宴年。
> 教孝教忠惟一篤，曰今曰昨又旬延。
> 敬天勤政仍晜子，敢謂從茲即歇肩？❺

弘曆擅長以政事入詩，夾敘夾議，從皇帝做到太上皇帝，仍是詩興盎然。子皇帝顒琰應能讀懂父皇的詩，那就是皇位可讓，大權不交。

只過了兩天，京師突然奇寒無比，不少樹木凍死，來自炎熱之地

5.《清高宗御製詩餘集》卷一，〈初御皇極殿開千叟宴用乙巳年恭依皇祖元韻〉，見《清代詩文集彙編》第三二九冊，462 頁。

太上皇帝千叟宴御製詩　　《內起居注》中有關上皇與皇帝活動的記載

的安南使臣阮光裕，居然凍斃於館舍。

三、留居養心殿

養心殿是皇帝在紫禁城主要的政務和憩息之所，胤禛和弘曆父子尤其如此。該殿自成獨立院落，前朝後寢，養心門前有專用御廚，出遵義門向東入月華門，即為乾清宮，向南出內右門為乾清門廣場，軍機處即在內右門西側，可謂近在咫尺。自雍正帝選定此地為在朝理政，乾隆帝沿承不變，數十年來寢興於此，號令天下。殿內西暖閣懸掛雍正帝御書匾額「勤政親賢」，輔以聯句：「惟以一人治天下；豈為天下奉一人？」詞意慷慨，冠冕堂皇。如果說紫禁城為清朝的中心，養心殿當為中心之中心。

冊立皇太子之後，一切服御儀制相應改變，顒琰受命移居毓慶宮，卻未能即行搬遷，要等到父皇於冬至齋戒後，再降旨遷居。於是，皇太子繼續住在東五所，與眾皇子不同的是多了十名侍衛。這樣的安排

或因該宮的維修工程未完，其間應也有考查之義，乾隆帝於各項典禮中檢驗，於日常細微處觀察，看其成為太子後如何與其他皇子相處。而顒琰作為皇儲，心智成熟，沉靜謙和，處處表現得中規中矩。當年十一月十八日，距禪讓改元還有不到一個半月，乾隆帝命顒琰遷入毓慶宮。

該宮在乾清宮之東，位於齋宮和奉先殿之間，前後四進，正殿毓慶宮呈工字形，有穿廊連接前後殿，乾隆帝欽賜的「繼德堂」匾額即懸於後殿正中。此宮係康熙帝為皇太子允礽特建，雖略顯狹窄逼仄，然結構精緻，裝修考究。乾隆帝做皇子時在此居住五年有餘，顒琰五歲時也曾與其他皇子一起居住於此，「繼德」之說當源於此。

此時始令皇太子移入毓慶宮，還有一個不言而明的用意：歸政後不會再作搬遷。果然，丙辰元旦改元，太上皇帝仍居住在養心殿。從今日所存之文獻，未見子皇帝懇切慰留，未見寵臣和珅之流進言勸說，這些都用不著，就是太上皇帝自己改變了主意，而且說得振振有詞，合情合理。

舉行授受大典之後，不知是怎麼想的，上皇於當天下午前往寧壽宮，在花園殿宇盤桓流連，至樂壽堂，題寫了這樣一首詩：

> 丙申預作菟裘計，堂擬紹興早勒銘。
> 日往月來忽廿歲，居今歸政得耆齡。
> 付憂與子詎忘付，寧壽斯身敢即寧？
> 惇史百王相較量，獨承厚眷賴蒼靈。❻

意思是：自己在二十年前就做好禪讓的準備，也為歸閒娛老建好了宮苑，如今終於如願以償，卻還不敢忘記責任，不能把一切憂患都壓到

6.《清高宗御製詩餘集》卷一，〈樂壽堂用丙申舊作韻〉。

子皇帝肩頭，去寧壽宮頤養天年。「菟裘」一詞，典出《左傳・隱公十一年》，後代稱告老退隱之地，詩中用以指寧壽宮。

該詩最值得注意的是第三聯。明明是將皇位傳給了皇太子，怎麼說是「付憂」呢？本來建好的寧壽宮，又為何不敢去那兒享受寧靜呢？太上皇帝從不否認自己的心緒之變，以詩言志，表達得極為清晰。

在興建寧壽宮之際，乾隆帝或將宋高宗趙構視為榜樣，該宮的「樂壽堂」三字，即出於趙構禪讓後自號樂壽老人。詩間小注說：「丙申葺寧壽宮，為倦勤後娛老之所，名此堂曰『樂壽』，蓋因宋高宗內禪後有『樂壽老人』之號，見董其昌《論古帖》，是年有詩以明予志。幸荷昊蒼眷佑，今歲丙辰元日已符歸政初願。自揣精力強健如常，子皇帝初登大寶，用人理政尚當時加訓誨，何忍即移居寧壽宮，效宋高之自圖安逸耶？」上皇一言九鼎，扶上馬，送一程，誰膽敢再有異議？而富麗堂皇的寧壽宮建築群，上皇不用，又誰敢搬入？及到議開千叟宴之時，上皇立刻想到這裡，真的是再合適不過了。同理，圓明園的長春園、避暑山莊的澹泊敬誠殿，上皇也是照舊使用，並不因歸政遷出。

不遷離養心殿，太上皇帝也曾說過是住慣了，「予即位以來，居養心殿六十餘載，最為安吉。今既訓政如常，自當仍居養心殿，諸事咸宜也」❼。為什麼說「諸事咸宜」？據他自己解釋，因為還要訓政，若居住偏於一隅的寧壽宮，皇帝前往聆聽訓誨，大臣覲見請旨議事，都要跑很遠的路，不搬則沒有這些問題。上皇還表示，如果九十大壽後精力稍覺不濟，即當遷居寧壽宮，「以享大年閑靜之樂」。

7.《清高宗御製詩餘集》卷九，〈新正樂壽堂〉。

第二節　「大事還是我辦」

　　禪讓後的太上皇帝，傳得最多、傳播最遠的一句話是：「朕雖歸政，大事還是我辦。」❽這話為嘉慶元年正月十九日所講。當日太上皇帝在圓明園召見各國使臣，朝鮮使臣一行趕到的較晚，由禮部尚書德明引領至御榻前行跪叩禮，大學士和珅宣旨，第一句便是此語。整段話顯然屬於格式化的客套語，對先前到達叩見的安南、暹羅等國使臣，應當也是這樣說的。

　　此時子皇帝正側坐陪侍，表情專注虔敬。

一、何時提出的「訓政」

　　在所有的清朝皇帝中，弘曆堪稱最喜歡璽印，也喜歡為璽印親撰文字，抒發襟抱或情感情趣。做了太上皇帝之後猶然，不僅用喜字第一號玉料鐫製了「太上皇帝之寶」，專門撰寫了〈自題太上皇帝之寶〉的詩，鐫刻其上，還擁有許多枚小璽，如「猶日孜孜」等。未見他為這些私璽寫作題記，實則也用不著，印文短語本身就是其心跡思緒的真實記錄。

　　其中有一枚，曰「歸政仍訓政」，直寫上皇在禪讓期的施政理念，簡明準確，十分傳神。歸政，此處指將帝位交付嗣皇帝顒琰；訓政，是說在顒琰處理軍國大政時必須秉承自己的訓示。五字璽文的重心，在於訓政，意思是「皇帝之寶」雖已經授受，管理國家的模式並無多大改變。比起後來的「垂簾聽政」，弘曆似乎不願意也不用繞什麼彎子。

　　「訓政」一詞的最早提出，應是在禪讓之後，然在早先多次諭旨

8.《朝鮮李朝實錄中的中國史料》下編，卷一二。

中，已包含了這層意思。那時乾隆帝雖已有歸政的思想準備，卻也從未說過對朝政放手不管。如三十九年夏月，乾隆帝追出太監高雲從「洩漏道府記載一案」，降旨譴責大學士于敏中、舒赫德等失職，並將一批有牽涉的高官革職，交刑部查審，諭曰：

> 從前雖有志願至八十五歲時即當歸政，然亦必斟量彼時精神……豈容於此等事竟置不問乎？⑨

話說得很明白：即便在歸政之後，對於朝政大端，對於違反朝廷法紀之事，他仍會斷然出手，毫不容情。

臨近宣立皇太子之前，乾隆帝關於歸政的思考已趨成熟，在針對福建倉庫虧空大案的諭旨中說道：

> 看來各省督撫未免因朕明春即屆歸政，以為辦理讞案可以顢頇遷就，輒敢輕為嘗試。殊不知朕綜核庶務，從不任絲毫含混。即嗣位之皇子，朝夕敬聆訓誨，自亦知所秉承，未必肯聽其蒙混。或初年蒞政未能灼知情偽，而朕仰蒙昊眷，精神強固，雖歸政之後，亦豈置天下

「歸政仍訓政」寶璽

9.《清高宗實錄》卷九六三，乾隆三十九年七月乙亥。

事於不問！⓾

藉伍拉納、浦霖一案，老皇帝對各直省督撫提出警告：不要妄想在自己歸政後偷懶耍滑，禪讓之後只要身體健康，頭腦清晰，對天下事還是要關注過問。

　　冊立皇太子時，乾隆帝當著一眾皇子皇孫和諸王大臣的面，說得更清楚：

　　歸政後，凡遇軍國大事及用人行政諸大端，豈能置之不問？仍當躬親指教。嗣皇帝朝夕敬聆訓諭，將來知所稟承，不致錯失。⓫

與其對朝鮮等使臣所說相吻合。數月後在傳位詔書中，他再一次強調這一點：「凡軍國重務、用人行政大端，朕未至倦勤，不敢自逸。」⓬畢竟兒子已然登基，措辭中留了些餘地，而意思則沒有絲毫改變。倦勤，語出《書‧大禹謨》「耄期倦於勤」，謂帝王厭倦於政務之辛勞。從弘曆一生行政（包括禪讓後的三年）來看，應是從未「倦勤」，直至生命的最後一息。

　　未歸政時，乾隆帝所說多為「訓誨」、「訓諭」，意為對嗣皇帝指導點撥，以避免顒琰初政之失誤，用心良苦，也彰顯了對家國黎民的負責精神。禪讓之初，弘曆由皇帝變為太上皇帝，不是退位，而是升位和提格。他對一般祀典和日常事務不再涉及，而重大軍情與高層人事任免，仍是親力親為。

　　歷來做帝王者多喜歡自吹自擂，弘曆尤甚，進入老年後益發不可

10.《清高宗實錄》卷一四八四，乾隆六十年八月乙酉。

11.《清高宗實錄》卷一四八六，乾隆六十年九月辛亥。

12.《清仁宗實錄》卷一，嘉慶元年正月戊申。

控制。光是一個默禱和歸政，就述說過無數次，反反覆覆，總在渲染
自己的英明睿智。而一念之誠又與過思多變攪拌混雜，由裸退到退而
不休，由移居寧壽宮到仍住養心殿，由頤養天年到緊抓住重大事權。
越老越虛榮的他非常在意形象，尤其是在外國、藩屬和邊方的形象。
他對眾使臣宣稱「大事還是我辦」，接著又諭知派員進貢的廓爾喀國主
禪讓之事，並特別說明：「嗣後天下庶政，以及撫綏藩服事宜，嗣皇帝
悉遵朕指示辦理。」⓭同日又敕諭達賴喇嘛和班禪額爾德尼，曰「惟
訓嗣皇帝聽政精勤，黽承家法」，曰「本年朕傳位嗣皇帝，改元嘉慶元
年，然猶訓政維勤，孜孜不倦」。大約這是太上皇帝最早提出的「訓政
說」，時間在嘉慶元年正月二十一日。後來上皇敕諭和皇上諭旨之中，
也多次使用，如「敕幾訓政」、「每日訓政」、「孜孜訓政」、「訓政皇
帝」、「皇帝日聆訓政」……不一而足。

　　比較「訓誨」、「訓諭」與「訓政」，內涵雖未見大的差別，然前二
詞對個人，儘管這個人是皇帝；後則指稱政體，指一種決策體制。同
光間先是兩宮皇太后，再是慈禧太后垂簾聽政，用得較多的，便是「訓
政」之說。

二、改元後的首開經筵

　　二月初，顒琰舉行即位後的第一次經筵，為此先告祭奉先殿，再
親自到傳心殿行禮，並明確說是奉太上皇帝的旨意。弘曆對此格外重
視，半個月前即專發敕諭：「著皇帝於二月初四日御經筵。」我們注意
到：次年正月上皇同樣專發有關經筵的敕旨，既體現了至高無上的權
威，也展示了對兒子德行學業的關心。

　　經筵作為專為帝王設立的講席，由來久矣，至宋代始漸漸定型。

13.《清高宗實錄》卷一四九四，嘉慶元年正月戊辰。

宋朝大儒程頤曾曰：「天下重任，惟宰相與經筵；天下治亂係宰相，君德成就在經筵。」⓮將皇帝治統與儒家道統相挽結，可證經筵在當日地位之高。進入清代，循前明之例不設宰相，經筵之設成為臣子進諍言、規諫的重要渠道，與國家治亂所關更鉅。康熙帝特重經筵，認為不獨要對皇上啟悟規諫，也應兼有「訓導臣下」的功能，諭令「自大學士九卿詹事科道俱侍班」⓯，作為旁聽生。至於講題，則慎選經史中詞句為之，闡釋論說不離國家大政，有時亦緊密聯繫時局。

　　乾隆帝自負飽讀詩書，學養深厚，在登基後的首次經筵大典，即開創新例：直講官講述之後，皇帝要宣示御論。所謂御論，即皇帝根據講題引申闡發的論點，弘曆對此極加鄭重，所論皆出於親筆撰作。於是經筵的主講人變成了皇帝，宣講御論成為最重要的環節，經筵有了實質性變化。皇上弘宣御論之時，大學士率九卿以下所有官員群跪敬聆，聽後還要由內閣首輔或資深大學士捧場，講一通「親承聖訓，曷勝誠服」云云。

　　舉行經筵，作為朝廷嘉禮之一，儀節簡潔莊重，據記載：

　　是日，滿漢講官具補服，袍用蟒袖，及侍班內閣滿漢大學士，六部滿漢尚書、侍郎，都察院、通政使司、大理寺、詹事府滿漢堂官各一員，各具補服至文華殿丹墀兩旁序立；侍儀滿漢給事中各一員，滿漢御史各一員，補服於兩旁稍後立，起居注官四員，補服立於西階下……。⓰

這是迎候皇上大駕的場面。皇帝則常服而來，跟從侍衛也不甚多，以

14.《二程集》卷六，論經筵第一劄子，547 頁，中華書局 1981 年版。

15.《清聖祖實錄》卷一一一，康熙二十二年八月辛丑。

16.《清會典事例》卷三〇八，〈禮部十九‧經筵〉。

示謙遜親切。自五十五年始，乾隆帝命適齡之皇子皇孫皆隨駕，參加經筵，於是在文華殿內東西侍班的臣子之外，又多了一排金枝玉葉，當日的皇十五子永琰，也在行列之中。

六十年春二月，乾隆帝舉行仲春經筵，直講官德明、金士松進講《中庸》「小德川流，大德敦化」二句。老皇帝在御論中暢談自己的人生體會，曰「蓋天地之德，無所為大小也」，復曰「先識其小，後習其大」❶，層層思辨，皆稱精警深透，也內蘊著實政中的大小兼得。侍班大學士為阿桂和王杰，少不得有幾句頌聖之讚語。這是乾隆帝的最後一次經筵，顯然有無限感慨，事先往傳心殿親身致祭，事後又在文淵閣賜茶，每一處都留下了詩篇，且加寫了長注。吟經筵的一首為：

> 對越崇祠致敬虔，文華咫尺御經筵。
> 居今稽古春中月，望道勤民六十年。
> 敦化流川那小大，達聰明目勗仔肩。
> 丙辰講席應兒事，詩示心傳及政傳。❶

是時雖未明立太子，乾隆帝已經宣布明年經筵是兒子的事了。詩後附記亦說：「明年正月上日即當歸政，嗣後經筵為子皇帝之事，予可以不復御文華殿親講矣。」不無悵戀。弘曆把經筵當作講堂，對歷年來的御論講稿甚為珍惜，六十年間共得九十八篇，彙編成冊，頒賜近臣。

成為太上皇帝後，弘曆對嗣皇帝的經筵頗為關注，從直講官到所選題目，皆親自審定。經筵照例設在文華殿，除卻原先跟從大駕而來的一列皇子皇孫不見了，其他一切照舊，直講官也是去年的四人。德明，滿洲正藍旗人，官學生，曾長期在太常寺任職，贊引乾隆帝行禮

17.《清高宗實錄》卷一四七〇，乾隆六十年二月甲寅。

18.《清高宗御製詩》卷九四，春仲經筵，見《清代詩文集彙編》第三二九冊，338 頁。

多年，歷仕太常寺少卿、禮部侍郎、內閣學士、吏部左侍郎，五十八年晉禮部尚書兼正紅旗滿洲都統。他以「熟諳典禮，小心勤慎」，深得乾隆帝信任，自四十八年充任經筵講官，頻頻擔任直講[19]。金士松，江蘇吳縣人，乾隆二十五年進士，朝考第一名，改庶吉士，長期擔任文學侍從，直懋勤殿、南書房，充任日講起居注官，歷內閣學士、禮部侍郎、兵部侍郎、吏部左侍郎，五十四年充經筵講官，頗得弘曆賞識。選定此二人作為此次經筵直講官，表達了上皇對子皇帝的深切關愛。德明和金士松進講《大學》「樂只君子，民之父母」，來自《詩經・小雅・南山有臺》。講畢，嗣皇帝發布御論：

> 天生民而立之君，使司牧之，如保赤子，遹求厥寧。下民傾心感戴，若依父母。蓋以民心為己心，同其好惡耳⋯⋯民愛君如父母，為君者奚可恃尊養而忘敬畏哉？必存父天母地之敬心，祈天永命，則天錫豐年，克綏郅治，錫福萬方，斯不負為民父母之稱。蓋必本於敬天，方能大成君道，懷保小民也。[20]

原詩五章，每以南山、北山之草木對舉，比喻起興，命意則在於頌聖，在於讚美和祝福周王。全詩基調歡快，層層渲染，以祝願君主健康長壽、子孫綿長收束，適用於燕饗時演奏。擇選此詩作為新帝第一次經筵的講題，用意誠美，卻沒為新帝的御論留下太多發揮餘地。顒琰所論，從為君之道生發開來，句句扣題，又特特突出為君的「敬心」、「敬畏」，以及為民的「孝思」、「感戴」，用意悠深。

接下來，直講官多永武、胡高望進講《易經・乾》「元者，善之長也；亨者，嘉之會也」。多永武，滿洲鑲黃旗人，司職贊禮郎多年，屬

19.清李桓輯，《國朝耆獻類徵初編》卷九十，〈卿貳五十・德明〉。

20.《清仁宗實錄》卷二，嘉慶元年二月庚辰。

於滿員中精曉禮典者，時為禮部右侍郎。胡高望，浙江仁和人，二十六年高中榜眼，久任文學侍從，時為吏部右侍郎，在上書房行走。二人在乾隆六十年第一次充任經筵講官，顯然留給弘曆的印象頗佳，命以再任新帝經筵直講官。所講是《易經》最為人關注的名句之一，注疏解析亦因人而殊。講畢，顒琰宣講御論，將主要幾家的釋讀融會貫通，亦屬不易，曰：

> 乾德首元，生物之始，於時為春，於人為仁，眾善之長也；亨者生物之通，於時為夏，於人為禮，眾美之會也。君子體乾，養民育物，宅心寬大，使遂其生生之性。如上天發生萬匯，陽和翔洽，亨育生成，歲稔民安，諸福匯集矣。蓋以仁為體，則無一物不在於心；以禮為制，則無一物不納於度。咸臻大順，合揆自然，春生夏長，各順其序。人君敬天愛民，仁至義盡，咸熙庶績，協和萬邦，符大哉乾元之道，又本於健行不息，則悠久無疆，與天地合其德。先天弗違，後天奉時矣。[21]

直講官為滿漢分設，先以清語（即滿洲話）講論，然後才是漢語。乾隆帝發布御論，皆以清語，子皇帝自也不能例外。這是一種政治導向，示以不忘根本，亦有意在體制上提倡滿族語言文化。此年顒琰已然三十六歲，長長的皇子生涯中，讀書騎射是每日之功課，不光對儒家經典爛熟於心，清文自也不敢淡忘。加上多年來傾聽父皇用清語發布御論，必也會精心準備，開講時字正腔圓，侃侃而論。有意思的是：講後並無大學士出來作例行的讚頌。

子皇帝是一個謙和謹嚴、事事認真、不出紕漏的人，也許就是他，婉拒了這一不在禮典的馬屁程序。

21.《清仁宗實錄》卷二，嘉慶元年二月庚辰。

三、被集體考傻的上屆庶常

　　嘉慶元年春闈，歲在丙辰，例為科舉取士的正科，又因大廷授受，便被稱為新帝登基的恩科。主持此事的是和珅，先期呈上前三屆試題，供皇帝在命題時參考，卻不知出題者是顒琰，還是已做了上皇的弘曆。每一屆春闈都是一個系統工程：禮部會試，複試，殿試，進宮十卷引見，升殿傳臚，朝考。這些都是子皇帝在忙乎，有和珅等代為掌控，太上皇帝並沒有多加過問。上皇主要住在郊外的圓明園，享受大好春光。搞得顒琰在紫禁城待的頗不安心，常是必要的儀式一結束，就急急趕往海淀，去陪伴上皇。

　　忙了一輩子的乾隆帝，自也無法一下子閒下來。太和殿廷試，引見新科進士、選定新一屆庶吉士，畢竟是改元之後的事了，他有些不太關心；對上一屆庶常的畢業考，即在位時最後一批庶吉士的散館考試，則有著特別的眷注。散館考題正出於老皇帝之手，賦題為「污卮」。

　　散館考試，早先為詩、賦、時文、策論，四題可選作其二；乾隆帝登基後，聽從方苞等人建議，專試一賦一詩。清代庶吉士進館後，由總教習等根據其年齡資質，分別學習漢書和清書。這次參加考試的共二十一人，除乙卯科十五人外，還有往屆因各種緣由未能結業的庶吉士，如乾隆五十五年庚戌科石韞玉、洪亮吉，五十八年癸丑科的戴敦元等，不可謂人才不盛，結果都栽在「污卮」上。賦題的應試寫作，要在知曉題目的出典，把握題中要義，由此演繹申論。「污卮」二字望之眼生，令這班未來之星百般難解，蹙額皺眉之際，只好東拉西扯，勉強敷衍成篇。考試結果很快揭曉，上皇得悉後殊為不滿，於四月十一日專發敕旨：

昨庶吉士散館，適朕連日盼望雨澤，兼盼楚省捷音，未免焦勞倍切，心緒不寧。隨手翻閱，於《賦彙》內偶揀「污卮」為題。《賦彙》並非僻書，學習詞章者原應留心檢閱。乃庶吉士等俱不知傅咸所作，竟似作之元結之「窪尊」，以致傅會失旨。雖《禮記》內「污尊抔飲」，「污」字原讀烏花切，但「尊」與「卮」原本不同。轉似朕有意試以難冷題，不知朕向來命題，從不故求隱僻者。且書籍甚繁，讀書人豈能一一記誦？朕並不以此加之責備，當自引以為過耳。庶吉士等惟當益加勉力，勤學好問，以副朕教誨矜全至意，不必心存愧懼也。❷❷

一番話真切坦誠，責斥與撫慰並存，寫照出上皇當時的複雜心境，不可輕易放過。

弘曆自幼蒙名師指授，加上天資穎悟、刻苦勤奮，在學問上頗為自矜。而在其內心深處，仍有一種對翰林院的敬重，如今一個賦題將所有應試者考砸，在上皇也是始料不及。尤應注意敕諭中的「焦勞倍切，心緒不寧」八字，自記命題時心境，具體原因，則是一春缺雨和湖北白蓮教起事。常見有人漫漫譏評弘曆晚年倚信權臣，政務荒怠，殊不知此八字才更接近歷史真實。「焦勞」、「宵旰焦勞」等語詞，時見於上皇的敕諭和詩篇，貫穿在禪讓的整整三年中。通過這次庶常散館考試，我們知道：令老皇帝為之焦慮操勞的，還有這些庶吉士，以及日漸頹敗的士習。

若是在盛年，弘曆有可能採取斷然措施，將他們一竿子掃出翰林院，既符合朝廷法度，也能震動警醒士林。此時的上皇，失望憤懣固然有之，總體上仍顯得通脫大度，責斥後復為之寬解，說書籍太多，沒有人能一一記誦。他也要求庶吉士以此為戒，勉力治學，不要辜負

22.《清高宗實錄》卷一四九四，嘉慶元年四月丙戌。

自己的期望；最後又加上幾句慰撫，讓眾庶常不必羞愧，也不要擔心畏懼。

污卮，指髒酒杯，出典於晉代傅咸的〈污卮賦〉。傅氏寫所珍愛的琉璃酒杯為小孩兒拿去玩耍，不慎失落污穢之中，本來冰清玉潔、晶瑩剔透的寶物，一下子變得骯髒醜陋，由是引發一番人生感慨。此賦篇什甚短，加上小序亦不過百餘字，茲轉引如下：

> 人有遺余琉璃卮者，小兒竊弄，墮之不潔。意即惜之，又感物之污辱，乃喪其所以為寶，況君子行身而可以有玷乎！
> 有金商之瑋寶，稟乾剛之純精；嘆春輝之定色，越冬冰之至清；爰甄陶以成器，呈異域之殊形。猥陷身於醜穢，豈厥美之不惜。與觴杓之長辭，曾瓦匜之不若。㉓

似乎不太完整，但主題和寓意甚明。這是一篇有感而發的抒情小賦，由物及人，由物象到讀書人的品格風神，含蘊深長。傅咸以琉璃卮的玷污為戒，論君子當潔身自好，立身行事不可不慎，對任何時代的人格修養都是有意義的。

此賦《文選》未收，所傳亦不算廣，但代不乏識者，唐歐陽詢《藝文類聚》、宋李昉《太平御覽》、明梅鼎祚《西晉文紀》等均收錄。入清以後，康熙間敕修的幾部大書，如張英《淵鑑類函》、張玉書《佩文韻府》，或錄全文，或選小序；侍讀學士陳元龍收入奉敕編纂的《歷代賦彙》中，先於四十五年單獨印行，再編入《四庫全書》。庶常館專設藏書樓，收藏宏富，加上歷代皇帝皆多頒賜圖書，凡武英殿殿版圖書悉數列架，庶吉士皆可取閱。上皇出題時，所據正是《歷代賦彙》。敕諭稱「朕向來命題，從不故求隱僻者」，也是實情。

23.《歷代賦彙》補遺，卷十二。

其時正樸學盛行、乾嘉學派振起之際，做學問的人卻大多不在庶常館。此間學風早已非復當初，朝廷待遇可謂優厚，而不少庶吉士仍覺清苦難耐，找各種理由請假回鄉，待散館前再趕回來參試。此一屆吉士主要出自乙卯恩科，總共只有一年的在館學習時間，為應付散館考試，教習們也只能著重於經典的講授，罔顧其他。是以庶常諸公乍見「污厄」，腦袋發暈，只有搜索枯腸。「污」多音，一讀作「窪」，意為掘地、挖地。上皇敕諭提到《禮記》中有「污尊抔飲」（在〈禮運篇〉，曰「污尊而抔飲」。孔穎達疏：「鑿地污下而盛酒，故云污尊。」），不少與試者聯想到這裡，據以敷會發揮。於是琉璃杯被弄污的典故，作者有關君子當時時自惕、潔身自好的警世之論，多被演繹為掘地為坑，作為酒樽，再滿注佳釀，用雙手捧起來酙飲。哪兒跟哪兒啊！

太上皇說是偶然揀得此二字，實則大有深意在焉，當時官場和社會腐敗早已瀰漫開來，他不是完全不清楚，茲以污厄為典，警示大家珍惜節操名物。哪裡料到這班未來棟樑大多懵然不識，少數人演繹為瀟灑豪飲，全錯了。

同樣的深刻用意還見之於詩題。此次散館的詩題，為「賦得『虛堂習聽』得『聲』字」。虛堂習聽，出自《千字文》，與「空谷傳聲」連用，意在誡人之語言放恣。虛堂：高敞的廳堂，空蕩蕩的房子。兩句的意思是：空曠的山谷中聲音會傳揚甚遠，寬敞的屋子裡話音回盪，也顯得格外清晰。而其「聲」乃由人發出，內蘊的仍是士子應愛惜名節、言行審慎，與「污厄」題義相吻合。

上皇敕旨，稱「並不以此加之責備」，要諸庶常「當自引以為過」，子皇帝則不能不予薄懲。引見時，少不得要宣讀上皇旨意，其中有五人被分派到各部學習使用，這不僅是一件很沒面子的事，與前程也大

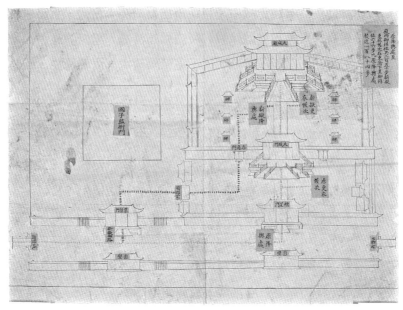

北京孔廟與國子監圖

為不利。如戴敦元為癸丑科二甲十三名，潘世璜為乙卯科探花，已授編修，由於考得不好，都未能留在翰林院。這次挫折較大影響了其人生走向：戴敦元改禮部主事，周歷地方多職，總算熬到刑部尚書；而潘世璜改戶部主事，沒幾年就丁憂回鄉，再也不肯出來。

第三節　稱職的子皇帝

　　皇帝不是好當的，子皇帝尤為不易。大清開國以來，如順治帝、康熙帝，皆屬年幼登基，各有一段獨特之經歷，酸苦鬱結在心，卻還算不得子皇帝。嘉慶改元，大廷授受，顒琰踐祚卻非御極，稱帝又不能號令天下，上有一生英察、習慣於乾綱獨斷的太上皇帝，下有父皇的寵臣、位高權重的和珅，真的是格外複雜和艱難。

　　在朝鮮使臣的有關記載中，將顒琰描繪成謹小慎微、窩窩囊囊的樣子，當是見其表象和道聽途說，所議偏頗淺薄，遺憾的是較大地影響了今人的認知。三年禪讓期間，子皇帝顒琰堪稱沉靜穩妥，勤政守禮，是一個盡心國事的子皇帝。

一、奔波之勞

　　孝親之情，發乎天性，出自衷腸，本不以國家民族區分。然人性人情一旦與權位（尤其是皇位）相牽接，就會發生變化，常也演為悲劇。康熙帝兩廢太子，斥其不忠不孝，自己也傷透了心；雍正帝對皇三子弘時痛下殺手，以其親附政敵也；乾隆帝也曾因孝賢皇后之喪責斥皇子永璜、永璋，怒其無哀慕之情。顒琰被皇父選中，正在於他的純孝與穩重，即所謂「仁孝端醇，克肩重器」❷❹。

　　禪讓之後，太上皇帝未再南巡，然每年五月至九月間，仍堅持巡幸避暑山莊。顒琰理所當然要侍奉在側，陪同狩獵，陪同登看城（臨時搭建的高臺）檢閱部伍，陪同接見蒙回等各部王公，陪同接見使臣，更多的是陪侍太上皇帝看戲飲宴……作為皇帝，他有著大量常規事務要處理：各部院和直省的題本，例行的職官考察升降，各種各樣的案件，還有一撥又一撥的召見引見，只好找時間穿插處理。有些時候必須呈請父皇示下，又要選一個恰當時機。上皇喜歡在避暑山莊過生日，雖有和珅與管理內務府大臣等操辦，子皇帝也要處處關心。

　　在京的情況更為麻煩。除冬天的短暫一段時間，太上皇帝主要居住在圓明園。子皇帝要盡量陪同在園居住，又因許多儀式在宮內或城裡舉行，就造成了兩頭奔波的格局，大是辛苦。即以嘉慶元年正月為例，便可見出顒琰的日常繁累：

24.《清仁宗實錄》卷一，嘉慶元年正月乙卯。

初九日，顒琰侍上皇幸圓明園。

十一日，顒琰進宮，以祈穀致齋三日。

十三日，於南郊齋宮齋宿。

十四日，詣天壇行禮，當天即趕回圓明園，請太上皇帝安，恭進祈穀大祀福酒，先侍上皇在奉三無私殿賜皇子親藩等宴，接著再侍上皇御山高水長賜王公大臣及外藩使臣等宴。

十五、十六日接連兩天，除往安佑宮等拈香行禮外，子皇帝要連續陪侍上皇賜宴，賜大學士、尚書等重臣，亦專門「御正大光明殿賜朝正外藩等宴」，「觀火戲」。朝正外藩，指的是前來祝賀元旦的外藩使臣。當年京師奇寒，安南貢使阮光裕居然凍死於邸舍，其情可憫。子皇帝命賞銀三百兩治喪，復召見伴送阮光裕來京的廣西泗城知府朱禮，詢問詳悉情形，結果是什麼也說不明白，人也是一副邋邋遢遢模樣，查看其歷年考語，皆屬中下，遂命以原品休致。撤掉一個知府，顒琰還是敢於決斷的，同時命將廣西巡撫成林嚴行申飭、交部議處，並傳旨各省督撫慎選伴送貢使官員。

十八日，顒琰進宮，次日先至交泰殿開寶（新一年的寶璽啟用儀式），再往大高玄殿行禮，而後趕回圓明園，請父皇安，陪侍飲宴和觀看火戲。

二十七日，顒琰進宮，以祭社稷壇，齋戒三日……

皇帝出行，自然要法駕隆盛、儀衛鮮明，由圓明園至紫禁城，以當日之行進速度，應在兩個時辰左右。如此頻繁奔走於兩地之間，還要儀態莊重、衣飾莊嚴，參與各種典禮，實在是辛苦。太上皇帝在禪讓後更加喜歡熱鬧，更加喜愛眾臣簇擁的感覺，喜愛沒完沒了的飲宴觀劇，顒琰不管多麼勞累，只要有可能，都會陪侍在側。朝鮮進賀使李秉模向其國王描繪眼中的子皇帝：

　　狀貌和平瀟落，終日宴戲，初不游目，侍坐太上皇，上皇喜則亦喜，笑則亦笑。於此亦可知者矣。㉕

這是子皇帝在侍宴時的標準姿態和表情，也是最為得體的姿態表情，對父皇的敬重尊崇在其中，謙謹與自尊亦在其中。至於他的孜孜國事、奔波勤苦，他在深夜凌晨處理國務，使臣自然看不到，便肆口譏其「終日宴戲」，不亦偏乎！

　　從禪讓之初政，直至太上皇帝辭世，顒琰一直都保持著這樣一種姿態，完全聽從父皇的指示訓誨，儘量多地與父皇待在一起。如果因事離開，也以最快的速度回到父親身邊。貴為天子的顒琰，首先要做到的是一個孝順兒子，「子皇帝」三字，真也再恰切不過。

二、御門聽政

　　二月十三日，經筵大典之後的第九天，子皇帝顒琰在乾清門舉行「御門聽政」，也是一個「第一次」。

　　御門聽政，是明清間一項重要政治制度，即選擇一個莊重的處所（清代在宮內通常是乾清門，故名「御門」），聽取各部院監寺奏事，然後與內閣大臣商決定奪。因多在黎明舉行，又稱早朝。康熙帝以勤政著稱，在皇宮時幾乎天天早晨御乾清門聽政，出巡途中或駐蹕避暑山莊，亦盡量不間斷。雍正帝設立軍機處，軍國大事也包括一些日常政務改為召對密議，較之儀節整嚴的「御門聽政儀」，無疑更為簡便高效，聽政次數隨之大為降低。至乾隆帝，對軍機大臣的倚信超過乃父，而在京之時，每月通常有一次聽政，於紫禁城多御乾清門，於圓明園則在勤政殿。進入乾隆六十年，老皇帝精力明顯不如以前，聽政典儀

25.《朝鮮李朝實錄中的中國史料》下編，卷十二。

有所減少，一年間仍御乾清門聽政五次，御勤政殿聽政三次。

在這年十月議定的傳位「應行遵辦各事宜」中，有很關鍵的兩項關乎聽政，關乎日常政務的報批和運轉：

一、各部院衙門題本改簽、放缺、奏派各項差使，俱循例題奏，恭候嗣皇帝批閱遵行。其各衙門及各省題奏事件，俱照常式恭謄「皇上睿鑒」字樣，後書嘉慶年號，按照向例呈進，不必繕備二分。

二、御門聽政，嗣皇帝摺本示期遵辦。㉖

第一款有兩層意思：部院監寺等在京衙門的題本，所涉及日常人事任免差派等，由嗣皇帝簽批；較為重要的題奏或密摺，雖循例標稱「皇上睿鑒」，上皇是先要閱看批覆的。至於下一款所言「摺本」，指的是部院進呈之題本未便即加批閱，將本章折一角，交內閣閱看，積累若干後，待御門聽政時一併處理。

第一次御門聽政，嗣皇帝極為謹慎，實錄和起居注中均未見作出任何批覆。甫一結束，嗣皇帝即趕回圓明園向上皇問安，聽政時所有問題應也一一彙報，聽從父皇示下。這就是所謂訓誨和訓政吧。

禪讓初政，上皇和皇上並存的局面不獨給外藩，也帶給臣下一些困惑，擬寫奏章時挖空心思，仍動輒得咎。如湖廣總督畢沅，歷翰林修撰、內閣中書和軍機處章京等，於典章禮儀可稱嫻熟，此時奏報籌辦前線糧餉情形，內稱「仰副聖主宵旰勤求，上慰太上皇帝注盼捷音」，也算得體。豈知上皇閱後大怒，即加斥責，其中特別強調：

本年傳位大典，上年秋間即明降諭旨，頒示中外：一切軍國事務仍行親理，嗣皇帝敬聆訓誨，隨同學習；其外省題奏事件並經軍機大

26.《清高宗實錄》卷一四八九，乾隆六十年十月。

臣等奏定款式，通行頒發。畢沅等並不遵照辦理，是何意見？無論辦理苗匪一事起自上年二月，一切軍務機宜俱係朕酌籌指示，現在軍營奏摺亦無不逐加批覽，即自嘉慶元年以後，內而部院各衙門，外而督撫大吏等章奏事件，亦皆朕躬親綜攬，隨時訓示。豈因有授受之典即自暇自逸，置政事於不問乎！

通常意義上的上皇或曰太上皇，是上一任皇帝、退位的皇帝；而弘曆自稱的太上皇帝，是在皇帝之上的皇帝，有了他，嗣皇帝只能是「敬聆訓誨」，只能是「隨同學習」。這就是「歸政仍訓政」。自己不按常理出牌，還要斥責訓誡那些罔知所措的臣下，剖析其心態：

> 今畢沅等所奏之摺，分別聖主及太上皇帝，試思「聖主睿鑒」等字樣有何同異？而畢沅等故為此區別之見，有是理乎？揆之伊等意見，不過如年內禮部太常寺具奏儀注等事，或遞兩分，或遞一分，漫無定見。總是私心鄙見，以致種種錯誤。❷❼

的確，負責禮儀的部門、群臣乃至藩屬國君臣下，在禪讓初都有幾分迷惘，從年節貢品到章奏之表達，不便單一，不可有二；不宜含混，不能清晰，真是為難。經上皇此一番責罵，倒也一下子明白過來，諸般照舊，也就是了。

　　三月初二日，嗣皇帝御圓明園的勤政親賢殿聽政。以後的聽政較少在乾清門，較多在勤政殿，主要原因是為了方便，即向太上皇帝請旨的方便。

27.以上兩則皆出自《乾隆帝起居注》四二，六十一年正月二十日。

三、披輦巡方的感覺

弘曆也是一個大孝子，尊生母為崇慶皇太后，每逢出巡，大多奉母以行，「巡王甸而恩浹省耕，奉金根而歡臚披輦」，成為盛世佳話。金根，帝后所乘輿車也。披輦，意為貼近扈從、扶掖帝輦而行。這也是一個與禪讓密切相關的詞。史籍載宋高宗宣布禪讓後，子皇帝孝宗先是「推遜不受」，「側立不坐」，在太上皇起駕時敬愛不捨，冒雨扶輦相送：

> 班退，太上皇帝即駕之德壽宮，帝服袍屨，步出祥曦殿門，冒雨披輦以行，及宮門弗止。上皇麾謝再三，且令左右扶掖以還，顧曰：「吾付託得人，吾無憾矣。」左右皆呼萬歲。❷❽

自此而後，披輦，常用以專指子皇帝對太上皇的特殊尊崇敬慎。弘曆雖不大瞧得起宋高宗，對這個父慈子孝的故事卻印象深刻，顒琰心中有數，處處引為榜樣。

在位期間，每年夏秋約三個多月的時光，弘曆照例要木蘭行圍，駐蹕避暑山莊。就在去年的五月初六日，乾隆帝啟程離京，以八十五歲高齡翻然上馬，隨扈及送駕諸臣將士歡聲雷動，使老皇帝很是得意，記載於詩冊中，並說明年禪讓之後，將會乘輦而行❷❾。他喜歡這種萬眾歡呼的感覺。二十年以前多是連續七天騎行至熱河，後來年事漸高，則是先騎上一陣兒，出離京師之後，便要坐進龍輦。隨行的皇子，自是騎馬披輦而行，其中就有皇十五子永琰。

嘉慶元年三月初旬，上皇決定帶領顒琰恭謁東西兩陵。這是顒琰

28.《宋史》卷三三，〈孝宗一〉。

29.《清高宗御製詩》卷九八，〈啟蹕幸避暑山莊即事有詠〉。

即位後第一次奉父皇出行，雖然已經稱帝，服御煥然一新，而乘馬披韡，全如舊日景象。一路官員與將士接駕，士庶擁觀，歡呼萬歲。上皇很欣慰，記曰：「近年每逢巡幸，啟蹕時予仍策馬，至途間乘輿，隨從之皇子等俱騎馬披行，此恆例也。我朝家法肄武習勞，萬年所當遵守。是以此次嗣皇帝仍乘騎侍行，一如舊例。予則以年近九旬，安輿尊養，禮亦宜然也。」**㉚**

五月十八日，太上皇帝自圓明園啟蹕往熱河，出行之始不再騎馬，安坐輿車，子皇帝剛從北郊祭地趕回，毫不見疲憊之色，騎馬護持而行，沿途臣民歡呼之聲不斷騰起。時值孟夏，驕陽似火，顒琰堅持不用傘蓋，敬重恭謹，扈從於父皇鑾輿之側。上皇不由得想到宋孝宗雨中披韡的場景，大為感動，命侍衛為皇帝執傘遮陽：

> 木蘭行圍，正以肄武習勞，永遵家法。予廿年以前，即自啟鑾至熱河途間七日，總皆乘馬，今年子皇帝隨行，自應一如往例。而子皇帝馬上並不令用傘，可謂敬謹之至。予乃命侍衛執傘遮日，父慈子孝，各盡其道，亦家庭之盛軌也。**㉛**

上皇專門寫了詩，並在題記中記錄下自己的美好感受。這是很動人的場景，也是二帝在禪讓間父子親密的映像，顒琰的敬愛之心發自肺腑，上皇也為之喜悅欣慰。

第四節　喪亡相繼是重臣

進入嘉慶元年，苗疆尚未底定，福康安、和琳率數萬將士，仍在

30.《清高宗御製詩餘集》卷三，〈暮春攜嗣子皇帝恭謁東西兩陵是日啟蹕用成長句〉。
31.《清高宗御製詩餘集》卷五，〈啟蹕幸避暑山莊即事成句〉。

湘西黔南的崇山峻嶺間艱難作戰。苗變主要首領未除，各地的苗民反清活動此起彼伏，剛剛被解圍的永綏廳又被襲擾圍困，而石三保、石柳鄧等人會聚平隴，在那裡形成新的抗清基地。苗疆變亂難平，軍隊士氣受到影響，乾隆帝雖沒有責備，福康安已是大不自安，督兵晝夜進剿，同時請求增加兩萬援軍。

一、捷報與噩耗

此為苗疆戰事的第二階段，起事苗民由攻襲官軍轉為躲避和游擊，清軍由解除圍困、打通道路轉為深入清剿。早期挺身倡議舉事的幾個首領，吳半生最先被捕喪命，吳隴登變節投敵，吳八月被出賣，只剩下兩位石姓頭領，所謂的「護國元帥」和「開國元帥」，率部輾轉於深山之間，行蹤不定。偵知二人在平隴，福康安令部下多路急進，追剿捉拿。清軍大隊攻克石卡木城，進占軍事要地廖家沖，乾州和平隴「遠近在望」，正要一鼓作氣發起攻擊，忽然天降暴雨。福康安正在病中，嚴令前軍不得稍停，不給敵人喘息之機，全力冒雨進擊。

五月十二日，石三保在永綏與保靖交界的哄哄寨被捕。該寨是苗族和土蠻錯居之地，所謂土蠻，即當地原土司遺民。苗民紛紛起事，土蠻各寨皆組織自衛，不許叛亂苗民進入。清軍大隊逼近平隴，石三保與石柳鄧計議，以兩人都在平隴，易受殲滅性打擊，便自領少數親信退守六都，形成呼應牽制之勢。孰知隊伍裡早有清軍臥底，土蠻與歸降苗寨也被嚴令協拿，三保為不暴露目標，隨行人員很少，被土蠻龍子貴等誘至坳溪，官軍四面突然擁來，不幸落入陷阱。石三保是苗變最重要的領袖之一，既有號召力，又善使計謀，為清軍心腹大患，捕獲後立刻飛章報捷，並將他解往京師。

如此重大軍情，自是由驛路六百里急報。細心的湖廣總督畢沅接

到江陵驛遞來報單，見報匣係和琳單銜奏進，大吃一驚，「正在揣疑，適接辰州稟報，據稱福貝子猝染危疾，竟已不起」❸❷，急向朝廷奏報。而和琳奏匣中，正是有關福康安在前線病逝的急奏，敘述其染病經過，詳記病逝時情形：

> 十三日早晨，勒保因催攢糧運，在爆木營一帶聞福康安調醫治病，即趕至大營看視。臣等共同斟酌，復勸進煎劑，而福康安胸膈已經不受，神情變更，呼吸頓微，四肢厥逆。自知不起，緊握臣手，惟云受恩深重，此次出師未能及早竟事，仰舒垂厪，實屬有辜委任，涕泣不能成聲。諄囑臣認真料理軍務，早靖苗疆，勉酬聖慈高厚，並具折恭謝天恩。延至酉刻，竟爾溘逝，實出意料之外。❸❸

素來身體強健、精力充沛的福康安，就這樣遽然辭世！年僅四十二歲的他，是當朝最重要的領兵統帥，乾隆帝晚年倚為干城，凡有重大軍務，必令其統領前往，所至皆不負使命。沒想到竟然在小小的廖家沖，被瘴氣奪去生命。

噩耗傳來，乾隆帝正在往避暑山莊的路上，聞訊不勝震悼。將星隕落，太上皇對活捉石三保已沒了多少喜悅，以至於解到京師後即令誅殺，連審訊都免了。五月二十八日，二帝均對福康安之逝專發諭旨：出自嘉慶帝的不多，只有「晉贈郡王銜」之類，想是親政後命人刪減，當時必不會如此；而上皇則備極痛惜，「涕泗不能自已」，「心緒焦煩，不忍詳晰批諭」，命和珅以家信描繪此情，寄與和琳。當天稍晚時分，上皇作〈聞貝子大學士福康安在軍營病故詩志悼惜〉，有「自嘆賢臣失，難禁悲淚收」句❸❹。

32.奏摺錄副：畢沅奏，報福康安病逝事，嘉慶元年五月二十二日。

33.奏摺錄副：和琳奏，為福康安猝患時症溘逝摺，嘉慶元年五月十四日。

太上皇的諭旨很長，先歷數福康安所建功勛，再敘及平苗之勞，悼惜之情，溢於言表。上皇做主，贈給福康安郡王職銜，賞給內帑一萬兩治喪，賞蓋陀羅經被，賞建專祠，連同他的父親和兒子，都加以追贈或恩賞。上皇還表示，等到福康安靈柩入城治喪時，一定要親往祭奠。至於數年後，所有賞贈被嘉慶帝一股腦兒革去，則是後話了。

二、奔赴前線的和珅子侄

與所有王朝一樣，清史中也有許多未解之謎。福康安與和珅的關係，便是一個小小謎團：史家多稱兩人有很深的矛盾，稱和珅非常忌憚福康安的功勛名望，將之視為競爭對手，千方百計阻撓打壓，讓弟弟和琳舉報福康安夾運木料，不讓福康安回京為乃母奔喪……大約有些求之過深。兩人同為乾隆帝倚重，一主外，一主內，就算關係有些微妙，必也會有良好互動。這有和珅大量收受福康安貴重禮物為證㉟，也可由和琳兩次協助福康安辦理軍務來證明。否則，將親弟弟置於統兵在外的政敵身邊，豈不危哉！

福康安去世，和珅當然不會有太多的悲痛，大功垂成，由弟弟和琳獨領軍務，豈非天大好事！但他的表現，必會是痛心疾首。太上皇諭旨中，特別說明要「派固倫額駙豐紳殷德迎往奠醊」，這位固倫額駙正是和珅的兒子。一同前往的有福康安之子德麟，還帶著和琳之子豐紳宜綿。這樣的安排，既顯示和大人與福康安兩家之親近，也見出運作搭配之用心。按照乾隆朝的用人行政模式，豐紳殷德等人是一批未來政治之星，試想，讓兄弟幾個結伴去一趟前線，再東鱗西爪的弄幾項軍功，上皇和新帝必會留下深刻印象。

34.《清高宗御製詩餘集》卷六，見《清代詩文集彙編》第三二九冊，533～534 頁。
35.清繆荃孫，《藝風堂雜鈔》卷三，〈和致齋相國事輯〉，中華書局 2010 年版。

　　七月十六日，福康安的靈車自銅仁啟程北行，繼任雲貴總督勒保率文武官員，親為祭奠恭送。二十日，豐紳殷德等在湖南沅州肅迎靈車，代表朝廷隆重祭奠，然後由德麟扶櫬回京。和家的兩個第二代，則輾轉前往湘西清軍大營。豐紳殷德是和琳的親侄子，更重要的身分是當今皇上的妹夫，能來軍營慰問，自是極大的鼓舞。做事甚為周密的和琳，立即專摺奏聞，先是必要的感激涕零之類客套話，接下來便有點意思：

　　茲豐紳殷德帶同豐紳宜綿，於本月二十六日由河溪來至大營，並奉到恩賞親佩荷包一個。奴才當即敬謹望闕跪領御賜，率領闔營文武恭請聖安。詳詢豐紳殷德，敬悉聖躬強固，精神頤養，行健如常。奴才積年依戀蟻私，藉以稍紓萬一。

奏摺語義含混，不知是說太上皇，還是說新近登基的皇上？奏摺最後稱「伏祈皇上睿鑒」，似乎是奏給新帝，當也是一語雙關，對兩個皇帝都有所兼顧。在這裡，恩賞的親佩荷包，或是嘉慶帝所賜；而所謂「聖躬強固」云云，分明指的是太上皇。

　　看來和琳大帳中也頗有文章高手，以下文字更妙：

　　又據豐紳殷德告稱，前於途次曾經具摺奏請留營，未得上蒙俞允，下懷惴惴靡寧。茲復向奴才再三言及，情願在營勉力巴結，學習軍務，懇為再行代奏。在奴才一門備承榮寵，豐紳殷德又當年力富強，即令隨營奔走，亦屬分所當為。第念刻下苗疆將次蒇功，即楚北教匪亦已剿捕過半，可毋須豐紳殷德在外耽擱，自應即令回京趨侍左右。至豐紳宜綿自蒙恩賞給差使以來，並無絲毫出力之處，本應令其經歷行陣，奮勉打仗，但現在已屬軍務將蒇之時，亦毋庸在營久住。應令豐紳殷

德仍帶同豐紳宜綿回京供職。❸⑥

一番話繞來繞去，說到底，就是不願讓姪子和兒子留在軍營。豐紳殷德既受命往湖南接靈和賜奠，理所當然會想到留軍營效力，和珅或也想讓兒子在大功告成之際坐享其成，以故囑其途中上疏，懇請留在軍中。然和琳深知湘黔戰場之險惡，光是疫癘之氣，就奪去許多將士的生命，因而堅決令二人回京。至於說湘黔乃至湖北的戰事已告尾聲，那多是糊弄朝廷的話。

三、孫士毅之死

　　乾隆帝部署三路平苗，四川酉陽方面，和琳未到之前由孫士毅坐鎮，暫時署理四川督篆，等和琳到後即行離任回京。孰知孫士毅聞警即已馳赴秀山，督兵把守通往湘黔的山口，緝捕潛來煽動聯絡的苗人，很好地穩定了四川臨近地區。和琳到後，統兵進至松桃與福康安會師，又是孫士毅董理後路，保障糧餉軍火，堵禦苗兵向川境的遊動。

　　孫士毅已然七十六歲，身任文淵閣大學士，兼禮部尚書，真正的高齡重臣。士毅精強幹練，辦事結實，居官素稱清廉，在官場雖也栽過幾個跟頭，總能夠迅速起復。廓爾喀之役，孫士毅受命以四川總督辦理糧餉軍火，道路險遠艱阻，他親自帶隊督運，與福康安、和琳合議西藏善後，助成大功。他與同年王杰似乎不大親近，與和珅的關係倒很熱絡。此次福康安、和琳、孫士毅再度合作，多少能見出和相的政治運作之痕。

　　嘉慶元年五月，苗變未定，白蓮教突然在湖北大爆發，迅速蔓延

36.以上兩則皆出自硃批奏摺：和琳奏，為豐紳殷德到營恭謝恩賜事，嘉慶元年七月二
　　十八日。

到四川酉陽。孫士毅受命與福寧會剿，率兵急進，在大雨中夜襲教眾大營，斬殺首領，追奔四十餘里。教眾退據旗鼓寨，士毅麾軍進逼，將教軍團團圍定。此時他已被瘴氣侵入，仍在勉力支撐。福寧前來會商軍務，相見之下大驚，一面勸孫士毅到後方治病，一面急奏朝廷：

> 臣於六月初二日，親赴紅岩堡與孫士毅會商一切，見孫士毅臉面贏瘦異常，精神十分委頓……殊覺駭異。臣察看情形，實有難以支持之勢，即商之孫士毅自應據實具奏。孫士毅再四阻止，並云自謂尚可勉強支撐，若果將來病勢沉重，不妨再行入告。臣復詳問孫士毅，萬一將來一時未能痊癒，此間軍務重大，應令何人接管等因。據孫士毅云：如果不能痊癒，平塊現有將軍觀成在彼防守後路，尚無緊要事件，即可囑令觀成前來接手辦理……❸❼

又是一個大臣在前線病危的場景，情形真切。從大清王朝的立場上來說，孫士毅真也彷彿諸葛亮的「鞠躬盡瘁，死而後已」了，患病如此，仍堅持在軍中指揮，拒絕離開前線。僅僅過了半個月，福寧又來到紅岩堡，軍營中的孫士毅已是彌留狀態，見到他除流淚以外，連話也說不出。福寧即派員火速報告和琳，並將孫士毅送往平塊救治。然瘴氣之惡，在於一經發現即難以救治，六月二十一日凌晨，孫士毅死於途中的龍潭。

和琳得知消息，即令觀成前往接掌軍務，同時飛奏朝廷。大任在肩，他不能從前線分身、親自去為這位前輩知交送行，只有委派屬下妥善盛殮，小心護送靈柩回京。對又一名忠誠老臣的病逝，太上皇也是深為悲憫，追贈公爵稱號，讓其孫輩承襲伯爵，命豐紳殷德就近迎接祭奠。老皇帝還特地提到：據軍機大臣奏，孫士毅生前曾表示想要

37.奏摺錄副：福寧，奏報孫士毅患病甚重情形事，嘉慶元年六月十七日。

入旗，茲准其所請，待乃孫服滿之後，允入漢軍旗❸。轉達此一遺願的軍機大臣，正是和珅。

八月初十日，和琳奏報孫士毅靈柩起行，並說豐紳殷德已於兩天前先往辰州，準備御賜祭奠之禮，然後與豐紳宜綿一起回京覆命。他們在湘西大營僅住了十二天，孫士毅的死，使和琳一天也不想讓兩個子姪多待了。

四、瘟神撲向和琳

平定苗變，清軍的主要麻煩，先是散亂無序的苗軍，他們為保衛家園田土殊死相搏，雖有鳥槍火銃、毒箭長矛，卻無法抵禦朝廷的精兵；再就是湘黔苗疆險峻的地形，山高林密，峭壁懸崖，加上深邃隱曲的大小洞穴，也阻擋不住經歷過金川與廓爾喀之役的大軍。就在那時，大清軍隊從將帥到士卒，殺氣尚在，士氣尚在，克敵制勝的意志和願望尚在。清軍遇上的真正剋星，是峰巒溝壑間那如霧如煙的氣體，稱作「時氣」，即瘴癘之氣。興兵以來，不少官兵染上和死於疫癘，其來也悄無聲息，一旦發作則迅猛異常，胸悶，咳嗽，洩瀉，很快不可救治。乾隆帝曾特贈藥丸，一則數量有限，二則療效也很一般。死神撲搧著黑色的翅膀，四月間攫取安籠鎮總兵那丹珠，五月是福康安，六月是孫士毅，現在輪到了和琳。

匆匆送走侄子和兒子時，和琳應已覺出自個苗頭不對。幾天後症狀出現，像是偶然感冒，渾身無力。和琳何等的精細，立刻懷疑自己「恐係時氣所侵」，抓緊服藥調養，似乎有所好轉時，忽又陡然轉重。湖南巡撫姜晟恰好來軍營，商量苗疆善後事宜，將和琳臨終情形馳奏朝廷：

38.《清高宗實錄》卷一四九五，嘉慶元年七月辛亥。

　　乃自二十日以後，轉變成痢，晝夜十餘次，神氣漸露委頓，並言胃脘及腋下均有氣塊，向上咳逆，飲食不進。隨又加緊醫治，忽好忽變，不能見效。及至二十六七等日，水粒不沾，氣逆作楚，晝夜不能成寐，病勢日重。延至三十日巳刻，竟至不起。臣目擊心傷，非常愴悼，當即會同額勒登保、德楞泰妥為含殮。**❸❾**

又一顆將星隕落。和琳曾在福康安出兵廓爾喀時參贊軍務，辦理軍需，後任駐藏大臣，彼時條件不可謂不惡劣，也挺了過來，沒想到折在苗疆。

　　和琳比哥哥和珅小三歲，與四十二歲的福康安皆在盛年，皆被太上皇論為國家棟樑，視為左右手，作為留給兒子的治國重臣，未想到數月間接踵而去。兩人靈柩抵京，朝廷隆重舉行合祭，太上皇堅持親臨致祭，並再次賦詩緬懷：

> 雙忠烈柩返京都，違眾議臨賜奠殊。
> 左右手如失我己，帉幪恩尚賴天乎？
> 深憐未得成功見，細笮惟思善後謨。
> 永靖苗疆非易事，顧今皇帝聽聰圖。**❹❶**

老皇帝命將二人配享太廟，入昭忠祠、賢良祠，復命為二人修建專祠，備極哀榮。而賦詩悼惜之際，不忘教育已然當了皇帝的兒子，要求他記住二人的功績，也要求他今後認真採納能臣的建議。跟在其身後亦步亦趨的子皇帝顒琰，必也頻頻點頭，一臉鄭重。

---

39. 硃批奏摺：姜晟奏，為四川督臣和琳軍營溘逝臣暫駐軍料理事，嘉慶元年九月初一日。《欽定平苗紀略》卷三二，姜晟奏和琳病逝逝，嘉慶元年九月十一日批。

40.《清高宗御製詩餘集》卷八，〈大學士贈郡王福康安、總督贈一等公和琳靈櫬至京親臨賜奠即事成什〉，見《清代詩文集彙編》第三二九冊，566～567 頁。

第四章

兩朝天子一朝臣

「一朝天子一朝臣」，應是改朝換代的鐵律。嘉慶改元之後，朝廷有了兩朝天子、父子皇帝，群臣則基本沒有變化。兩朝天子一朝臣。不僅乾隆末期的老班底延續任職，且所有重要職位的新任命，都必須經由上皇決定，具體辦理的則是和珅。

第一節　白蓮教起事

孫士毅雖說也是感染瘴疫病死，也是死在靠近出事苗疆的山寨中，卻是由於圍剿白蓮教之役，與福康安、和琳的作戰對象有所不同。

乾隆朝末期，天災人禍相連，人禍（主要表現為官場的貪贓枉法）甚於天災。許多地方民不聊生，各種社會矛盾都在醞釀積聚，一觸即發。苗疆之變尚未平定，白蓮教已在相鄰的湖北、四川乘時而起，教眾遍及數省。教軍的一支向南方遊動，已接近苗變之地，孫士毅與福寧督兵兩面截殺，將其圍困在旗鼓寨一帶深山中。士毅卒後，福寧與觀成攻破敵營，一次竟殘忍屠殺兩千多降卒。殺降阻不斷窮苦百姓的反叛之路，白蓮教勢不可遏，數省教民紛紛參加暴動，漸成燎原之勢。

一、欽犯劉之協

多年來，白蓮教時隱時現，化身各種名目，一直在各地鄉村發展，是乾隆帝的一塊心病。就在苗疆事起，大肆調兵遣將之際，他敏銳地聯想到白蓮教，專發諭旨，嚴命加緊緝拿要犯劉之協，同時也要求不得殊及無辜：

邪教案犯劉之協，在扶溝脫逃後，節經降旨，令各該督撫嚴密查拿，迄今未據緝獲。試思各省地方，自督撫以至州縣，層層管束，如

果實力查緝，彼將焉往？乃該督撫等既未能將正犯查明實在蹤跡，而辦理非過即不及，輒將輾轉牽涉之人紛紛拘訊……。❶

劉之協是誰，竟值得皇上親自下旨通緝？說起來，這也是乾隆帝一個政治敗筆。

在白蓮教的各分支中，劉之協充其量是個活躍分子，早期起了一些穿針引線、煽風點火的作用，算不得大角色。他是安徽太和人，讀過點書，能說會道，曾在湖北襄陽、樊城等地遊動經商，參加樊明德、劉松創立的混元教後，由於有些文化，顯得較為活躍。乾隆四十年春，混元教起事失敗，樊明德被殺，劉松被解送甘肅服苦役，該教經過官府多次鎮壓，一時偃旗息鼓。五十三年春，劉之協千里迢迢到甘肅密會劉松，提議改名三陽教，推舉劉松為老教主，又編造劉松之子為彌勒佛轉世，還有什麼明朝嫡派「牛八」（寓意「朱」）等等，以招徠信眾。後數年間，劉之協奔走傳教，說服襄陽人宋之清，收編了那裡的三益教教眾，並同他一起往甘肅見劉松。宋之清歸來後大收徒弟，齊林、伍公美等皆加入三陽教，再相傳授，是以聲勢大起。

劉之協靈活、機警，見多識廣，但缺少領袖氣質和駕馭能力，尤其是缺少獻身精神。見教徒多了，他想到的先是怎樣收錢，找來一個小孩子冒充「牛八」，左騙右騙，到處露餡，並因此與宋之清產生衝突。問題還就出在錢上。五十八年秋，劉之協派徒弟攜帶二百兩白銀，去河南迎接教首王懷玉，徒弟不慎被差役捉住，在審問時供出他的名字，結果劉之協被抓到扶溝縣訊問。那時河南多地都在嚴查白蓮教，此知縣並非不知，但見他一副文弱書生模樣，僅令聽候傳訊。劉之協掙脫監牢，乘夜逃之夭夭。此事後來逐級上報，各種線索也略為清晰，

1.《乾隆朝上諭檔》第十八冊，493～494頁，乾隆六十年閏二月初五日。

到了皇帝那裡，劉之協變成了關鍵的組織者，欽命廣行緝捕。

五十九年夏，襄陽的白蓮教傳教情況被官府偵知，即行抓捕，「大索州縣」，宋之清、王應琥，乃至劉松、樊學鳴等一大批教首與骨幹被捕獲殺害，劉之協就在此地，居然沒有被抓到。朝廷再降嚴旨，各州府挖地三尺，弄得雞飛狗跳，劉之協卻像是人間蒸發了。乾隆帝對此極為不滿，諭旨中舉了兩個極端的例子：一是湖北巡撫惠齡在樊城追查張華，找不到正犯，竟然將名字近似如張添華、張化等紛紛拘訊；第二個是安徽布政使周樽，在太和縣抓不到劉之協，便去抓他的親族，乃至將城裡城外姓劉的一律傳來盤問，最後還是不見正犯蹤跡。

辦理「川楚教亂」，朝廷極其嚴厲，追查時以傳教授徒為線索，窮究不已，如同瓜蔓抄；處置時極為殘酷，劉松、宋之清等凌遲梟首，齊林等十九人斬首梟示。劉之協顯然被嚇破了膽，靠著教徒掩護，幾次與前來抓捕的官兵擦身而過，亦驚出一身冷汗。他為躲藏想盡辦法，隱姓埋名，化裝改扮，居無定所。苗變之後，湖北等省官軍多被調往湘黔，白蓮教徒見當地防禦空疏，密謀起事。齊林之妻王聰兒（官方文獻中稱「齊王氏」）和齊林的徒弟姚之富，多次與潛住家中的劉之協商量，均被推搪拒絕。後見姚之富、王聰兒態度堅決，劉之協勉強答應下來，又以往河南聯絡教眾為由，匆匆起身離去。嘉慶元年，姚、王二人還在等待他的信息，枝江等地已經揭竿而起，劉之協卻再次失蹤。這一次更絕，不光官府抓不到他，連白蓮教的人也找不到這位資深元老。等他再一次浮出水面，已然是在五年之後了。

二、除夕夜

記述嘉慶朝白蓮教的正史野史甚多，清廷後來編成方略，雖覺零碎和混亂，互相矛盾，卻也都記載齊林為襄陽教眾的實際領袖。有一

個較為可靠的記載，說齊林實際上躲過了川楚教亂的大搜捕，潛伏下來，一直在祕密聯絡各省教首，籌劃大暴動。而襄陽的地方官，能覺察到危險的逼近，就是得不到真實情況。

到了除夕夜，官府聞知有人在十字街上分發石子與土，覺察有異，可問誰也不說。襄陽為鄂北重鎮，既是府城，又是安襄鄖荊道駐在地。署襄陽知縣張翱頗為精幹，與一位老書吏有多年交情，約到內室深談，言詞懇切。老書吏感念上司真誠相待，告知他發土是為了和酒結盟，並說某日府城將被教眾攻破，勸他先把眷屬送到城外安頓。張翱再問誰是頭領，老吏開始時絕口不說，經再三追問，老吏說：事已至此，你別再問了，我也入教了。張翱變顏而起，喝令親從嚴刑拷訊，老吏受刑不過，交代出齊林為首，承認自己就是齊林的軍師，也參與密謀。

齊林是襄陽總捕頭，道府縣皆賴以維護治安，查緝白蓮教之事，一向也是委任他負責，豈知竟是教中首領，正在密謀奪城暴亂！張翱見事情緊急，連夜奔告新任襄陽知府胡齊侖。總算遇到了一個有決斷的人。胡齊侖出生於浙江會稽，以監生考取謄錄，乾隆五十二年任京師西城兵馬司副指揮期間，屢次拿獲盜犯和逃兵，甚至主動到轄區外捉拿人犯，被保奏引見，升湖北蘄州知州。他精明機警，做事認真，三年後升掌荊門直隸州，又三年署武昌知府，乾隆六十年為襄陽知府。胡齊侖與張翱一起去找道員王奉曾，主張迅速出手，撲滅叛亂的種子。三人深知各衙門中多有信教之人，駐防綠營兵也不盡可靠，各自召集親從員弁，再加上三百名駐防回兵，立刻關閉城門，大肆搜捕。這是一步險棋。王奉曾素性懦弱，惟仗胡齊侖富有緝捕人犯的經驗，計事周密，不動聲色，行動又快又狠，搶在教眾起事之前下了手。而襄陽教首齊林有些大意，教徒多在城外，城內僅數百人，各零散居住，被按名抓捕，幾乎沒有人躲過。

這是一次大逮捕和大屠殺。由除夕之夜直至正月初三，京師正舉行授受大典，數千里之外的襄陽則閉城大索，將一個盛大節日變得血雨腥風。胡齊崙等人深知處境險惡，一概不留活口，所有被捕教徒都被迅即殺害。齊林被殺後，頭顱懸於城牆小北門，以儆效尤。

三、辰年辰月辰日

乾隆帝選定舉行禪讓大典的年份，干支為丙辰。各路白蓮教首領商定的起事日期，也是丙辰，還要具體到「辰年辰月辰日」，即嘉慶元年三月初十日。三辰者，日、月、星之謂也。「昭昭若三辰之麗於天，滔滔猶四瀆之紀於地」❷。看來祕密會黨中也有讀書人，但多為鄉先生，選擇三辰，帶有明顯的民間宗教色彩。

劉之協所以能長期躲過追捕，重要的一條，就是不入城市。襄陽城這次屠戮教徒，在城外的劉之協又一次躲過，也再次被嚇倒嚇跑，姚之富、王聰兒二人卻沒有絲毫退卻。齊林為人慷慨有豪氣，在教徒中威望很高。姚之富為齊林大徒弟，足智多謀，被稱作「老師傅」。而王聰兒十六歲嫁與齊林，不幾年便成為丈夫的得力助手。齊林遇害後，王聰兒剪髮立誓，素衣白馬，與姚之富組織教眾，宣稱要為夫報仇。襄陽成了白蓮教各支派聯絡的中心，湖北各地教眾積極籌備，商定屆時共同舉大事。

應該說，與後來的太平天國相比，白蓮教缺少卓越的領袖人物，約定辰年辰月辰日共同舉事，卻不見有什麼綱領策略，也沒有一個統籌行動的指揮中心。即使對商定的時間，也沒能認真遵守，給清廷留下各個擊破的空間。最先暴動的是在枝江、宜都一帶。剛入辰年正月，官府就偵知教徒打算鬧事的信息，派人趕往緝拿。首領張正謨等被迫

2.南朝梁沈約，〈齊故安陸昭王碑〉。

提前行動，引數百徒眾到當地富戶聶傑人（其子為正謨之徒）家中，官兵聞訊趕來，二人率眾拒捕，宣布起事。周邊數縣教徒紛紛響應，長樂、長陽、東湖、遠安所在皆亂。最為可笑可悲的是當陽知縣黃仁，平日追查白蓮教甚嚴，聞知教民起事，急忙召集胥吏捕快布置鎮壓。豈知這些人皆已入教，對黃仁早就切齒痛恨，三兩句對話，便將他拿下祭旗，教軍大舉擁入城門。當陽是教眾占據的第一個縣城，城中豎起元帥大旗，製造大炮火藥，囤積糧食，整頓兵馬，準備迎擊官軍，時在二月間。

　　教眾早期舉事地區，大多臨近湖南、四川，與苗變形成呼應之勢。湖廣總督畢沅急調大軍前來，張正謨率教眾勇敢抵抗，交戰不利後，退居灌灣腦。這裡山高路險，附近教眾紛紛來歸，迅速聚集一萬多教軍，設卡埋雷，與官軍殊死廝殺，湖北巡撫惠齡督官軍幾次進剿，始終心存忌憚，不敢輕進。一波未平，施南府的來鳳又鬧將起來，楊子敖反於小坳，譚貴反於旗鼓寨，知縣莊紉蘭前往堵拿，不敵而死，教眾乘勝占領來鳳縣城。幾乎同時，鄖陽、宜昌的教徒揭竿而起，衢州劫府，漸成燎原之勢。畢沅提出「分頭撲滅，以速為貴」的建議，朝廷即命分片剿殺，白蓮教卻是此起彼伏，「忽分忽合，忽南忽北」，總也不能撲滅。翻開《清仁宗實錄》，常可見長長的諭旨，連日皆有，措辭嚴厲激切。這些諭旨大多出自上皇，督戰甚急，前線領兵大員卻是勝負變幻，各有苦衷。

　　三月初十日凌晨，即前時所密定的「三辰」，姚之富、王聰兒率襄陽教眾起事，屯集黃龍璫，旗上大書「替夫報仇」。襄陽是白蓮教的大本營，也是該教最早被殘酷鎮壓之地，復仇情緒最為強烈。教軍氣勢甚盛，先焚毀呂家驛，縱掠樊城城郊，接著直撲襄陽府城。所幸城高牆厚，城內官兵早有預備，所有內應皆被肅清，使教眾攻勢受挫。姚、

王還分兵一路挺進武昌，與當地教眾會合，一舉攻占孝感，殺死兩名參將，省城戒嚴。

六月，烏魯木齊都統永保受命總統湖北軍務，攻防形勢略有轉機。七月，畢沅克復被占據半年多的當陽縣城。八月，福寧等剿平來鳳教軍，惠齡攻克灌灣腦，枝江之亂平定。九月，襄陽西路教軍在葉家店大部被殲，東路亦連戰不利，轉進河南。可就在這個月，四川教眾多地大起，徐天德在達縣亭子鋪造反，王三槐、冷天祿等在東鄉呼應，各聚集黨徒一萬多人，貴州的清溪也有響應。與事教徒中，有不少參加過金川之役的老兵，作戰勇猛且奇招迭出，不斷攻襲清軍，先是小打小鬧，後來竟然夜間劫營。安溪鎮總兵花連布、重慶鎮總兵袁國璜兩員平定苗變的悍將，接連死於教軍手中。這場內戰，很快攪動數省，打得越來越慘烈。

嘉慶，是太上皇帝弘曆為子皇帝顒琰特選的年號，寓意甚美，預期甚美。可這個元年，實在無「嘉」可慶。及至歲末，四川巴州又出了大亂子：羅其清、苟文明等打出反旗，附近數縣一時並起，光是頭領就有幾十人。此地教眾勇悍異常，圍攻巴州，攻占東鄉，成都副都統佛住在廝殺中陣亡。巴州屬保寧府，與陝西相連，距湖北亦不遠，三省教眾很快連為一體，聲勢更顯浩大，令朝廷震驚。

第二節　「二皇帝」和珅

針對白蓮教的軍事部署概由上皇決策，再以子皇帝諭旨的形式下達，運作其間的則是和珅。有道是父子情深、疏不間親，但上皇要問詢商議，往往先找和珅；他的許多敕旨，也是通過和珅傳達給顒琰的。朝廷已經有了兩個皇帝，有意思的是，手握大權的和珅竟被稱為二皇

帝。此事見於朝鮮使臣的記述，英國使者書中也有類似描寫，可見傳播之廣。世上哪位帝王沒有幾個寵臣呢？如俄國凱薩琳大帝之於波坦金，而一旦有了二皇帝之說，實為非常之危語。從來此類「二」字號人物，哪怕只是「二知州」、「二縣令」，很少會有好結果，況且是「二皇帝」乎！

　　所謂二皇帝，並非指其聲威權柄在嗣皇帝之下，而是說上皇之後，便是和珅，是說大政的決斷權仍在於上皇與和珅，與嗣皇帝關係不大。以禪讓初政視之，雖有一定程度的誇張，也有幾分是實。

一、攔截帝師朱珪

　　上皇關注著三省戰事，主持樞垣的和珅當然也要步步緊跟，但他更為關注的是禪讓後的人事動向，時時警覺有什麼人會成為競爭者。和珅處處表現出對新帝的忠順，不斷向顒琰身邊推薦人才，也處心積慮地阻擊清正大臣與皇帝的接近。

　　顒琰在禪讓前三個多月被冊立，並未配備一套太子官屬，除在服色以及節令、祭祀等項上有所區別，基本與皇子生涯並無大的改變。是以顒琰登基之後，滿朝中舉目生疏，有一個做皇子時的師傅朱珪，還遠在廣州任所。如果說經筵講官已不再是帝師，朱珪則名副其實，與顒琰感情之深篤，又非「帝師」二字可盡。

　　朱珪少年即以文名著稱，與哥哥朱筠享譽京城，號為「朱氏兩神童」。乾隆十三年成進士，年僅十八歲，入庶常館，散館授編修，以學行兼優受到皇帝關注，遷侍讀學士。乾隆帝熱衷於各類大型慶典，朱珪辭藻富麗雅馴，精心撰作進呈，常常大得讚賞，被稱為「特達知」。特達知，是指特別享有的知遇，多用於皇帝對臣子。王褒《四子講德論》：「夫特達而相知者，千載之一遇也；招賢而處友者，眾士之常路

也。」應是一種極高的評價，是臣下的一種殊榮。

　　在翰林院待了十餘年後，朱珪出任地方，歷按察使、布政使，署山西巡撫。朱珪奉職勤慎，愛惜細民，也有幾分書呆子氣，在任興利除弊，戒絕往來饋贈，漸漸得罪了宦場中同僚，竟被以讀書誤事奏劾。乾隆帝堪稱識人善用，認為朱珪施政過於寬厚，調回京師任翰林學士，後又讓他在上書房行走，教授皇十五子永琰功課。其時永琰已被密定為儲君，選擇朱珪做師傅，體現了乾隆帝對其學問人品的充分肯定。自此，上書房出現了一對朝夕相隨的師徒，師傅盡心講授，學生如饑似渴，朱珪與永琰相處雖只有三、四年，卻建立了很深的感情。課餘游藝於詩賦書畫，朱珪在永琰身上看到少年時的自己，傾心指點，切磋琢磨，使之大有進境。朱珪再赴外任，兩人仍是書問不斷，互相牽掛。

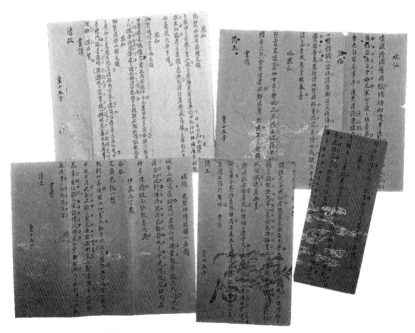

皇十五子永琰詩文習作，有朱珪批改文字

　　幾年後，四川總督孫士毅調任兩江總督，保奏朱珪接任川督，讚揚他操守好，辦事好，「小用則小效，大用則大效」。此奏給乾隆帝留下深刻印象，雖未派任四川，也擢為安徽巡撫。朱珪對方面之任有幾分畏怯，以性格迂腐、做事拘謹、缺少才情相辭，豈知皇上對他說，做巡撫「無所用才情」。聖上的話有些絕對，亦有大道理在焉。

　　六十年四月，朱珪升為左都御史，四個月後擢兵部尚書，署兩廣總督，應是調回朝廷的信號。嘉慶元年六月初一日，有旨以朱珪補授兩廣總督。當月二十九日，福寧飛奏孫士毅病重，太上皇帝接報即知士毅情形不妙，命宣召朱珪來京，有意以他補內閣大學士之缺。時上皇與嘉慶帝都在避暑山莊，弘曆將此意示知子皇帝，軍機處擬旨後，再以諭旨的名義發出：

　　二十九日癸卯，內閣奉諭旨：朱珪著來京另候簡用。所有兩廣總督員缺，著吉慶補授，仍兼署廣東巡撫事務。玉德著調補浙江巡撫，其山東巡撫員缺著伊江阿補授⋯⋯。❸

顒琰一向沉靜審慎，可對老師即將回京任職實在是心中興奮，難以言喻。諭旨寄發之後，仍喜不自禁，回到寢宮賦詩一首，曰〈暢遠樓抒懷〉：

　　朗晴連日氣清佳，憑眺樓頭勝景排。
　　爽籟高翻喬木上，纖雲淨卷遠天涯。
　　川原澄澈秋容繪，禾黍青蔥農事諧。
　　更喜故人來粵海，七年繫念暢衷懷。朱石君先生蒙皇父敕旨召進京，另候簡用。❹

3.《嘉慶帝起居注》一，227 頁，嘉慶元年六月二十九日。
4.《清仁宗御製詩》卷五，〈暢遠樓抒懷〉。

他並非不知身邊有人與和珅關係密切，只是覺得此事已由上皇欽定，朱珪為授業老師，一切都在情理之中。孰料立馬就出了狀況。有一則記載稱詩還未寫完，已被送到上皇案頭，幾乎釀成重大事端：

> 嘉慶元年，授受禮成，詔朱珪來京，將畀以閣務，仁宗賀以詩。屬稿未竟，和珅取白高宗，曰：「嗣皇帝欲市恩於師傅。」高宗色動，顧詰曰：「汝在軍機、刑部久，是於律意云何？」詰叩頭曰：「聖主無過言。」高宗默然良久，曰：「汝大臣也，善為朕輔導之。」乃以他事罷珪之召。❺

未詳此段文字出於何處，大約不會毫無依據，然經過野史筆記的渲染，多少有些戲劇化。縱然和珅備受寵信，其敢於離間皇帝的父子關係嗎？即便其設法挑撥，又豈會當著董誥的面進行？上皇寵溺和珅是實，頭腦清晰也是實，選任朱珪本出於他的意思，豈能因子皇帝寫幾句詩勃然變色，竟打算動用律法？而如果和珅真的這樣做了，後來政治清算時的大罪中，怎會少了這一條？

　　但一個基本的事實是，發出的諭旨又被收回。七月初九日，以黃河山東段決口，玉德須留駐防堵，不能赴浙江接任，吉慶也無法離開，命朱珪仍署理兩廣總督。之後，朱珪來京的日期被一次次「暫緩」，洋盜海盜大舉北犯，「由粵洋乘風入閩」的情形被強調指出，這一切的幕後推手，只能是和珅。

　　七月十九日，朱珪奏報拿獲海洋盜犯何玉理等，本為大功一件，非但沒有獎賞勉勵，反而受到申飭：「該犯等在洋面肆劫幾及四年，直至本年四月始行拿獲，可見該省洋盜並未斂戢，該督撫等平日所辦竟屬有名無實。除朱珪另行降旨申飭外，所有五十八年以後歷任該省督

5.《清史稿校註》卷三四七，〈董誥傳〉。

撫及朱珪，均著交部嚴加議處。」❻這種懲處有些強詞奪理，既說何玉理在洋行劫將近四年，又把罪名主要推在任總督僅一個多月的朱珪身上，也覺匪夷所思。這道諭旨當然是上皇的意思，不知顒琰是否在父皇前為老師辯解，大約沒有，只是聽任軍機處寄發。外示謙謹的嘉慶帝有著足夠的深沉心機，發現父皇口風變了，也能猜知是誰在作梗，卻不動聲色，應之以靜穆鎮定。

　　弘曆對朱珪一直持有良好印象，認為其是一個品性端方的讀書人，也希望他重回朝廷，此時卻基本打消了將之擢拔入閣的念頭。《清仁宗實錄》中有一道諭旨，曰：

　　諭軍機大臣等：前因朱珪在廣東巡撫任內，地方事務尚為熟習，是以擢授兩廣總督。嗣孫士毅大學士缺出，因朱珪繫讀書人，品行端方，且資格較深，欲加恩將伊補授。乃近日粵洋艇匪充斥，且駛入閩洋肆劫，皆由朱珪不能始終奮勉，實力查拿，殊負委任！俟吉慶到粵，朱珪即行來京候旨。❼

此日為八月初五日，顒琰侍奉老爹連日在避暑山莊清音閣飲宴看戲，這天又有青海、烏梁海、土爾扈特等處首領入覲，尋隙處理政務，發出的諭旨達六、七道，多是遵奉上皇敕諭轉發。太上皇明示曾打算將朱珪補授大學士，即是說現在已無此考慮，其責任在於廣東洋面不靖，且放任艇匪入閩浙海上劫掠。此事不見於《嘉慶帝起居注》，當也是和珅一手經辦，開頭「諭軍機大臣等」，意思應很明白，就是交給和珅來辦理。

　　接下來的八月十三日，是弘曆的八十六歲壽辰，禪讓後的第一個

6.《嘉慶道光兩朝上諭檔》第一冊，198 頁，嘉慶元年七月十九日。

7.《清仁宗實錄》卷八，嘉慶元年八月丁丑。

「萬萬壽聖節」，儀式甚簡：「太上皇帝御澹泊敬誠殿，皇帝率隨駕皇子皇孫王公大臣官員蒙古王公額駙台吉等行慶賀禮」❽；然後在眾人簇擁下，到清音閣觀劇飲宴。此時的大洋彼岸，華盛頓正在深度思考國家政體與權力交接，四天後，這位美利堅合眾國的締造者發布告別詞，聲明不再參選下一任總統。而已經宣布歸政的大清太上皇，則是乾綱獨斷的心態未改，通過寵臣管理軍政大事的模式不變，形成禪讓初政的基本運轉方式。設若朱珪入閣，必然要進入軍機處，不管他如何低調遜避，也會出現各種複雜性。對於上皇與和珅的君臣執政格局，別說是顒琰的授業老師，即使是子皇帝本人，也不容干擾。

　　和珅應不會想要與新帝為難，只是極不情願顒琰身邊有一個朱珪，縱然上皇多次聲稱讓其回京，仍想方設法進行阻撓。一個眾人都明白的現實就是，皇帝想做的事未必能做成，和大人想壞的事總是一發必中。八月二十三日，管理吏部事務的和珅呈上對朱珪的處分意見，子皇帝意態平和，當即依擬傳諭：

　　兩廣總督兼署廣東巡撫、兵部尚書朱珪，於所屬海洋盜匪未能實力查拿，遵旨議處，照例降調一疏，奉諭旨：朱珪著（**於補官日**）降二級從寬留任（**仍著帶於新任**）。❾

括弧內黑體字為稿本原有，復行圈去，可證已有了對朱珪的下一步安排。幾天後，吉慶補授兩廣總督，安徽巡撫張誠基調任廣東巡撫，而朱珪補授安徽巡撫，果然是降了兩級。收拾皇帝的老師，應算當眾打皇帝的臉，當事人的表現則是可圈可點：朱珪一通自責後赴任去也，到安徽仍是兢兢業業，克勤克慎；顒琰沒有暴跳如雷，沒有找父皇訴

8.《乾隆帝起居注》四二，531 頁，乾隆六十一年八月十三日。

9.《嘉慶帝起居注》一，284 頁，嘉慶元年八月二十三日。

辯，表現得若無其事，對和珅更見尊重信任；至於和珅，起初或不免忐忑，看到風平浪靜，很快就心安理得了。所謂恣妄，所謂殺身之禍，就是這般慢慢釀成的。

二、不如意事常八九

　　和珅一生喜愛寶物，尤其喜愛如意，年節間向皇帝敬獻禮物的「進單」，多以「萬壽吉祥如意」打頭，其妻、其繼母的進單亦如此。後來嘉慶帝痛批大臣呈進如意的惡習，說內府已沒有地方收貯此類無用之物，而此一期間，每逢正月都要認真題寫讚美如意的詩——父皇喜歡，敢不稱頌。查抄和珅的清單上，各色如意竟有數千支之多，數量驚人，光是收置這些如意，就需要多間庫房，真是為物所累啊！

　　生命的最後幾年，和珅的兒子娶了乾隆帝最寵愛的女兒，成為固倫額駙；弟弟晉封公爵，成為重要的統兵大帥和封疆大吏；自己也終於接任了首席軍機大臣，榮膺一等忠襄公之封。秩在超品，各種財富滾滾而來。和珅看起來事事如意，實際則未必，不如意事已接踵而至。

　　嘉慶元年秋，就在七夕節這天，和珅於避暑山莊接到京中遞來緊急家信，告以幼子得了急病。和珅妻妾成群，卻只有一大一小兩個兒子，老大豐紳殷德已選為固倫額駙，小的則於乾隆六十年春才出生，中年得子，穎悟異常，自是無比珍愛。和珅得知小兒病後心急如焚，但隨侍在熱河，太上皇最不愛聽病與死，也不敢貿然請假。他只好派人馳送藥方，而小兒子已在這一天死去。和珅痛惜感傷，一連寫了十餘首悼亡詩，「襁褓即知愛字章，痴心望爾繼書香」，夾注稱：每逢幼子啼哭，乳母就抱他去看壁上字畫，便會破涕為笑。而今皆成追憶，「速去何如始不來，空花幻影漫相猜」❿，寫得也是滿紙痛淚。

10.和珅，《嘉樂堂詩集》，見《清代詩文集彙編》第四二六冊，672 頁。

剛過重陽節，自苗疆傳來弟弟和琳的死訊。和珅剛剛隨同上皇和皇上自熱河回鑾，幼子的早殤之痛尚未平復，竟又聞此噩耗！和琳比他小三歲，性格殊不相同，然父母死後，兩兄弟相依為命，手足情深。正是和珅的一手操弄，使弟弟由一個小小筆帖式，不數年即致身卿貳。和琳辦事扎實，不避凶險，隨征金川，出征廓爾喀，鎮撫西藏，進剿苗疆，不管在什麼位置上，均能不負使命。福康安逝後，和琳成為上皇最信賴的統兵大帥，也是乃兄在朝中的強援，本打算兄弟二人表裡朝政，未想竟遽然辭世。和珅作〈希齋弟督軍苗疆受瘴而卒痛悼之餘為挽詞十五首言不成聲淚隨筆落聊長歌以當哭云〉，第十四首：

> 看汝成人贍汝貧，子婚女嫁任勞頻。
> 如何又為營喪葬，誰是將來送我人？❶

和琳應是一個好官，未見如乃兄之貪鄙，府中貧窘，加以常年驅馳邊地，兒女婚嫁都是和珅代為操辦，沒錢給錢，沒房給房。寫此詩時，和珅當不會想到自己兩年後的結局，但詩句中已流露不祥。

改元之後，和府連遭喪亡，後繼乏人，已呈衰敗之相。嘉慶二年冬，和孝公主與豐紳殷德之子、和珅唯一的孫子又遭夭亡。和珅的身體狀態也不好，四十歲時已患腿疾足疾，每年的夏秋間都會發作，「小筋歷亂如彈絲，大筋決裂手難拊」，「有時憤恨不欲生」❷。此際又復發作，痛楚難忍。轉過年來，結婚三十年、感情深篤的妻子竟然一病長辭。和珅悼念亡妻，不可避免會對人生有一番痛悟，「自知非金石，榮落詎委數」，只是敗落得如此之快，怕也聯想不到。

不如意事常八九，可與語人僅二三。讀和珅的詩，可知他還是一

11.見《清代詩文集彙編》第四二六冊，673 頁。

12.和珅，〈病中作〉，《清代詩文集彙編》第四二六冊，668 頁。

個不錯的詩人，寫景言情皆有佳句，尤其是悼亡數章，真情淋漓，痛淚揮灑，呈現出一個真實的和珅。他所不能賦寫、無人可與言說的，應還有很多。

三、選擇性發飆

　　嘉慶元年十月初六日，是嘉慶帝登基後的第一個萬壽節。在國際事務中咄咄逼人的凱薩琳大帝，就在此日因中風溘然長逝，使俄國的積極擴張勢頭暫時衰減，東向與清朝的碰撞也得以延緩。這一天略晚，剛滿三十六歲的顒琰，卻一改謙和做派，突然發飆：矛頭直指劉墉等幾位老臣，措詞嚴厲尖刻，不留一點兒情面。

　　事情起因於當日的召見，其中有新選浙江處州知府戴世儀，不知是緊張還是心虛，表現得手足無措，應對皇上垂詢，更是驢頭不對馬嘴。嘉慶帝即位以來，召見引見官員乃常朝之大項，閱人可謂多矣，已練就一雙銳眼。在皇上跟前適度緊張，本來不是什麼大事，有時還顯得忠厚老實，可這位戴兄的緊張中透著庸劣。再看其履歷單，係捐納出身，更讓顒琰心中生嫌，認為不可擔當一府之責。戴世儀被引下之後，顒琰問吏部尚書劉墉印象如何，劉墉答以「尚可」。三年禪讓期間，子皇帝大都以謙謹寬緩示人，連老師被阻都忍下來，這次竟勃然而怒。實錄裡留下這樣一段諭旨：

　　大學士缺出久逾匝月。現在各尚書內，若以資格而論，則劉墉、紀昀、彭元瑞三人俱較董誥為深。但劉墉向來不肯實心任事。即如本日召見新選知府戴世儀，人甚庸劣，斷難勝方面之任，朕詢之劉墉，對以尚可。是劉墉平日於銓政用人諸事全未留心，率以模棱之詞塞責，不勝綸扉，即此可見。彭元瑞不自檢束，屢次獲愆，紀昀讀書多而不

明理，不過尋常供職，俱不勝大學士之任。董誥在軍機處行走有年，供職懋勤殿，亦屬勤勉，著加恩補授大學士。至王杰因患腿疾，久未入直，現在軍機處漢大臣止有董誥一人，著左都御史沈初在軍機處學習行走。朕於用人行政悉秉大公，考績程材，無不權衡至當。劉墉、紀昀、彭元瑞皆當捫心內省，益加愧勵！❸

這段話包容多，信息量極大，涉及官員層級亦高：由一個四品知府的選任，引出內閣大學士的補選；由對劉墉一人一事的不滿，牽連到當朝好幾位重臣；再由內閣擴展到軍機處的人事變更，擴展到對另一位大學士兼軍機大臣王杰的安排。太上皇帝不是說過「大事還是我辦」嗎？這樣的頂級人事調整當然是大事，不屬於子皇帝決斷的範圍。

　　筆者兩年前閱讀及此，頗覺不太像子皇帝口氣，也太不像顒琰低調謙和的做派。再看《清史稿校註・董誥傳》，有「高宗謂劉墉、紀昀、彭元瑞三人皆資深，墉遇事模棱，元瑞以不檢獲愆，昀讀書多而不明理」一段❹，雖不知何所依據，倒也有幾分信真。今人著作如《清史編年》等，也將這些話徑列為弘曆所說。可此一番評說朝中大員，明確說出於諭旨，而非太上皇帝的敕旨；明確列入《清仁宗實錄》和《嘉慶帝起居注》，而非《清高宗實錄》和《乾隆帝起居注》。若指為上皇所說，也有些難以解釋。

　　任何話語的出現都會有一個語境。此事也有一個很自然的起因，就是中層官員的召見，這類辛苦活上皇是不管的。在《嘉慶帝起居注》中，對之記敘略詳：

　　初七日己卯，內閣奉諭旨：本日召見新選處州知府戴世儀，本出

13.《清仁宗實錄》卷一〇，嘉慶元年十月己卯。

14.《清史稿校註》卷三四七，〈董誥傳〉。

捐納，人甚庸劣，應對全不明晰，豈可勝方面之任？戴世儀著留部在員外上學習行走，以資造就（**若好著該部奏請外用**）。所有浙江處州府知府員缺，著王績著補授。**⑮**

榮晉新職，赴京接受皇上召見，是一種榮耀、一個機遇，也是一道致命關卡。如這位戴世儀，巴結到這一層，白花花銀子不知送出多少，眼見到手的一個肥肥的知府，說沒就沒了。仁宗還算寬厚，也知人家的官是用銀子買的，另給了一個員外郎的差事。若換了雍正帝和乾隆帝，沒準還要嚴旨追查，查得戴兄雞飛蛋打。

接下來的另外一道諭旨，才說到劉墉等三人，認為劉墉一向不能實心任事，並以召見戴世儀為例：

即如本日召見新選知府戴世儀，人甚庸劣，斷難勝方面之任，朕詢之劉墉，對以也（尚）可。是劉墉平日於銓政用人諸事全未留心，率以模棱之詞塞責，不勝綸扉，即此可見。彭元瑞不自檢束，屢次獲愆，紀昀讀書多而不明理，不過尋常供職（**人所不數上列者，尚覺不及劉墉**），俱不勝大學士之任……朕於用人行政悉秉大公，考績程材，無不權衡至當。劉墉、紀昀、彭元瑞皆當捫心內省，益加愧勵（**莫謂朕不知人也**）！**⑯**

以上引文皆見稿本，與前引實錄雖基本相同，但提供了成文過程與細節，甚為可貴。括弧內為改動文字，黑體字為刪削之處，真實度很高。其出於子皇帝之口無可懷疑，但問題在於，一定就是顒琰的真實想法嗎？

15.《嘉慶帝起居注》一，嘉慶元年十月初七日，341 頁。此為稿本，括號內黑體字複被抹去。

16.《嘉慶帝起居注》一，341～342 頁，元年十月初七日。

　　內閣大學士的補選，是上皇禪讓後的一件痛事，亦一件難事。該年五月，第一愛將福康安卒於苗疆；一個半月後，備受信重的老臣孫士毅卒於四川。內閣連出兩缺，太上皇帝將身邊大臣扒拉來扒拉去，也覺難有合適人選。前面寫到的劉墉、紀昀、彭元瑞，都在考慮斟量之列。而所指三人的各自缺陷，不無依據，又有一些過分：劉墉為名臣劉統勳之子，經歷宦途沉浮，清操挺然，遇事有些模棱，也是格於時勢，一生大節無虧；紀昀和彭元瑞都是文學巨匠，才華過人，做事也認真。所有這些品題評價，必出自上皇之口。三人是他多年器重的人才，紀與彭更以文筆才思深得所愛，而其性格和為人做事方面的缺陷，也難逃聖主之法眼。在議論閣僚人選時，靜聽父皇縱論朝中精英，顒琰自是頻頻點頭，謹記在心。此時見劉墉的確有些模棱搪塞，不覺怒從心頭起，一通責斥便爾湧出，由劉而紀而彭，雖以自己的話語道出，大體仍是父皇的原版。實錄將二事捏合為一，起居注則甚明瞭，這是兩道諭旨，第一道將處州知府改換他人，第二道才是內閣的補選。時顒琰與父皇同在圓明園，頒發諭旨前必先得到上皇的俞允，這也是禪讓時期的一項政治規矩。

　　一般說來，封建時代的大臣是缺少獨立人格的，清朝尤甚。對於所有的臣子，清帝皆以奴才視之、奴才用之，即便是數朝勛舊、多年股肱，一旦不合己意，輕則責斥，重則遭發甚至誅戮。上皇對劉墉三人的看法，背後不無和珅的影子，幾句評語也有點和珅特色。內閣和軍機處雖然以阿桂為首，和珅則是雙料老二：次輔與次樞。阿桂老矣，兩耳重聽，常時不能到值，而和珅早就開始在朝中布局。福康安和孫士毅與他走得很近，尤其是孫，關係更不一般，已授文淵閣大學士兼禮部尚書，奉命入閣辦事，因苗變暫留四川，未想到染病而逝。劉、紀、彭三人性格不同，卻都不買和珅的帳，加上還有一個公開與之叫

板的王杰，所以不能不予阻擊，又不便表現得太明顯。在上皇和皇上那裡傳遞些閒話，上點兒眼藥，和珅最是擅長，效果絕佳。同時發出的一份諭旨關乎王杰，「直道一身立廊廟」的王杰律己極嚴，無可指責之處，但年過七十，「自六月內染患腿疾，即賜醫予假，令其加意調攝，乃至今將及四月，步履尚艱，驟難望其平復」⑰。王杰奏請解去軍機大臣等職，諭旨亦予照准，並將其在軍機處、南書房及管理禮部事務一併解除。

這個事件很有點代表性。太上皇帝以睿智聰察自視，大權獨攬，不免受和珅影響；和珅深諳高層運作之道，處心積慮打擊異己，安插親信；嗣皇帝則聆聽上皇訓誨，亦步亦趨，在觀點、語言和行動上保持高度一致。

由是我們知道，子皇帝的直斥朝中大員，既是為召見現場情形所激而發，又是深思熟慮後的精準表述，有著很深的機心。至高無上的皇帝本是不需要有什麼機心的，喜怒皆可形於色，但嗣皇帝不同，不管上皇在不在跟前都不行。嘉慶帝的惱怒看似偶然，看似緣事所激，實則是一種選擇性發飆，藉發飆作政治表態，貫徹上皇有關人事安排的最高指示。

第三節　子皇后的大喪

如果說禪讓之先，上皇已經反覆斟酌，設定了一個權力運行準則，則顒琰必也會思慮精慎，選擇那最得體的行為模式，即處處尊崇父皇，唯命是從，同時認真做好分內的事情。他與皇太子妃喜塔臘氏伉儷情深，這也應是他們共同商定的行動準則。於是，子皇帝盡可能多地與

17.《嘉慶帝起居注》一，342 頁，嘉慶元年十月初七日。

上皇在一起，隨時聽從訓誨；子皇后盡量多待在紫禁城，一則不使皇帝分心，同時也能照顧內宮，包括那些前朝嬪妃。以後的日子如樹葉般數不清，侍奉太上皇帝百年之後，自然會輪到自己當家作主。絕對想不到的是：上皇仍復康健，子皇后竟突然化鶴而去。

一、喜塔臘氏的幸運與不幸

　　嘉慶二年二月初七日，年輕的皇后喜塔臘氏，居然一病不起，顯得極為突然。

　　喜塔臘氏，滿洲正白旗副都統、內務府總管額爾經額之女。乾隆三十九年被冊為皇十五子永琰的嫡福晉，伉儷情深，育有二女一子，子綿寧，即後來的道光帝。顒琰被冊立為皇太子，喜塔臘氏即成為皇太子妃，軍機大臣議奏皇太子應行儀制，多有關乎太子妃的條款：班次在諸皇子福晉之前，站立在內廷主位前，出行帷車用金黃色，飯費增加了一倍。總之，一切都與皇子福晉大大不同了。喜塔臘氏是一個淑慎溫婉的人，絲毫未見傲驕之氣，與夫君一樣的敬謹內斂，堪稱賢內助。

　　嘉慶改元的第四天，喜塔臘氏被冊立為皇后。冊立中宮通常是皇帝的事，由於禪讓時期的特殊格局，便由上皇發布敕旨，成了「上奉太上皇帝命」冊立當朝皇后。短短一段敕諭中，於開首、中間和結尾三次提到奉太上皇帝之命，可謂謙抑周慎。

　　冊立中宮儀，為禮制中嘉禮之一，各朝均極為鄭重，先期要往奉先殿告祭，要祭告天地和太廟，當日則百官序立，宣制授寶，儀式隆重繁複。康熙十六年冊立孝昭仁皇后，還補行了大婚禮中的納采、大徵。而顒琰冊立皇后那天，正值太上皇帝舉辦千叟宴，兩頭奔忙，主要照顧的則是父皇的大宴，看看差不多了才遵父命離席，匆匆趕到坤

寧宮冊立皇后。文武百官大都在皇極殿宴飲，現場僅有正副使等少數官員，程序大為省減。儀式正在進行中，太上皇帝宴訖歸還養心殿，上皇聖駕雖不由坤寧宮近旁經過，帝后二人聞知，還是連忙奔趨駕前行禮。待典儀完成之後，也是先到養心門前覆命⓲。

　　既然夫君是子皇帝，喜塔臘氏也只能是子皇后了。簡單匆促的冊立皇后儀，反映了二人的基本狀態，即一切以父皇為核心，做孝順兒子兒媳。此後的日子裡，顒琰奔走於皇宮和圓明園之間，盡可能多地陪侍上皇，還要隨侍往避暑山莊，皇后有時跟從，大多則居於宮中。總覺得以後的歲月還久，豈知喜塔臘氏偶染小恙，遽然撒手人寰。當日子皇帝親祭大社大稷，然後趕往圓明園向父皇請安，未及喘息，宮內飛報皇后於午後薨逝，待急匆匆還宮，大行皇后已被移至吉安所。顒琰極為意外，極是哀傷，悼詩有「舉觴非酒漿，傾灑皆淚涕。誠無可奈何，節哀以禮制」句⓳，語出痛腸，真切感人。

　　太上皇帝聞聽很是惋惜，即降敕旨，賜諡「孝淑皇后」，命輟朝五日，皇帝和所有王公大臣、官員兵民人等俱素服七日，並派怡親王永琅、總管內務府大臣盛住等總理喪儀。顒琰考慮到父皇年高，不喜聞「病」、「死」之類不吉之語，若輟朝服喪，宮中望去皆黑白之色，必不愜意，下旨減或免，尤其是父皇所居的圓明園，所有人員一律常服，諭曰：

　　所有輟朝期內，各衙門章疏及引見等事，仍著照常呈遞。王公大臣官員等雖有素服之例，但皇后冊立甫及一年，母儀未久，且昕夕承歡，諸取吉祥，此七日內，圓明園值日奏事之王大臣等及引見人員俱

18.《清史稿校註》卷九五，〈禮七・冊立中宮儀〉。
19.《清仁宗御製詩初集》卷十，〈遺悶二十韻〉。

著常服，惟不掛珠。此禮以義起，天下臣民等自當共喻朕崇奉皇父孝思，敬謹遵行，副朕專隆尊養至意。**❷⓪**

此諭中，「昕夕承歡，諸取吉祥」、「崇奉皇父」、「專隆尊養」，本是其夫妻二人在禪讓期間確定的行為規範，現皇后已逝，子皇帝克制著悲痛，仍然是唯此為大。

　　未見史籍記載這位孝淑皇后到底多大歲數，推算應在三十五歲左右，誠屬於福薄壽短。為了不致影響父皇的心情，顒琰特地降低喪儀和祭奠的規格，也埋下了深長的哀思。治喪的七日之內，子皇帝每天都要往殯宮陪伴髮妻，寫下了多篇情真意切的詩。此後的奉移梓宮、初祭大祭、年節祀日，他都會親往或派綿寧前往，平日則月月致祭，直至七年後昌陵建成，移入地宮。

二、父子分離的日子

　　上皇多居住圓明園的九州清晏，顒琰常住長春仙館，頗便於朝夕請安。至於皇后喜塔臘氏，記述無多，推測大多居於宮中，待子皇帝進宮時方得團聚。

　　這次顒琰進宮是在正月二十八日，早間先侍奉父皇往西黃寺和昭顯廟行禮。西黃寺在安定門外，有乾隆四十七年敕建的「清淨化城塔」及塔院，以紀念跋山涉水來為乾隆帝祝壽、最後在此寺圓寂的六世班禪。當年弘曆與六世班禪相談甚歡，在其逝後親臨憑弔，日後常來祭奠行禮。昭顯廟在皇城內，又名雷神廟，距西黃寺頗有一段距離。上皇於行禮後仍回園居，子皇帝則在恭送父皇後，起駕進宮。每一次離開父皇都是有原因的，這次有兩項大事：御門聽政和經筵。

---

20. 《嘉慶道光兩朝上諭檔》第一冊，46 頁，嘉慶元年正月初七日。

　　二月初二日卯刻，子皇帝御乾清門聽政，部院各衙門面奏各事和帶領引見，然後大學士及內閣學士以摺本請旨。經過整整一年的歷練，顒琰已然政務純熟：較為重要的人事任免父皇已有了旨意，遵奉照辦即可；品秩較低官員的任免及一些人命案件，即由他本人作出決斷。

　　是日辰刻，顒琰趕至文華殿，參加一年一度的經筵。去年的講官德明、金士松還在，換了的二人為劉墉和慶桂。先講的是《中庸》「人道敏政，地道敏樹」，再講《尚書‧洪範》「是彝是訓，於帝其訓」，都與治國理政相關。子皇帝在御論中強調了「人存政舉」和勤政的道理，曰：「是知人君欲戒叢脞之萌，而劼承平之跡，必以得人勤政為本。」㉑經筵的題目當由上皇圈定，寓意深切。叢脞者，著眼細碎，

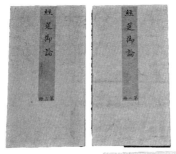

經筵御論

21.《嘉慶帝起居注》二，26頁，嘉慶二年二月初二日。

胸無大略也。顒琰繼位後堪稱謹畏精勤，在此以「叢脞」自戒，亦稱得宜。

由於還要在初七日詣社稷壇行禮，子皇帝沒有趕回圓明園，而是留在宮中，處理一些政務，也與皇后妃嬪等團聚。喜塔臘氏是否已經病了，因未見記載，不得而知。以顒琰在社稷壇行禮後即行前往圓明園，可推想即使有病，也不會太嚴重。豈知子皇帝剛到長春仙館，便接到皇后病危的急報，待火速趕回，已是天人兩隔。

長春仙館位於正大光明殿迤西，與九州清晏頗有間距，事出意外，子皇帝離園時來不及當面稟報父皇，且此類噩耗，似也不宜親身前往。因之顒琰與父皇應未相見。接下來辦理喪事，一下子又用了十天，兩段相加差不多二十天，實為禪讓以來父子分離最長的時光。上皇時加問詢，關心焦灼之情，溢於言表。有兩則檔案，為和珅、福長安二人所上奏摺，形象記錄了子皇帝的謹慎克制與太上皇帝的殷殷牽念：

> 奴才和珅、福長安跪奏：竊奴才福長安於召見軍機大臣方才趕到，隨同進見，當將「此七日內皇上不過乾清宮中一路，如詣吉安所時，俱出入蒼震門，不由花園門行走；在永思殿更換素服，凡隨從人等俱在景山東門換服，於回宮時仍換常服，皇帝在宮時亦換常服。於十三日目送奉移後，皇帝回園時，不由出入賢良門行走，從西門竟至長春仙館，於次日早晨方恭請聖安」，詳悉面奏。太上皇聖意甚慰，以為皇帝心思周密，又恐皇帝過於哀悼，復蒙垂詢，亦經奴才等具奏：「皇帝總以孝奉為務，甚能以義制情，並不過於哀感。」

誅除和珅和逮治福長安之後，當做過一番認真的宮中檔案清理，該摺能夠倖存，又被錄入私人筆記，彌足珍貴。細讀此摺，基本是逐日記載顒琰在皇后薨逝後的表現，也覺頗為繁複：本係和珅、福長安向子

皇帝奏報上皇召見情況，說的又是顒琰在治喪時的做法。其時為子皇后大喪的頭七，子皇帝居住大內，不僅明頒諭旨令喪事從簡、圓明園侍從父皇各級官員人等不穿喪服，自己在皇宮中也處處注意，事事體現「崇奉皇父」、「專隆尊養」的孝思。

今天竟有人由此摺，析讀出上皇對子皇帝密切監視之義，應是求之過深，罔顧親情。皇后之喪傳遞的信息是這樣的：子皇帝以皇父年高，以禮抑情，盡量低調為皇后治喪；太上皇帝則充滿關切憐惜，反覆詢問子皇帝的狀況。福長安奏摺中記述與上皇的一段問答，皆關乎子皇帝的精神和身體：

> 昨日奴才福長安於未刻回圓明園，當同軍機大臣進見，奏稱：「皇帝遵奉敕旨，於十六日回園，即到長春仙館，並以若照例請安，猶覺稍有未愜，擬於十七日在生秋亭恭請聖安，較為妥協。」太上皇以皇帝所思尤屬周到，聖意甚悅，以為必應如此。又蒙垂詢：「皇帝日內尚不至過悲否？」當日即回奏：「皇帝以禮抑情，並不過於感愴。今日因閱看景安、秦承恩奏到撲滅淅川、光頭山教匪二摺，轉深慰悅。」太上皇以皇帝極盡孝道，斟酌事理，思慮詳密，又以國事為重，聖意尤為欣喜。

查閱實錄和起居注，留宮治喪的七天，顒琰每天都大量批閱奏摺，辦理國務。閱處景安、秦承恩剿辦教軍密摺在初十日，自然是由上皇閱後轉來，子皇帝對獲勝恰當地表達了欣慰欣悅之情，並加獎勵。

還可看出，不管是和珅，還是福長安，都在兩頭匯報，都極力維護上皇和皇上父慈子孝的溫情，這是禪讓期間二帝持久穩定的情感模式。此時的太上皇帝已出現健忘症候，難免問了再問：

再，本日進見時，太上皇又將昨日垂詢一切詳細詢及，奴才等如前覆奏。又問：「皇帝今日面貌稍覺瘦否？」當即覆奏：「御容如常。」復問在宮內服色，又經覆奏：「皇帝因奉養太上皇，諸取吉祥，不獨御用系屬常服，即凡隨從太監等皆蒙諭令穿天青褂子。」太上皇以皇上專隆尊養，純孝若此，實為前代所未有，聖心愉悅之至。❷❷

這些都是和珅、福長安向上皇奏報的原話，可證子皇帝在皇后大喪之後，極為小心謹慎，簡省治喪程序，淡化悲傷色彩，尤其不願因此影響到父皇的心情。就連出什麼門，由哪裡行走，何時請上皇安為妥，都煞費苦心。我們也看到，子皇后逝世，上皇對顒琰的表現很關切，經常問起。這能說是布置監視嗎？怕不能。和珅、福長安所奏，亦絲毫未見有意挑撥之處，父慈子孝，也是二人的願望和利益所在。

三、受寵與受責

嘉慶朝以降，尤其是近些年來，描寫和珅的作品真是太多了。和珅能為乾隆帝始終倚信，傳聞甚多，負面評述亦甚多；然形象體面，有股子伶俐勁兒，才華、忠心和辦事能力均為一流，應屬無疑。他是一個能臣，一個善於解決複雜問題的重臣，一個性格明爽、舉止得體、反應敏捷、辦事妥帖的寵臣。乾隆帝之於和珅，不是昏君與奸相的搭檔，而主要是英主與能臣的關係，問題出現在乾隆晚期，尤其是在禪讓大典前後的幾年間。

今所得見的相關史料，大都經過嘉慶君臣的仔細過濾，滿篇皆見和珅罪過與醜行，不見有任何功績。試想，以乾隆帝之英武聰察、殺伐決斷，內閣首輔兼首席軍機大臣訥親倍受信任，一旦在金川失誤軍

22.以上三則皆出自和珅等奏摺：福長安進見太上皇面奏及垂詢情形，《和珅祕檔》八。

事，即斷然誅殺於軍前。乾隆帝身邊侍從之官素知敬慎，和珅做事的基本面也應如此。其任軍機大臣二十餘年，入內閣約有十五年，有人論為「長期把持朝政」，怕不能，除了乾隆皇帝本人，有誰能把持得住朝政呢？更多的時候，內閣和軍機處皆由阿桂領銜，既得皇上之信重，又打心眼兒裡瞧不上和珅，加上王杰等人側目而視，和大人過得並不輕鬆，更別說壟斷朝綱了。

　　毫無疑問，和珅是乾隆帝的寵臣。多數寵臣，應先是帝王認定的能臣，又都有幾分佞臣嘴臉，擅長揣摩上意、排擠同列。和珅正是長於揣測，長於逢迎和勇於緊跟，可滿朝文武，哪個不想得到皇帝的愛寵呢？和珅之弄權，應在阿桂辭世、由他接掌軍機處之後。史籍所記，說的也是這個時候：

　　嘉慶初元，珅勢益張，外而封疆大吏、領兵大員，內而掌銓選、理財賦、決獄訟、主諫議、持文柄之大小臣工，順其意則立榮顯，稍露風采，折挫隨之。太傅朱文正公，以德行文學，受兩朝知遇，揚歷中外，垂五十年，時以內禪禮成，例得進冊，珅多方遏之。既上，珅又指摘之。純皇帝諭曰：「師傅之職，陳善納誨，體制宜爾，非汝所知也。」❷❸

品行不端，擅於搞些小動作，在和珅也是習慣成自然。而整到當今皇帝的師傅頭上，挑剔資深翰林的文字毛病，便成為笑柄。嘲笑他的正是太上皇本人，簡簡數語，不無親切，不無輕蔑。

　　乾隆帝信賴和珅，自不待言，也喜歡聽他講講段子，傳播些小道消息，打幾個小報告，但一旦話語不合意，輕者譏諷，重者批評教訓，從不假辭色。《郎潛紀聞二筆》卷八，記和珅曾舉報海蘭察收受賄賂：

23.《郎潛紀聞二筆》卷六，〈董文恭不愧為社稷臣〉。

超勇公海蘭察不檢細行，和珅與之齟齬。一日，於純聖前訐其在甘肅剿賊回京，收受皮張等物。純聖諭云：「海蘭察能殺賊，皮張收以禦寒，何必詰責。汝等既不能殺賊，亦豈能謝絕人情乎？」和珅語塞。

海蘭察是乾隆時一員戰將，東征西伐，建大功甚多。此類大員在得勝後聚斂寶貨，回京後贈人或自用，也屬大清軍隊的一個傳統，諸帝通常加以寬容。乾隆帝心中有數，對和珅之貪應也不無耳聞，藉此對他一番敲打。據後來和珅被審訊之供單，可知他沒少收受福康安等大帥的東西，海蘭察送的也有許多。一面笑欣欣接受，甚至索要，一面又要到皇上那兒點眼藥，這就是和珅。

阿桂病逝後，內閣和樞垣統歸和珅掌管，這樣的安排，當然是太上皇的意思，必也得到嗣皇帝的贊同。和珅志得意滿，立刻通告各督撫奏報事件時，同時將一份副本報送軍機處；由軍機處發出的字寄，也只署自己的名字。後一項被太上皇發現，立刻降諭責斥：

軍機處寄信直省將軍、督撫，向例於恭錄諭旨前一行，用滿漢居首大臣掛銜。嘉慶二年，阿文成公卒。九月，太上皇召見樞臣於萬壽山，諭和珅曰：「阿桂宣力年久，且有功，汝隨同列銜，事尚可行。今阿桂身故，單掛汝銜，外省無知，必疑事皆由汝，甚至稱汝師相，汝自揣稱否？」詞色甚厲。嗣後遂止寫軍機大臣，不列姓名，著為例。可見高宗之於和珅，不過使貪使詐，如古之俳優弄臣，遠不逮文成諸公，真倚為股肱心腹也。❷❹

解說的不無道理，然上皇對和珅始終信賴有加，「使貪使詐」怕是說過了。單銜發出軍機大臣字寄，在和珅早有其事。阿桂多病請假，和珅

24.《郎潛紀聞二筆》卷三，〈諭旨前軍機署名之例〉。

以單銜交發，因係臨時處置，上皇未加責備。待和珅成為首席軍機，再用單銜，便被訓誡。我們注意到，在阿桂逝後很短一段時間，軍機處字寄的署名即被取消，改署「軍機大臣字寄」。筆者倒覺得，太上皇的訓斥是嚴厲的，寵信和保護亦在其間。

和珅是一個時代的產物，一個誇耀強盛、誇耀奢靡、貪腐潛行的時代產物。像他這樣的重臣，出現在乾隆晚期最是自然。他如夢如幻的一生，他個人財富的暴漲與抄沒，既是本人和家庭悲劇，也是一種時代與體制的必然。

第四節　樞閣的變局

冊立皇太子的幾日之後，乾隆帝就「預行降旨，將上尊號一事停止」，認為「太上皇帝稱號已極尊崇」，堪稱聖明。倚信寵用和珅，給予他極大的權力，歷來被論為弘曆晚年施政的短板之一。和珅對乾隆帝的忠誠、過人之明練勤勉、卓異的執行力，固然是一種必備的條件；而對於隨侍身側已二十餘年的和珅，乾隆帝愛之深，知之亦深。在皇位上待了超過一個甲子的太上皇帝，對和珅的一些小小把戲洞若觀火，提醒敲打，乃至嘲諷責斥，時或有之；更多的則是為他，還有福長安鋪墊長遠，欲使之成為嗣子皇帝的左膀右臂。

一、還是要用劉墉

朝廷的人事運作歷來是微妙的。太上皇帝很少發出敕旨，卻是樞閣乃至部院督撫人選的唯一決策者。嘉慶帝對劉墉的直接指斥，本是父皇評價的翻版，可一經嗣皇帝言出，上皇又覺不算什麼大事。模棱，不肯實心任事，也可以解釋為缺少野心、不爭權奪利。和珅由此察知

新帝對劉墉等人的不喜，警覺之心也大為減弱，無意多加狙擊；且劉墉如果再進一步，吏部尚書的位子必須讓出，於管理吏部的大學士和珅也有許多便利。

二年二月，入閣未久的董誥丁母憂回鄉，內閣中再次空出位置。三月二十三日，顒琰至先農壇行耕耤禮，「駕還圓明園，請太上皇帝安」。與這類請安相連的是請旨，許多重要政務要在此時一一稟報，請父皇示下。大約就是在兒子請安時，上皇告知應補選劉墉為大學士。子皇帝自是不折不扣地遵行，當日即發布諭旨：

> 大學士缺出已屆匝月，現在各尚書內劉墉資格較深，著補授大學士。但伊向來不肯實心任事，行走頗懶，茲以無人，擢升此任。朕既加恩，務當知過，倍加感激，勿自滿足，勉除積習，以副恩眷。㉕

補選內閣大員的諭旨，一般都要例行誇獎幾句，似這樣嚴加指責、列出一大堆不是者，應屬甚少。行走頗懶，指的是劉墉作為上書房總師傅，經常不見到場履職，曾因此被處罰，也無大的改變。整出這麼多缺點，仍能升任閣老，一則上皇深念乃父劉統勳之品性勞績，二則對劉墉也見其大節，三則朝中沒有看到更合適之人。值得注意的是，劉墉並未進入軍機處，也未宣布他管理哪個部，倒是他的吏部尚書，立馬就有人接替了。

與此同時，部院隨之做出調整：兵部尚書沈初調補吏部尚書，朱珪補授兵部尚書，廣東巡撫張誠基調補安徽巡撫。命朱珪等張誠基接任後，即行來京供職。諭旨中的話和一系列人事變動，應是上皇的意思。引人矚目的是朱珪，顒琰雖不會再提起，上皇與和珅卻不能不考慮。朱珪任兩廣總督時兼兵部尚書銜，此番補授兵部，也是一種雙重

25.《嘉慶道光兩朝上諭檔》二，嘉慶二年三月二十三日。

撫慰。

　　朱珪進京再次提上日程，又再次一天天拖下來：四月十七日，旨意下達，又有變化，張誠基不來安徽了，「調安徽巡撫張誠基為江西巡撫，以兵部尚書朱珪暫攝安徽巡撫」❷。此事雖見於《清仁宗實錄》，而子皇帝的起居注中並無記載，推想又是和珅奉上皇旨意，以軍機大臣字寄發出。

　　到了八月，朝廷對高層人事又作出重大調整：「調吏部尚書沈初為戶部尚書，兵部尚書朱珪為吏部尚書，仍暫署安徽巡撫。禮部尚書金士松為兵部尚書，轉都察院左都御史紀昀為禮部尚書，以吏部左侍郎胡高望為左都御史，調工部右侍郎吳省欽為吏部右侍郎……。」❷時顒琰正陪同老爹在熱河避暑，此事雖見於《嘉慶帝起居注》，操盤手仍是和珅。朱珪看似改任更為權要的吏部，可遲遲不許接任；而該部一直歸和珅管理，又將親信吳省欽轉任右侍郎，朱珪即便到任，也不會有大的作為。

二、又一個烏龍

　　太上皇帝一天天老了，幾位老臣雖不如其年長，似乎老得更快：阿桂兩耳重聽，常時會請假養息；王杰因足疾久未入值，懇辭軍機處及南書房、上書房等所管事務，御批給假；稍微年輕些的是董誥，可僅僅任職半年，即以丁母憂離去。真正得用的還是和珅，很快從喪子失弟的打擊中恢復（有些政治人物，總這般具有超強的自制力和抗擊打能力），上皇倚信日增，皇上處處給足面子，顯得要風得風，要雨得雨。

　　二年閏六月二十四日，內閣奉諭旨：

26.《清仁宗實錄》卷十六，嘉慶二年四月丁亥。

27.《清仁宗實錄》卷二一，嘉慶二年八月丙辰。

大學士王杰因腿疾不能入直，著不必在軍機處行走，即回京供職。
漢軍機大臣只有沈初一人，外廷漢大臣內年老者多，即有尚能辦事之
人，於機務究未諳悉。吳熊光、戴衢亨在軍機章京上行走有年，自為
熟習，念其職分較小，著加恩各賞三品卿銜，照松筠、臺布之例，隨
同軍機大臣學習行走。兵部右侍郎傅森亦著一體學習行走，庶可漸資
造就。㉘

很明顯，又是一份轉發的太上皇帝敕旨。所有軍機處的調整，只能是
由上皇決定，以及和珅的謀劃提議，子皇帝恪守父皇劃定的紅線，決
不主動參與意見。

此時正處於一年一度的木蘭秋獮，上皇和皇上都在熱河，王杰雖
有足疾，也堅持隨扈前來。免去王杰的軍機大臣，讓他即刻回京，出
自上皇旨意，而和珅的背後使壞也隱約可見。阿桂已有數年為病患折
磨，夏日多留守京師，和珅縱橫樞閣，敢與之公然抗衡的主要是王杰。
因上皇對王杰一直信任欣賞，想要趕走他很難，可和珅擅長於把握時
機，有這麼一個夜晚，機會來了——

這件事的起因，是太上皇帝夜半欲召見軍機大臣，可誰也找不著。
不知和珅怎麼說的，上皇將一腔怒氣灑在王杰身上，責令其退出軍機
處，即刻返回京師。當夜軍機大臣的缺值，也使上皇意外發現一個人
才，他就是軍機章京吳熊光。軍機大臣不在，只好叫來章京，恰好輪
值的吳熊光應對稱旨，顯得明練沉穩，上皇深為滿意，即命加以擢升。
《清史稿校註·吳熊光傳》：

嘉慶二年，高宗幸熱河，夜宣軍機大臣，未至，命召軍機章京，
熊光入對稱旨，欲擢任軍機大臣。和珅稱熊光官五品，不符體制，因

28.《清仁宗實錄》卷十九，嘉慶二年閏六月壬戌。

薦學士戴衢亨，官四品，在軍機久，用熊光不如用衢亨，詔同加三品卿銜入直。

終其一生，弘曆都堪稱愛惜人才，注意培育作養，隨時發現，大膽任用，此事亦見一斑。吳熊光素受阿桂賞識，剿匪、治河、讞獄皆命隨從。和珅早對他懷有嫌忌。因實在找不出吳熊光的劣跡，便提出其秩僅為五品，一下子超升數級，與體制不符，推薦另一位軍機章京戴衢亨。上皇想辦的事情，豈容別人多嘴？倒也給了和珅一些面子，令吳、戴二人同加三品卿銜，入參機務。

　　世上總有一些嫉賢妒能之輩，一旦占據高位，就想方設法狙擊和壓制人才。和珅機關算盡，逐出一個年邁多病的王杰，又上來一個年富力強的吳熊光，阻攔不住，只得再想辦法。畢竟吳熊光為首席軍機大臣所不喜，只待了半年，就被逐出樞垣，對品調任直隸布政使，也沒講是何原因。倒是和珅所薦的戴衢亨快速上升，先是內閣學士，然後禮部侍郎，接下來是吏部右侍郎。讓吳熊光離開，必也要上皇發話，和珅私下裡用了什麼招數，不得而知。

　　此事關係到軍機大員的任免，實屬「大事」。和珅上下其手，用盡心機，與上皇有不一致之處，也敢於和善於表達，最後則由太上皇帝拍板決斷，子皇帝似乎完全置身事外。其實對於王杰，顒琰有很深的敬重，對吳熊光、戴衢亨也頗多好感，卻也一律不加評述，謹遵父皇敕諭，即行發布了這次重大人事變動。

　　軍機處的大調整有些偶然，也不乏上皇的情緒化因素。一般說來，高層人事變化，上皇應不僅僅是告知子皇帝去發布諭旨，也會問詢他的意見；顒琰均是遵從跟從，但偶然也會順勢表達一點想法。八月二十三日，阿桂於京中病逝的急報遞到，上皇對內閣再作調整，子皇帝

遵行發布諭旨：

和珅著管理刑部事務，但伊現管吏、戶兩部，兼轄各處事務過繁，所有戶部事務不必兼理。現在刑部滿尚書乏員，蘇凌阿現署兩江總督，所有刑部尚書事務著舒常暫行兼署。㉙

刑部為三法司之首，操生殺大權，重臣犯案雖欽命王大臣主審，具體辦案主要還是靠刑部堂官和司員，是以職司峻密，多年來一直是首輔阿桂直接管理。現阿桂病亡，當年秋審臨近，迅速調整勢在必然。由和珅兼管，可以肯定出自上皇之旨，至於老和是否先期做了鋪墊，亦可推想。其時聖駕即將由熱河返京，這日一早，嗣皇帝照例陪侍父皇往永佑寺行禮，太上皇應是在此期間作出交代。推測顒琰委婉說起和珅兼管過多，上皇深以為然，以故命和珅不再管理戶部。

這個結果令和珅始料未及，力爭兼管刑部時，他並沒有想到會解除其對戶部的管理。比較起來，戶部的重要性遠在刑部之上，軍費和大工數額甚鉅，各省督撫和統兵將帥多竭力巴結，油水豐厚。和珅管理戶部二十餘年，已然當成自己的獨立王國，凡事一竿子插到底。且一旦不管戶部，所兼崇文門監督、戶部三庫也應連帶解任。為了一個刑部，丟卻這麼多肥缺，豈不大為吃虧！

弘曆素來一言九鼎，愈到晚年愈是如此。不知和珅怎樣做的工作，反正是說動了太上皇帝，第二天又有聖諭，專為糾正昨日之旨：

和珅在戶部二十餘年，辦理一切俱為熟諳。現在各省軍需報銷款項以及題奏緊要各件繁多，仍著和珅兼理。㉚

29.《嘉慶道光兩朝上諭檔》二，嘉慶二年八月二十三日。

30.《嘉慶帝起居注》二，嘉慶二年八月二十四日。

諭旨由子皇帝再作發布，自也是轉述上皇敕諭，和大人刑部照管，戶部仍兼，當今天子又吃了一記大烏龍（第一記烏龍，為上年的朱珪入閣之事）。對皇帝而言，此類事體當然極沒面子；而作為嗣子皇帝，顒琰唯有平靜接受，遵敕照辦，一句話也不多說。

三、阿桂辭世

　　與弘曆發現及快速擢升和珅約略同時，《紅樓夢》抄本風行京師，至乾隆末，該書刻本即程甲本印行。君臣二人也都算是讀書人，據說曾在一起探討過書中主旨，似乎沒能悟透讀懂：十全老人弘曆沒讀懂〈好了歌〉，總想著永遠的烈火烹油，鮮花著錦；聰明一世的和大人也沒讀懂〈紅樓夢十二曲〉，「機關算盡太聰明，反誤了卿卿性命」。該曲當然不是曹雪芹專為和珅寫的，對於他卻顯得分外貼切。

　　和珅是乾隆皇帝一手提拔、逾格任用的重臣，但若說深受倚信的只有其一人，那可就大錯特錯。舉朝望去，哪一個重臣未得到聖上愛寵和倚信呢？官員的快速提升、越次使用是乾隆朝的用人特色，只要有才幹、能辦事和能成事，就會有上升的空間。乾隆帝愛才惜才、不拘一格的用人機制，成為國家鼎盛和開邊拓土的強大推動力。福康安就是一個被迅速擢升的青年才俊，成為國家棟梁，未想到折在苗疆。二年夏月，朝廷的憂患在於鄂川教變，雖調集大軍征剿，白蓮教的勢頭仍有增無減，諭旨曰：

> 剿捕教匪事宜，本應有大員總統。但大臣中，福康安尚習軍旅，威望素著，業經病逝，而阿桂又已年老，任使實無其人。是以上年因永保辦理不善，特命惠齡總統軍務，未嘗不予以事權，乃惠齡任事以來，竟無運籌制勝之處。今經御史陳奏，伊等寧不自知愧勵？❸❶

此旨也是轉述上皇敕諭，譴責將帥無能，感嘆任使無人，無奈之情多於峻急。能克敵制勝的統軍大員，在上皇看來，正當盛年的要推福康安，卻被瘴癘奪去性命；還有一個資深大帥阿桂，現已衰邁不堪，就連秋獮木蘭都難以扈從。

　　阿桂的仕宦生涯幾乎與乾隆皇帝相始終，六十年間君臣相知，聖上愛重不移，臣下忠貞未減，誠為一段佳話。至嘉慶二年，太上皇帝對人生仍有著許多憧憬，已開始預備自己的九十大慶，預期著六世同堂，比他小六歲的首輔兼首樞阿桂，卻已病入膏肓。洪亮吉〈書文成阿桂公遺事〉，記錄了阿桂的一段心聲：

> 我年八十，可死；位將相，恩遇無比，可死；子若孫皆以佐部務，無所不足，可死；忍死以待者，實欲皇上親政。❸❷

阿桂長期任上書房總師傅，與顒琰也有師生之誼，語中內涵又遠非泛泛的師生情可比。其間有對國家前途命運的憂慮，有對上皇老邁、和珅恃寵弄權無奈，也有對子皇帝能否順利完成權力交接的擔憂。惟這番話出自洪亮吉筆下，真實性頗有些可疑：老洪真性情，做事和寫作均敢於率意而為，此話不知如何傳來，加料渲染，也有可能。

　　然這段話，準確傳達出朝中很多正直之士的心聲。文人之詞，何必盡實，何謂非真？

　　嘉慶二年八月二十一日，阿桂終於離開人世。其實阿桂在最後幾年已是兩耳重聽，時常臥病告假，但弘曆念舊，不允其致仕。當這位勛舊老臣病危的急奏遞到，上皇正要從避暑山莊回鑾，即派貝勒綿億、御前侍衛豐紳濟倫「馳往看視」，緊接著噩耗傳來，老臣已逝。太上皇

31.《清仁宗實錄》卷十六，嘉慶二年四月甲午。

32.洪亮吉，《更生齋》甲集卷四。

帝聞聽很悲痛，當即頒發敕諭，回顧阿桂從征西陲、經理新疆、剿辦兩金川、平定撒拉爾及石峰堡的功績，「加恩晉贈太保，入祀賢良祠」❸，令其長孫那彥成承襲輕車都尉。太上皇帝對其早有留心，又發現了一位滿洲傑出青年，那彥成精明果決，勇於任事，成為嘉道間的重臣。

總體論列，乾隆朝是一個英雄輩出的時代。阿桂是這個時代的國家棟梁，是一代名將，一世名臣。「開誠布公，謀定而後動，負士民司命之重，固無如阿桂者；還領樞密，決疑定計，瞻言百里，非同時諸大臣所能及」❹。四天後，上皇在兩間房行宮再發敕旨，述說對阿桂之死縈繞難去的悼思：

> 今思阿桂宣力年久，前次平定金川勳績茂著，朕本欲於回鑾後親行賜奠，但計算日期，彼時久已出殯，其塋地距城較遠，難以親臨。若於到園後特行進城，大臣等均以朕年已望九，恐致過勞，再四奏懇，不得不俯從所請。因思皇帝在青宮時，阿桂即充總師傅諳達，皇帝可於九月十一日親往賜奠，以示優禮勳耆、有加無已之意。❺

回京之後，顒琰專門由圓明園進城，前往阿桂宅第祭奠。後來承襲禮親王的昭槤曾往弔唁，「見其廳第湫隘，居然儒素，較之當時權貴廣廈巍然者，薰蕕自別」❻。誰都知道昭槤所說「廣廈巍然者」為誰，子皇帝自也心中明白，卻沒有多說，只是寫了一首祭悼的詩：

> 帝念功勳舊，朝廷重上公。將星落霞表，箕尾見雲中。

33.《嘉慶道光兩朝上諭檔》二，243 頁，嘉慶二年八月二十三日。

34.《清史稿校註》卷三二五，〈阿桂傳〉。

35.《乾隆帝起居注》四二，乾隆六十二年八月二十七日。

36.《嘯亭雜錄》卷二，〈阿文成公用人〉。

函丈儀曾侍，綸扉望最隆。路人知感泣，不愧世家風。㊲

函丈，講學的講席，亦是對老師的敬稱。顒琰以此表達作為學生的懷念，對阿桂的一生勳業和清正家風，倍加稱揚。全詩開首的「帝」字，指的當然是皇父太上皇帝。

　　對於阿桂的死，和珅表面上也是沉痛不已，但無疑私下欣喜。內閣出現的空缺，他推薦弟弟和琳的姻親蘇凌阿頂替，過了不長時間，又讓其暫兼刑部尚書。上皇衰老更甚，對和珅的依賴也更為嚴重，而和珅借勢為未來布局，一切都顯得得心應手。子皇帝對和珅非常親切，處處推尊倚重，對朝中重大人事不再提出意見，一經上皇敕諭，即頒旨遵行，無絲毫耽誤。

37.《阿文成公年譜》卷三十四，丁巳八十一歲條。

第五章

失寧的山河

舉行內禪，訓政嗣子皇帝，在弘曆以為開創千古未有之先例，未想到天公不作美，數年間亂象叢起，家國失寧，面臨著前所未有之快速蛻變。

先是苗民起事，尚未平復，白蓮教又起，數省膏腴之地淪為戰場，黎民百姓演為寇仇，或為攻城略地之教軍，或為幫助官府之鄉勇，骨肉相殘，愈演愈烈。進入嘉慶二年，苗疆平而復亂，教軍挫而再振，更兼外有洋盜流劫於海上，內有洪水橫肆流淌……。最為可怕的，是無處不在的官場貪腐，社會整體的道德下滑，士習與民風的頹敗。上皇憂心國事，宴樂的興致大受影響。子皇帝在平靜外表下，更是憂心如焚，可既不能擅自主張，又不願對父皇有絲毫違拗。

第一節　京城的水與火

嘉慶二年五月末，太上皇帝照常啟鑾往熱河，嘉慶帝照常披輦侍側，而留守京城的照常是「怡親王永琅、成親王永瑆、大學士公阿桂、尚書慶桂」。皇帝出巡時留守京師，必須是重臣和深受信任的能臣，但又不是最受倚重和最能辦事之臣，大家都心知肚明。幾年來，阿桂始終是留守，和珅始終是侍從，在禪讓間幾乎成為一個固定模式。阿桂去世後，留京大學士換成了蘇凌阿。

留京辦事責任甚重，故以雙親王領銜（或一親王一郡王，皆與皇帝嫡親），加上資深大學士和尚書，組成一個留守班子，處置各種突發事件。其時帝國的權力中心已移至熱河，各地大員的奏摺徑直飛遞避暑山莊，通常的召見引見也改在夏宮，留守班子的重要職責，就是穩定京師和及時向熱河通報情況。這年七月，便因未能詳悉奏報永定河決口，受到上皇嚴旨責斥。

一、永定河潰決

　　身在避暑山莊的清帝，從來都不是單純的畋獵宴飲，整套國家機器隨之遷徙，索倫、內外蒙古各部趕來覲見，所有大政軍務皆在此辦理。他們會時時牽繫著京師，留京辦事的王大臣也是信使往返，不斷線地奏報請旨。

　　當年夏，熱河多雨，進入七月更甚，「自上月二十九日即有陣雨，至初一初二勢更滂沛，直至初三日午刻方止」。冀北京畿地區也是大雨連綿，上皇和皇上轉喜為憂，京師傳來的消息卻是平安無事。留京王大臣奏稱：七月初一日濃雲密布，自辰刻下了一點小雨，時斷時續，初二日辰刻停止，午後又有密雨一陣，旋即晴朗。順天府尹及總管內務府大臣也都有奏報，內容基本相同。弘曆父子以為京師雨勢小於熱河，略覺踏實。豈知接直督梁肯堂七月初四日急奏，報告永定河出現重大險情：

　　　　永定河入秋後水勢時漲時消，閏六月二十九日亥時起大雨如注，七月初一日至初二日雨勢更急，平地水深二尺，盧溝橋底水深至一丈五尺二寸，南北兩岸在在出險。初三日子時，又復風狂浪湧，水高堤頂二尺餘寸，風浪愈急，人力莫敵，致北岸二工共塌去堤身二百六十餘丈，北三工又塌去堤身五十丈，南岸頭工塌去堤身一百五十餘丈，將金門閘龍骨沖去二十餘丈，全河大溜悉由漫口下注。❶

永定河，原名無定河，係桑乾河下游，「匯邊外諸水，挾泥沙建瓴而下……至京西四十里石景山而南，徑盧溝橋，地勢陡而土性疏，縱橫蕩漾，遷徙弗常，為害頗巨」❷。該河切近京師，自康熙朝始，為治

1.《續行水金鑑》卷一四二，〈永定河〉。

理此河花費很大氣力，不斷興工修築堤埝，專設永定河道衙門，駐紮固安，而仍是幾乎每年都出狀況。梁肯堂自請處分，並說初四日雨停天晴，水勢漸平，正調集夫役趕緊堵築。

梁肯堂舉人出身，四十歲始入仕，在知縣任上蹉跎甚久，終以做事認真、官聲清佳被發現，踏上快車道，七十四歲升任直隸總督。太上皇帝對梁肯堂比較信任，告以「不復另派大員前往幫辦」，要他率員「上緊堵築，迅速合龍」，將功補過。同時發出嚴諭，譴責留京辦事大臣未能及時奏報：

> 永定河頭二工段，即在盧溝橋附近，距京不過二三十里，斷無與京城雨勢大小如此懸殊之理。況本報屢次為泥水耽阻，即詢之齎送果報及由京前來熱河之人，皆云是日京城之雨甚大，平地水深二三尺不等，何以留京王大臣摺內尚稱斷續相間、初二日旋即開霽？即或因此時莊稼俱已長成，高阜之處晴霽後水勢全消，尚無妨礙，其低窪地方被淹甚少，不致成災，亦應將此種情形詳晰奏聞，何得意存粉飾？

水患和暴雨已使直隸數縣受災，京師被大水漫灌，平地水深二三尺。為何奏報時輕描淡寫？諭旨在連續追問之後，也自行作出判斷。正是這一段記載，可證這番話，且請細讀：

> 在伊等之意，以朕現在盼望捷音，經理軍報，早夜焦勞，不復以此再煩朕念耳。不知望捷、理軍務，乃朕分內之事，而朕塵念雨暘民瘼，更重於此也。留京王大臣等俱係朝廷大臣，寧尚不能仰體朕意乎！若似此互相隱飾，則封疆大吏從而效尤，民隱無由上達。是伊等欲慰朕懷，其事小；而諱災捏飾之漸，更重朕過，所關甚巨，不可不示以

2.《清史稿校註》卷一三五，〈河渠三・永定河〉。

懲創。❸

　　所論甚是，對留京王大臣隱瞞水災的心理分析亦稱精到。他們覺得上皇年歲太高，又牽掛著南方軍情，既不願增添煩惱，也期望幾日後天晴水消，便有所隱瞞。上皇明察秋毫，即加處分：所有奏報不實之留京王大臣、順天府尹、總管內務府大臣皆被交部議處；在京科道有稽察之責，並無一字奏聞，也被通諭申飭。顒琰遵父皇之命發出這份諭旨，其中自也有他的意思。

　　梁肯堂辦事認真，在永定河漫溢決堤後迅速部署，札調方受疇等能員，徵集充足物料，趁著雨停抓緊補修東西兩壩，並將工程方案「繪圖貼說」，飛報避暑山莊。豈知人算不如天算，「本月十五日大雨竟夜，水勢頓長，東壩臨水埽工塌去二十餘丈」。合龍之期未免又要推遲，上皇也沒有過分責備，叮囑「惟有加倍慎重，趕緊鑲做，不可再有草率」❹。大雨過後，梁肯堂再次抓緊興工，挑挖引河，分段趕辦，口門縮小至三丈，並於八月初六日一舉合龍。聖心嘉悅，命發去大藏香二十枝，祭祀永定河河神。

　　永定河的決口堵住了，香煙繚繞，敬祀河神的儀式隆重舉行，然隱患並未袪除。嘉慶三年春，梁肯堂改調刑部尚書，直隸總督換了胡季堂，查勘永定河堤工後，認為殘缺甚多，應行補築，並擬出分別緩急的治理方案。諭旨肯定了他的思路，同時也指出：「近日河員往往擬將河堤增高，以御汛漲。殊不知河底淤墊，不思設法疏浚，徒將堤頂日益加高，則河底豈不益高，於事仍屬無濟。」❺這番話極有見地，

3.《嘉慶道光兩朝上諭檔》二，嘉慶二年七月初八日。

4.《清仁宗實錄》卷二○，嘉慶二年七月乙酉。

5.《續行水金鑑》卷一四二，〈永定河〉，嘉慶三年三月十二日。

直指當時河工之弊，應也是出自上皇，只有他才能對治河如此了解。至於子皇帝，則遵父皇之命傳諭胡季堂：「只須將應修應築事宜分別酌辦，不可輒事增高，以致徒費無益。」胡季堂亦屬幹員，奉旨後自有大量舉措，而永定河的問題並未解決，終於在幾年後來了一次大發作，那可真是水淹金鑾殿了。

二、火起乾清宮

這年十月二十一日，剛入夜，大內的乾清宮突然起火，火勢甚為猛烈，乾清宮、交泰殿很快被烈焰吞沒，濃煙熏蒸，坤寧宮前檐也被引燃。所幸刮起一陣西北風，火焰隨之轉向，加上內務府大臣統率官兵太監等竭力撲救，總算保住了坤寧宮，可乾清宮已被整個燒塌了架，後面的交泰殿、左右兩側的昭仁殿和弘德殿皆被引燃。交泰殿存貯有二十五枚經乾隆皇帝親自選定的御寶，最是國家重器，幸得幾個太監拼死搶出；而乾清宮中大量文獻和珍寶，昭仁殿所藏「天祿琳琅」善本書籍等，大多化為灰燼。

這時剛剛度過顒琰的萬壽節，上皇和子皇帝皆在宮中。就在前一天的早上，子皇帝御乾清門聽政，各衙門官員面奏事件，然後大學士和珅、王杰、劉墉及內閣學士將近期摺本請旨，敲定吏部提出的一些任免事宜。事件不多，又多為詹事府、光祿寺之類冷衙的中層員缺，毋須請示上皇，顒琰對此已得心應手，咨詢裁決，很快處理妥當。此時已屆秋審的勾決環節，人命關天，子皇帝要親自率同大學士、刑部堂官及內閣學士，集中一段時間，將各省招冊逐一「詳勘審定」。二十一日一大早，子皇帝素服出御懋勤殿，捧本內閣學士將各犯罪過一一唱報，所報為山東、山西情實罪犯一百五十二名，皇上揀情節稍輕者停勾幾名，餘皆准勾。秋審勾決程序嚴謹，持續時間也長，而顒琰還

要批閱一些章奏，並引見了好幾撥新選任的官員。沒成想到了夜間，距懋勤殿甚近的乾清宮突然起火燃燒，火光沖天。

從明朝到清朝，北京紫禁城都是一個火災頻發的地方，乾清宮尤甚，起火原因複雜，而多數出於管理者的不慎，這次大火亦然。此時涼意漸濃，地暖雖未燃火，乾清宮大殿中已放置了大銅炭盆。宮規對火情防範甚嚴，要求值班太監在晚間必須將未燒盡的炭存放罈中，移貯炕洞內，可管理炭火的太監郝士通偷懶，以為炭火已被悶滅，便將罈子放在東暖閣楠木隔扇近旁，遂鑄成大禍。待發現木炭引燃隔扇，殿內已是火焰熊熊，難以撲救。

太上皇帝住在養心殿，距乾清宮僅隔一條窄巷，火起後應即移駕躲避；嘉慶帝居住的毓慶宮在東側稍遠，當會在第一時間趕至父皇身邊。因未見詳細記載，不能清晰了解上皇和皇上當時情形，推想必也倉皇狼狽、心情鬱悶。次日晨，太上皇帝照常早起，先閱讀前朝實錄，然後頒布長篇敕諭：

> 茲於本月二十一日乾清宮、交泰殿災，朕心悚惕，寢食靡寧。恭讀《聖祖仁皇帝實錄》，內載康熙十八年十二月初三日太和殿災，聖祖諭曰：「殿廷告災，所關止屬臨御之所。但得海宇清晏，置斯民於衽席之上，則今所居較諸前代茅茨土階，尚或過矣。」大哉訓言，垂教至為深切！

閱讀前朝實錄為清帝的晨課，而讀哪一卷，似乎又有一定針對性。這次弘曆所讀當為《清聖祖實錄》卷八七，傳本僅記「甲子，太和殿災」，不知後來為何省記。而上皇所引錄的康熙帝諭旨，則是真切感人，展示了一個傑出君王在災難面前的鎮定與反省意識。

對於乾清宮災，上皇也有深刻反省，認為乃上天示警，並主動承

擔責任：

　　今上天於默佑之中，示以儆戒，正是天心仁愛，啟迪朕躬及皇帝。我父子祗懼之餘，尤深欽感。且朕仍居養心殿，皇帝則居毓慶宮，而乾清宮係接見臣工聽政之所，相距俱遠。只因承值太監等不戒於火，致有此事。現在朕雖已傳位，為太上皇帝，而一切政務仍親理訓示。政事有缺，皆朕之過，非皇帝之過。即太監人等不能加意小心，大臣等將伊等按例治罪，朕引為己過，尚從寬典。❻

到了這種時候，上皇的慈父情懷彰顯無遺。他虔告上天：自己雖已傳位，卻仍然親理朝政，仍住在養心殿，故一切政務之失均由自身承擔，非子皇帝之過。上皇命對救火出力之官員、步軍及太監人等，均分別表彰賞賜；慶幸大風轉向，「大臣等統率官員兵役竭力汲水救護」，保住了坤寧宮；也未忘自譽兩句：「朕不肯諉過於下，深自刻責於衷之

乾清宮

6.《乾隆帝起居注》四二，乾隆六十二年十月二十二日。

意，或此一念修省，冀蒙上蒼默鑑。」

至於顒琰，當夜至父皇前問安後，即指揮和調度全力撲救，內大臣和護軍官兵、太監雜役拼命向前，從交泰殿搶出御寶等，所幸老天刮起西北風，總算保住了近在咫尺的坤寧宮。讀了父皇的「罪己詔」，子皇帝內心不安，題詩殷殷自責：

> 德薄而位尊，盈滿斯招損。內省積罪多，天災降宮壼。
> 戰驚少主持，呼吁抒誠懇。神殿幸保全，泥首謝恩憫。
> 皇父益慎修，下詔過自引。臣心愈難安，子職愧未盡。
> 從茲勉去怨，戒警百事准。紀實時凜看，咎殃庶可泯。❼

全詩四節十六句，全是自責自警，全是惶恐愧疚，寫自己未能盡子皇帝之職，竟至於讓父皇發詔罪己，內心難安。顒琰在詩中還有長注：「十月二十一日酉刻，乾清宮失火，延及交泰殿。上天示警，祗懼弗遑，以坤寧宮為祀神之所，地勢相連，竭誠叩天佑護，幸獲保全。火亦隨熄，感悚倍深。」記錄了當時的真實感受。

乾清宮平日管理甚嚴，有七品首領太監一人、八品副首領太監一人、太監二十五人，「專司供奉列祖實錄、聖訓、江山社稷殿香燭收貯、賞用器物，本處陳設灑掃及御前坐更等事」❽。太上皇帝既將失火視為上天示警，自引錯失，便要求不必過分懲治肇事太監。然則出了這麼大的事，豈可素放輕饒，內務府迅速將責任查清，提出分別治罪的方案。子皇帝次日早聆聽父皇訓示後，專發諭旨：

> 宮禁重地，該太監等不能小心看守，以致失火延燒，獲罪甚重。

7.《清仁宗御製詩初集》卷十五，十月二十一日夜紀事。

8. 章乃煒，《清宮述聞》五，乾清門迄順貞門。

本應照擬嚴辦……朕仰體上天好生之德，量予從寬：所有原擬絞決之太監郝士通，著改為應絞監候秋後處決；原擬絞候之首領太監張士太、劉順、王進祿，著免死，發往黑龍江給索倫達呼爾為奴；原擬發遣之散眾太監二十二名，均著免其發遣……至專管之總管太監顧進朝，著革去總管，仍回瀛臺，在太監上當差，並罰錢糧六年；總管太監蕭得祿、張進喜、劉芳、佟安、佟玉明，雖均係總管，究非專司，俱免其革去頂帶，仍各罰錢糧四年，以示薄懲。❾

這樣的處分，可謂輕之又輕，皆在上皇一念之慈。不久後，他又命和珅傳諭刑部，將郝士通免去死罪，發往黑龍江打牲烏拉為奴。

年節漸近，乾清宮為舉行大典之處，上皇在被稱為「罪己詔」的敕諭中，以冬月施工不易，命明春再進行恢復重建，並對有關典禮作出安排：

目下已將屆仲冬，天氣沍寒，庀材鳩工不易，明年元旦朕仍御太和殿，受皇帝率領王公大小臣工慶賀，於重華宮前殿受皇子皇孫等慶賀，後殿受妃嬪公主福晉等慶賀，與往歲舉行無異，亦足以備典禮而迓春祺。自是之後，朕益勵懋修戒滿之念，勉思補救，庶幾消弭災眚，敬迓祥和，以期上答天恩，欽承祖訓。此尤朕所朝夕乾惕，不敢稍自暇逸者。❿

此一敕諭，既表達了弘曆在大事之前的擔當，又從容務實，可稱心誠意篤。這時的太上皇帝，頭腦還有著一份特別的清醒，心底也有著一份特別的柔情，要維護國家和朝廷的穩定，更要保護親自選定的嗣子皇帝。

9.《嘉慶道光兩朝上諭檔》二，嘉慶二年十月二十二日。
10.《乾隆朝起居注》四二，乾隆六十二年十月二十二日。

三、翰詹大考

　　轉眼到了禪讓的第三年，二月二十七日，圓明園春寒料峭，數年一度的「大考翰詹」在正大光明殿舉行。所謂大考翰詹，應是清廷想出來的一個治懶治庸的主意，針對的是翰林院和詹事府中下級官員。此一院一府，職責主要在於文學侍從，為皇帝之近臣。歷代清帝都很重視翰詹，注意從這裡選拔人才，又深知文人集中的地方容易詩酒流連、議論遄飛，是以過幾年就會有一次考試。翰詹大考有詩有論，策論題目多與時政緊密相關。

　　朝廷對翰詹大考監管甚嚴。在數日之前，先開載上三屆大考題目，由皇帝親自參酌命題。為防止大臣通關節，試卷要密封，六名閱卷大臣皆於當日早晨欽定。考試按成績列為四等：一等極少，通常會越級升用；二等的前幾名，可升職或獎勵；三等者就很麻煩，多數會被罰俸或降職；至於四等以及徹底搞砸的不入等者，大多被撤職，至少會被趕出翰林清貴之地。於是，大考被戲稱為「翰林出痘」，即一道鬼門關也。

　　翰詹大考的試題，例為一賦一詩一論。這次的論題「征邪教疏」，立意明顯，是要提出應對教變之策。以敢言著稱的洪亮吉，早就有滿腹的話要說，遂將所見所思認真撰寫。亮吉洞察積弊，尖銳指出，「教眾起事，一因邪教蠱惑，一因官府壓迫」，並開列出解決問題的建議。

　　一曰貸脅從，對被裹挾的教眾開通招撫之路。「邪教滋擾數省，首尾三年，無身家衣食者多所附麗，此非真賊也。倘能予以寬貸，則既開愚民之自新，又離邪教之黨羽。黨羽一散，真賊乃出，從此官兵刀箭所傷乃真賊也。」

　　二曰肅吏治，重點在於整治那些貪酷的州縣之官。「今日州縣之

惡，百倍於十年、二十年以前，上敢褻天子之法，下敢竭百姓之資。以臣所聞，其罪有三：凡朝廷捐賑撫恤之項，中飽於有司，皆聲言填補虧空，是上恩不下逮，一也；無事則蝕糧冒餉，有事則避罪就功，州縣以蒙其道府，道府以蒙其督撫，甚至督撫即以蒙皇上，是使下情不上達，二也；有功則長隨幕友皆得冒之，失事則掩取遷流顛踣於道之良民以塞責，然此實不止於州縣，封疆之大吏、統率之將弁皆公然行之，安怪州縣之效尤乎？三也。」

三曰專責成，分清責任，賞罰嚴明，尤其是及時作出懲罰。「楚撫守楚，豫府守豫，戰雖不足，守必有餘。軍行數年，花翎之賜至千百，而賊勢愈熾，蹂躪之地方愈多，蓋因責成未專，賞罰未明。朝廷果能賞必當、罰必行，親民之吏則各矢天良，封疆之臣則各守地界，削上下欺蒙之弊，除彼此推諉之情，如是而邪教不平，臣不信也。」❶

洪亮吉的〈征邪教疏〉精警犀利，能言他人所不敢言，述說生民之艱，分析其從教之無奈，提出解決教變的思路，頗多可取。更為可貴的，是其藉論兵事痛斥時政，鋒芒所向，直指封疆大吏、統兵將帥乃至當朝大佬，指向和珅。

洪亮吉的文人氣質還是太濃了，不知他的策論很難到達御案，而即使皇上看了也不一定就會欣賞（不久後即有慘痛教訓）。大考揭曉，亮吉名列三等，殊覺憤憤。此時的內閣和軍機處，都是和珅一人說了算。大考的閱卷人雖由子皇帝圈定，大名單則是和珅提供，所定六人中戴衢亨、吳省蘭都與和珅關係密切。沒將洪亮吉的試卷打入四等，沒有把他趕出翰林院，已然是有人惜才，或有力爭，和大人也給面子了。列於三等的試卷，當然不會呈送上皇和皇上御覽。洪亮吉對判卷

11.洪亮吉，《卷施閣集》甲集卷一〇，作者於題下自注：「戊午二月二十七大考題」。《清代詩文集彙編》第四一三冊，478～480 頁。

結果很不服氣，將這份答卷公諸友人，都中一時爭相傳誦。

三月初四日，和珅等奏報考試人員清單並擬呈處理意見：共有七十四人參加考試，考在第一等為陳琪和潘世恩；二等前列的有曹振鏞、英和等。除陳琪因病卒於學政職位上，潘、曹皆做到內閣首輔和首席軍機大臣，英和也曾為軍機大臣。嘉慶帝發布諭旨，對兩位滿族翰林和考列四等最後一名的萬承風略加寬容。洪亮吉剛由貴州學政任滿回京，以詩文稱譽京師，為上書房師傅，考列三等第二名，諭旨特特在他之後予以降調，也值得玩味。儘管如此，亮吉已知勢頭不對，藉口弟弟之喪，很快就請假歸鄉。

第二節　從粵洋到浙洋

十八世紀末的歐洲，由於近海遠洋爭戰不息，軍艦的製造和火器裝備競相改進，排水量可至千噸，安設炮位多達百餘門。蒸汽機在航海上的應用，亦在積極研製和實驗中。而大清水師，仍是以瀕海岸防為主，所屬鎮協船小炮少，訓練不夠，不要說與英法等國海軍作戰，就連往日見了就逃的海盜，漸漸也鎮不住了。從乾隆末年始，一直貫穿禪讓的三年，東南沿海乃至外洋的盜匪，由劫掠商船到襲殺班兵，攻擊營汛，截斷臺廈航道，成為朝廷的心腹大患。弘曆極為重視，直接降敕，或命子皇帝下達諭旨，嚴令各督撫迅速緝拿，以靖海洋。

出沒於閩浙與兩廣洋面上的海盜，又稱洋盜，其間有重合，也有區別：沿海或內地人民出海為搶劫，稱為海盜、海匪；外來武裝集團到中國海上劫掠殺戮，稱為洋盜、洋匪。實際上劃分原也很難，海盜團伙中不乏外籍之人，洋盜中華人的比例也不小，蔡牽、朱濆所部後來也被稱為洋盜，其目標先是劫取錢財，漸而至在臺灣強攻府城，所

謀已大。

一、海盜襲殺班兵

嘉慶元年七月二十九日，臺灣提督哈當阿的奏摺緩慢送達京師，稱接據水師參將何定江報告，搭載赴大陸辦事官兵及換回班兵的商船，四月初十日在臺廈航線接近廈門外洋猝遇海盜，死難將弁達四十七名之多，奏曰：

> 臺灣鎮標右營守備林國升、南路營把總羅于紅帶同兵丁鍾正魁、巫紹其齎文赴口外買馬，又督標左營外委邱振聲帶回班兵林明龍等四十四名，同配吳長春商船，於四月初十日駛至將近廈門清水墘外洋，陡遇匪船十一隻圍劫。守備林國升督率弁兵放槍打死賊匪多名，及至天明，藥鉛放盡，守備林國升被賊炮打斃，賊匪乘勢登舟，語言俱系粵省口音，所穿衣服亦有外夷式樣。賊匪忿官兵傷其伙黨，聲言俱要殺害，把總羅于紅，外委邱振聲，兵丁鍾正魁、巫紹其及換回督標班兵林明龍等四十二名俱被戕害，共斃官兵四十七員名。⑫

真是一場血腥殺戮！報告事件經過和屠殺情形的兩名士兵，由於跳海才得幸免；而那些被集體處死的官兵，顯然是在海盜登船後未加抵抗。如果說早期海盜只是劫掠商船，躲避水師艦船，此際已擁有槍炮，主動攻擊官兵，手段極其殘忍。清水墘離廈門不遠，海上持續交火一夜有餘，始終不見福建水師前來救援，所謂海上巡防形同虛設。

如此重大案情，哈當阿竟以三百里驛遞，加以臺廈海路郵傳時被阻隔，是以五月十九日拜發，兩個多月後才得到京。實則五月二十九日朝廷就得知此事，魁倫奏報洋盜巨魁瀨窟舵（即張表）投首的大好

12.《清仁宗實錄》卷七，嘉慶元年七月壬申。

消息，在附片中說到此事，輕描淡寫，並指明是粵省匪艇所為。因敘寫不細，上皇沒太注意，責備了兩廣總督朱珪幾句，要他「務須嚴飭粵省鎮將督率兵丁，在洋會合閩省，實力四面兜擒」⓭。這次接哈當阿詳奏，上皇始知事態之嚴重，首先斥責哈當阿奏報太遲緩：「此等外洋盜匪戕害官兵多名重案，自應由六百里馳奏，乃哈當阿僅用三百里奏報，殊屬遲緩！」接下來將矛頭指向報喜不報憂、推責諉過的魁倫。這之前已有長蘆鹽政方維甸奏稱：四十多隻臺灣商船運送官穀往福建，在廈門洋面被大批海盜船圍攻，所幸驟起大風，一部分糧船乘風突出，駛至天津。上皇對曾經誇獎過的魁倫產生了懷疑，責令他據實復奏，接哈當阿此奏，更為不滿：

> 魁倫自應將此案盜犯速行擒獲，何以洋盜如此肆劫，戕害官兵至四十七員名之多？迄今尚未據該督將如何督率搜捕、曾否就獲之處具奏。魁倫前在署總督任內於緝捕盜匪尚屬認真，是以實授總督，乃近日所拿洋盜不如從前之多，且皆係並無緊要之犯，以致盜匪肆無忌憚，將官兵殺害多名，甚至臺廈兩口海道不通，臺灣帶送官穀商船遇盜駛至天津多船。是該處洋面盜風不但並未斂戢，更覺較多於前。看來魁倫自實授總督後竟志得意滿，心存懈玩，不能承受朕恩。

海盜頻頻攻擊帶有官府性質的商船，與官軍槍炮相對，悍然屠殺被俘官兵，干擾甚至截斷臺灣與福建的聯繫，身為閩浙總督的魁倫視若無睹，隱瞞不報，或大事化小，殊為失職。由是可知一肚皮陰損的人，歷來當不得大事，難負委任。

對於哈當阿所提到的廣東口音和外夷服色，諭旨也予以批評，指出其轉嫁責任的意圖，詰責「豈以外夷盜匪，即任其在洋圍劫」，諭令

13.《嘉慶道光兩朝上諭檔》一，嘉慶元年五月二十九日。

迅速督率兜捕。但他的這一說法顯然為上皇相信，諭旨結尾處，話頭又扯到朱珪的書生氣和不稱職上：

> 朱珪近日所拿洋盜尚不如魁倫之多，即間有拿獲，亦非緊要重犯，以致粵省洋盜乘風駛入閩洋，肆行劫掠。看來朱珪本系書生，於緝拿盜匪竟不能認真督緝，粵東水師營伍亟須大加整頓，方足以靖海疆。❶❹

此諭旨以軍機處字寄發出，六百里急遞，簽發者為和珅。這一時期的字寄皆和珅單銜發遞，當是阿桂因病休養，難以入軍機處理事。

　　哈當阿原奏附有一片，說「廈門一帶四月內復有艇匪肆劫，因此臺廈兩口均無船隻來往，又查嘉義、彰化二縣據報俱有盜船在洋行劫」；奏稱五月初三日有四艘匪船進入八里坌港口，被守軍用炮打跑；並說正會同臺灣道督率員弁，分為南北兩路，嚴加堵截緝捕。海盜對官軍似乎毫無懼怕，就在這次大搜剿行動中，官軍雇用十三隻商船出洋巡哨，在淡水外洋發現四艘盜船，向前追趕，護理游擊曾攀鶴竟然船毀人亡。

　　此事發生在當月二十一日，哈當阿奏稱：

> 五月二十一日午刻，在淡水所轄石門打鞭洋面瞭見盜船四隻在洋游奕，曾護游擊即率領各兵船向前追捕，正在開炮打仗之際，忽轉西北暴風，勢甚猛烈，又加驟雨，兵船賊船同時遭風吹散，兵船陸續回港。隨後有外委陳邦桂兵船收口，回稱在洋遭風，自睹曾游擊所坐金源發商船被風拔起大桅，船身壓側，不能行動，伊將兵船竭力駛攏救護，當有兵丁蔡正升……等八名先行過船，曾游擊赴艙取印，伊船即被風浪沖開。

14.以上兩則皆出自《嘉慶道光兩朝上諭檔》一，嘉慶元年七月二十九日。

同時十餘兵船出洋巡哨，一遇風浪，即放棄敵船，管自逃回港口，官兵的軍紀士氣於此可見。比較起來，這位外委就算好的了，救起幾人，見風浪險惡，即命屬下駕船歸港。於是，追緝海盜的兵船反為所制，一艘盜船駛近——

　　曾游擊因船身倒歪，不能打仗，隨將炮位藥鉛軍械等項拋丟入海，賊匪上船，曾游擊力難抵敵，恐被賊辱，攜帶印信，同兵丁舵水等跳海……。**⓯**

此類奏報往往多加粉飾，以掩敗績。即便如此，一個清楚的事實是：盜船駛來時，曾游擊兵船並未沉沒，船上還有十三人，槍炮俱在，可只是忙著將槍炮扔進海裡（哈提督以為這也算有功，特書一筆），沒有人開火抵抗。此處距港口不遠，其他兵船相隔亦近，也沒有一艘前來支援。

　　哈當阿本為福建水師提督，兼任臺灣提督，可水戰不靈，陸地常也難保。朝廷還在等待緝拿殺害官兵盜匪的消息，可遲遲未見奏報，奏來的是一個接一個的失利，令人沮喪。進入嘉慶二年，洋盜居然在北臺灣登岸，攻入大雞籠汛，將炮臺上的火炮搶去。依照失陷城寨律，千總鄧龍光應擬斬監候，哈當阿也沒忘記給屬下講情：「洋匪百餘人，攜帶槍械，猝然登岸，鄧龍光只有跟兵七名，勢難抵禦。」諭旨居然准了，只說了句下不為例**⓰**。

二、來自安南的洋盜

　　縱橫於兩廣和閩浙洋面的海盜船中，有些遠大於清朝水師的艦船，

15.奏摺錄副：哈當阿，奏報護理游擊出洋捕盜遭風遇盜跳海淹斃事，嘉慶元年。

16.《清仁宗實錄》卷十三，嘉慶二年正月乙巳。

來自安南。就在禪讓大典後的幾日裡，署兩廣總督朱珪、署閩浙總督魁倫和浙江巡撫吉慶分別奏報拿獲洋盜情形，諭旨給以鼓勵，並指出：

> 但未獲各犯，該督撫等皆稱遠竄外洋，往來出沒，是根株仍未能淨盡。盜匪在洋面行劫，被官兵追拿緊急，竄入外洋，固屬情事所有，但盜匪逃竄之後，勢不能日久停留洋面，其淡水及食米等物均須上岸取用。捕盜將弁等仍當於島坳處所往來巡緝，設法擒拿，庶盜匪無從得有食米淡水，自易就擒，洋面漸就肅清。斷不可以盜匪一經竄入外洋，即任其遠颺潛匿，置之不辦。❼

該旨很長，部署交待甚細。魁倫在奏摺提到剿匪兵船「遭風擱汕，中炮失火」，引起上皇關注；所稱捕獲一百三十名盜匪中夾雜出海販賣鹹魚的無照商販，則被斥「殊屬牽混」。上皇的「訓政」大略如此，即針對重大事體，根據地方大員的秉性和能為，告訴子皇帝該怎樣分剖處置。

與魁倫的隱飾相對應，在福建家鄉養老的前任大學士蔡新的奏片也傳到京師。鑑於在伍拉納案未有舉報被切責，蔡新決意將洋盜情形奏報朝廷，復又覺禪讓大典間不便以此事讓聖上煩慮，沒有寫入謝恩摺。蔡新在致兒子信中附錄奏片底稿，並帶來口信：「現在福建洋匪出沒無常，肆行搶劫，地方事務辦理亦未認真。我係大臣，受恩深重，目擊情形不敢隱匿。此時正屆年節，不可以上煩聖心，將來遇有奏謝之事，再將此片謄真，附入具奏。」❽御史宋澍輾轉聞知，即加奏報。上皇命向蔡新之子詢問詳情，並傳諭魁倫查明覆奏。

二月，魁倫上奏辦理洋面情形，並對蔡新所言作出回覆，盡量輕描淡寫：

17.《嘉慶道光兩朝上諭檔》一，嘉慶元年正月初十日。

18.《嘉慶道光兩朝上諭檔》一，嘉慶元年二月初一日。

　　御史宋澍陳奏蔡新家信內，述及閩省洋盜充斥，並勾結安南夷船等因。查閩省近來洋盜充斥，兼漳泉被水後，失業貧民不無出洋為匪，但此等匪徒隨聚隨散。而粵省匪船，遂有假裝服飾，稱為安南夷人，乘風入閩。臣以海洋為閩省最要之事，不敢稍有疏懈，亦不敢過於張皇。現添派水師，扮作商船，嚴密緝獲。至蔡新家信內稱「盜匪脫逃者，責其家長村眾共擒，不獲亦併治罪，能獲者賞之」一節，現在村眾有將逃回洋匪紛紛縛送，臣俱賞給銀牌獎勵，如不獲即予治罪，恐其心存疑懼，反多隱匿；又「戰船無風亦動，船動則放炮不准」一節，向來係用哨船，船身笨重，現飭官兵駕坐商船，誘令賊船較近，施放槍炮，更可使洋匪遇見商船疑係官兵，不敢肆行剽劫。**❶⑲**

答得似是而非，極力說明海盜屬小打小鬧，自己既主動出擊，又有很多有效招數。上皇讀後誇讚：「汝所辦尚屬實力實為，毋懈！」後來的事實證明洋匪甚為猖獗，絕非魁倫所言。

　　乾隆末年，洋盜有安南官方背景的密報即傳入京師。那時安南久經離亂，阮光平父子奪取政權，但內部不穩，對宗主國清朝也是離心離德、疑懼重重。他們在經濟上極為窘迫，縱容所屬到海上劫掠，資以師船，授以官職，發給印信旗牌。由於安南艦艇高大堅固，又稱艇盜或艇匪，由粵海漸漸深入閩浙，與內地土盜鳳尾幫、水澳幫勾結為害。

　　嘉慶元年八月，朝廷決定以新任兩廣總督吉慶和閩浙總督魁倫的名義，向安南國主發出照會，挑明拿獲洋盜中各船都有人穿安南服飾，持有安南地方印票，並說尚未上奏，嚴詞要求安南官方盡快實力查禁。這是上皇的主意，照會也有以下一段妙文：

　　貴國王備位藩封，蒙大皇帝優加恩眷，與天朝封疆大臣並無區別，

19.《清仁宗實錄》卷二，嘉慶元年二月丙午。

是貴國百姓亦即係天朝子民。凡遇此等匪徒，皆當無分畛域，一律懲辦。設或內地盜匪有在貴國洋劫掠者，亦不妨拿獲正法，轉不必解送內地，致有疏縱。如此互相稽查，庶海洋可就寧謐，貴國王庶得永承恩眷。❷⓿

此照會必經和珅親自定稿，模擬二督臣聲口，倒也煞有介事。文中還提到朱珪由於辦理洋盜不力，已被召回懲治；說新任二總督皆係滿洲大臣，如不遵照查拿，「毋謂本部堂等言之不豫也」。

　　十一月，魁倫奏稱緝捕洋匪的經費不敷，呈請於藩庫借銀八萬兩。諭旨批覆「照該督所請，於藩庫項下照數借給」，但對於摺內稱「營船笨重不能得力」，覺得莫名其妙。其時洋盜艦隻高大堅厚，水師軍艦往往不能抵敵，呼籲製造巨艦以反制。魁倫不知聽誰胡說了一通，居然將追剿不力推到船體笨重上，要求改為短小輕便的船隻，真是匪夷所思。

　　上皇一邊責斥魁倫，一邊命吉慶馳赴廣州，「將艇匪起自何時、粵省督撫及地方文武如何疏縱，嚴行詳查，秉公參奏」。吉慶做事認真，很快查出洋盜的老巢在安南境內，受到該國供應和庇護，著手部署水師三路剿捕，並建議朝廷不必行文安南，以免打草驚蛇，奏曰：

　　粵省十府三州之內，八郡皆系濱海。自惠、潮以迄雷、瓊袤延二千餘里，處處毗接外洋。今擬將海防分為三路：西路高、雷、廉、瓊所屬洋面，每有盜匪伺劫商旅，瓊州孤懸海外，雷州近接夷洋，查盜船俱在江坪白龍尾一帶藏躲，而雷屬之海安與瓊屬之海口二營隔洋對峙，中間水面僅八十餘里，向來盜船俱由此處潛駛來粵，現於二營各派兵船三十號，分作兩幫，遴委將弁往來巡緝，輪赴龍門、硇洲、潿州等處搜拿；自惠州平海以東，至潮州閩粵交界，是為東路，飭南澳

鎮總兵林國良領兵船二十隻，上緊堵拿，並咨會閩浙總督魁倫札飭銅山營，配兵船二十號協緝；至廣州、肇慶所屬之虎門、大鵬、廣海寨、老萬山等處洋面，是為中路，派參將黃標領兵船三十隻，實力追捕。總期將盜首擒獲，悉絕根株。至洋匪所需硝黃、米穀、淡水，自系圖利奸徒接濟，現派員密赴各口岸訪拿嚴究。再兵丁月餉無多，出洋捕盜力難裹帶，每名每日應請給鹽菜口糧銀五分，在藩庫雜款項下作正開銷。❷❶

當日滿大臣中，吉慶算是做事認真的一位，得旨嘉獎，所請對剿匪兵丁每日的補貼也被批准。不久後，魁倫奏報拿獲盜犯，「內有安南總兵及該國兵丁」，吉慶奏拿獲盜船「票照內有寶玉侯字樣，自係前在浙洋陳阿寶匪伙」。經審訊，洋盜的組織結構也隨之浮出水面：「安南烏艚有總兵十二人，船一百餘號，並據起獲印記。是此項烏艚夷匪，皆得受該國王封號，其出洋行劫，似該國王非不知情。」❷❷對於要不要勒令安南國王緝拿，上皇與子皇帝及一眾大臣反覆斟酌，決定還是不必點破，以免再興無把握之兵，諭令吉慶等在東南洋面會剿：「遇有外洋駛入夷匪，無論安南何官，即行嚴辦。再此後拿獲安南盜匪，審明後當即正法，毋庸解京，以省驛站解送之煩。」其實不光是節省押送的費用，也有意迴避與藩屬國的正面衝突。上皇晚年心態，已是多一事不如少一事。

是時大清水師不為無人，福建李長庚，廣東黃標、林國良等皆稱水師良將。惟弁兵待遇甚低，兵船又多是低矮單薄，海上搏擊常常不利。雖然如此，還是抓捕了不少洋盜，證實有些來自安南，並有安南

21.《清仁宗實錄》卷十一，嘉慶元年十一月壬戌。

22.《清仁宗實錄》卷十三，嘉慶二年正月庚戌。

總兵等印信。數年前安南內亂，孫士毅受命出師，成功進占其都城東京，復以輕敵潰敗，喪師挫威，損失慘重，使清廷不敢輕易興兵。經過計議，朝廷決定不再出兵追究，不再通報安南，而是加大會剿，擒拿後即行正法。安南方面知事情敗露，上表辯解說並不知情，也抓了六十多名零散洋盜解送廣東。二年五月，嘉慶帝奉上皇之命，降諭予以褒獎：

> 皇帝敬遵太上皇帝聖諭，敕諭安南國王阮光纘：近因洋面地方時有匪徒劫掠之事，曾經閩粵總督照會該國王一體協拿。今據兩廣總督臣奏稱，該國王差委官弁丁公雪等帶領兵船，前赴夷洋巡查剿捕，拿獲盜匪黃柱、陳樂等六十餘名，將所獲人犯船械解送內地辦理，並於賊匪屯聚處所派委妥幹員弁留兵設守，太上皇帝甚嘉。該國王小心敬事，恭順矢誠，用是特沛渥恩，加以優賚。茲頒去如意、玉山、蟒錦、紗器等件，委員齎往宣賜，以昭優獎。該國王仰承寵眷，益當飭令所屬員弁悉力巡防，隨時搜捕。如有盜匪仍前在洋滋擾，即行擒拿，解交內地究辦。若能拿獲盜首，更為奮勉可嘉。務使奸匪肅清，根株淨盡，以安商旅而靖海洋。該國王尚其恪恭效順，彌深感勵，以期倍沐恩施。㉓

如此兩端夾擊，許多海盜失去依託，在大洋難以存留，只好選擇回國投首。六月間，吳大相、莊得利、李大安等率同伙黨及家屬一百餘人從安南投回，繳納船隻器械，並表示願隨同兵役搜捕洋匪，即賞給吳大相等外委金頂。諭旨肯定了這種「以匪攻匪」的做法，諭曰：「此等投首之人，既經賞給頂帶，即與營弁無異，何必心存歧視？惟當隨時留心查察，不獨隨同官兵捕盜之人應妥為駕馭，恩威並用；即回籍安

23.《嘉慶道光兩朝上諭檔》二，嘉慶二年五月初一日。

插人等，亦不可不密為防範，以期化頑為良。」㉔安南洋匪之患，隨之漸漸消歇。

三、海盜的幫伙

　　海盜出沒洋面，蹤跡無定，每以「幫」相稱，官方文書也稱為「首夥」。早期的海盜幫派以鄉里宗族為紐帶，或父子兄弟相從，或妻子兒女同在，開始時在原籍和據點多有親友接應，後來官軍巡察漸密，只好一起出海。嚴旨督催之下，兩廣和閩浙水師不斷到近海乃至遠洋圍逼兜剿，沿海地方巡查追緝加嚴，一些海寇開始投降歸順，稱「投首」或「自行投首」，起初零零星星，後來常也是一幫一伙的，由頭目帶領。

　　嘉慶元年四月，魁倫等奏道：洋盜莊麟殺死幫伙盜首駱什，帶領同伙與船隻炮械，自行投首。賞給莊麟大緞一匹，以千總撥補。上皇見奏，降諭予以肯定。此事很快傳入海盜團伙，洋面凶險，既有水師追擊，又時遇狂風巨浪，誠可謂朝不保夕，見投首可以免罪，為首之人又有官可做，於是仿效者漸眾。不久後，海洋盜首獺窟舵帶領幫眾四百七十三名，自行投首，並呈繳船隻炮械等物。是時海盜以王流蓋、獺窟舵、林發枝三幫較大，屢在洋面肆劫，為害甚巨。王流蓋已被官軍用炮擊斃，獺窟舵帶領同伙全行投出，只剩下林發枝一支。魁倫奏稱獺窟舵等報效心切，請求出洋緝捕海盜，「擇其強壯勇往者，令跟隨官兵緝捕」。以盜制盜，似乎開闢了一條綏靖海域的新途徑。

　　此摺奏到之日，恰福康安在苗疆軍中病逝的噩耗傳來，上皇對海上剿匪的進展稍覺寬慰，讚揚魁倫「所辦尚屬可嘉」，命賞給獺窟舵守備職銜，並賞戴藍翎，賞大緞二匹，諭曰：

24.《清仁宗實錄》卷十八，嘉慶二年六月壬辰。

　　著傳諭魁倫等面向獺窟舵宣示恩諭，責以捕盜之事。如能將林發枝擒獲獻功，固當格外優賞。否則或林發枝聽聞此信，亦思投首免罪，其餘伙盜自皆聞風解散，庶可永久綏靖海疆。❷❺

督撫奏報的是一時一地之得失，皇帝的目光總是著眼於全局。由獺窟舵的全伙歸降，上皇即刻想到林發枝幫伙，啟發臣下去招降。而對於讓投首盜伙隨水師出哨，則頗為審慎，「現在此或一法，但宜倍加慎重，不可稍存大意」。怎麼能夠保證野性難馴的海盜不再反噬，成為出洋巡緝的生力軍？上皇也在思考斟量，重要的還是優待和信任，指示對獺窟舵「即照守備分例賞給」，「其船內存貯米糧，應盡數先給伊等食用，俟此項米石食竣，即照兵丁之例一體賞給鹽菜口糧」。等到海洋靜謐以後，則用分化之策，「或令其散歸本籍，各謀生業，或令其當兵，以免伊等乏食，又致故智復萌。總之宜散不宜聚，方為妥善」。疑慮亦多，強調的是戒備防範。魁倫回奏稱：「閩洋土盜，惟林發枝一犯蹤跡無定，倘聞風投首，海洋即可綏靖。」說得輕巧，實則多屬忽悠。上皇有些相信，降諭對林發枝這等有名盜首，必須實力捕獲，即使其自行投出，也應當送京師量加安插。

　　七月間，吉慶也奏報洋匪悔罪投首，諭曰：

　　此等盜犯，一時畏罪自投，未必真心改悔。其伙匪人數較多，既能率伙而來，豈不能糾約而去？雖所乘船隻現已入官，亦豈不能搶奪別船，乘間遠逸？當嚴飭地方官隨時查察，不可僅以取保了事。❷❻

所慮甚是。之後浙江巡撫玉德等奏報「盜首張落、黃孜、黃阿滿三名

25.《清仁宗實錄》卷五，嘉慶元年五月癸酉。
26.《清仁宗實錄》卷七，嘉慶元年七月庚戌。

悔罪投首，業經照張表等例免罪，賞給把總頂帶，送回閩省，隨同張表等出洋捕盜」。張表，就是曾經的盜首獺窟舵，現在是官軍的守備了。稍後又有洋盜梁得光率眾投首，呈繳船隻槍械，玉德不再授予軍職，將其押解回原籍，交地方官管束。上皇認為辦理得體，下旨「嗣後閩浙洋面，有似此投出盜匪，即照玉德所奏辦理」。實話說來，投首的海盜太多，已經難以一一安排。

從來都有些腦瓜靈的人，會鑽政策的空子。於是，出海為盜——投首領賞——再做盜匪——事急再降，成為海盜的一個生存模式。多地都在拿獲洋盜中發現曾經投首之人，上皇下旨嚴辦，其家屬緣坐。但此類反覆之犯多係下層人，為衣食所迫，只能予以遣發邊遠，以示炯戒。

二年夏，唯一剩餘的盜首林發枝為情勢所迫，率領屬下一百五十三名向官府投首。上皇以為：林發枝非尋常盜匪可比，如果真心投順，雖應貸其前罪，但不可留在福建，降旨「賞投首洋盜林發枝七品銜，來京安置。伙盜一百五十三名，分別安插如例」。所謂如例，說的是清廷在對待大批降卒上的行之有效的辦法，即化整為零，分別押送至不同地方，以免日後勾結呼應。在將林發枝派人送往京師後，他的部下也被分散解至內地各省，其中蔡阿四等十人不服，思謀有所異動，即被鎖拿入獄。上皇命將這些人嚴行鎖禁，加意防範，並說如在囹圄仍不安靜，即改發黑龍江，給索倫達呼爾為奴。

曾經橫行洋面的三大幫相繼亡散，來自海上的威脅並未完全消失，朝廷仍注意選拔水師將領。三年六月，廣東澄海協副將黃標升為左翼鎮總兵。黃標出身行武，「能於海洋中出沒月餘，視波中之魚鱉，歷歷可數」[27]，曾被福康安識拔，擢升參副，後與李長庚同為水師名將，

27.《嘯亭雜錄》卷七，黃標。

在進剿洋盜中數建大功。就在當月，又接哈當阿奏報，摺差李喜齋送
章奏過海，在金門洋面猝遇洋盜搶劫，慌忙跳海，遺失奏摺公文。一
股更為強悍的海盜正在崛起，為首者名蔡牽，又稱蔡牽幫。該幫聚集
多艘大艦，在臺灣一帶襲擊劫掠，並公然停泊港口。哈當阿分遣將弁
前往兜剿，安平協副將李鉉因已升任蘇松鎮總兵，有些延挨觀望，未
能即時衝前圍堵，以致蔡牽率船突出，遠颺而去。一怒之下，哈當阿
上疏參奏李鉉遇盜畏葸，並以蔡牽脫逃自請處分。

　　八月初三日，魁倫與哈當阿的章奏同日遞到，內稱蔡牽幫艦船除
拿獲及被風浪擊碎之外，所餘僅十餘隻，不難克期剿滅，並說哈當阿
在參奏李鉉時所說，似覺張皇。上皇的頭腦清晰，授意連發三道諭旨：
諭哈當阿「所參甚是」，諭魁倫「殊屬非是」，在給福建三大員的諭旨
中，措詞甚嚴：

　　李鉉系魁倫保奏，已擢任蘇松鎮總兵，顯有回護之意。水師鎮將
　出洋捕盜，全在跟蹤盜蹤，上緊趕拿。乃此次調催商哨各船五十餘隻，
　派撥兵勇一千四百餘名，正應鼓勇直前，將盜船悉數拿獲，乃李鉉有
　意延挨，一味畏葸，任催罔應，以致盜船遠逃東北外洋，非尋常貽誤
　可比！……現在李鉉已解內地，著魁倫等即將李鉉派委妥幹員弁解京，
　交軍機大臣會同刑部，嚴行審訊。❷❽

　　諭旨還特別交待，要哈當阿找幾個現場人證，另起解京，途中不
許與李鉉見面，避免通同串供。通過此事，上皇對魁倫的印象更差，
不光在明諭中嚴屬譴責，還專發嚴諭給他本人，一開篇就揭其老底：

　　魁倫本屬營員出身，因係查弼納之孫，加恩不次擢用。又因其在

28.《嘉慶道光兩朝上諭檔》三，嘉慶三年八月初三日。

福州任內參奏伍拉納等貪婪虧空一案，尚屬持正，即用為閩浙總督。魁倫身受重恩，遇有地方事件，理應秉公辦理。乃於哈當阿參奏李鑾出洋捕盜玩誤延捱一事，魁倫以李鑾係其所保，轉以哈當阿所奏為張皇，顯以心存回護，大屬非是。豈伊志得自滿，頓忘本來面目？❷⓽

魁倫應為一個淺薄之人，難當總督大任，此前因伍拉納案受到上諭獎讚，興興頭頭，的確有些志得意滿，此際被當頭一瓢冷水，不知是否清醒了一些。

東南海疆乃至臺灣的形勢是嚴峻的：原來被打散的海盜重新聚集，蔡牽幫、朱濆幫等新的更大的海盜團伙正在崛起。蔡牽，福建同安人，自幼父母雙亡，亦無親族可依，與人傭工為生，大約做的也是領船運貨出洋之類，故又有「大老伙」、「大出海」等稱號。乾隆五十九年遭遇天災，難以為生，遂鋌而走險。蔡牽頗有英豪之氣，危難時挺身擔當，待同伙平易友善，不數年便聚集了一幫死士。時蔡牽正值壯年❸⓿，志向遠大，不甘於總在洋面漂泊，希望在臺灣或其他島嶼找到一塊根據地，是以多處攻掠襲擾，所謀與一般海匪不同。

魁倫之流總願意奏報一些盜匪投首的好消息，對於蔡牽的情形很少提及。三年十一月，再奏盜首沈振元、沈弗桃等「率伙投出，並呈繳船隻器械」，「業經賞給頂帶」。此時閱批奏摺者已為嘉慶帝，諭令照從前張表、林發枝之例，將沈振元、沈弗桃委員押送赴京安插。同時也提到出沒於浙洋的蔡牽，命盡快緝拿歸案。

上皇駕崩後，嘉慶帝終於可發洩對海防疏漏的不滿，命各督撫訓

29.《嘉慶道光兩朝上諭檔》三，嘉慶三年八月初三日，同日所發諭旨第三道。

30.據閩浙總督阿林保嘉慶十三年五月初九日奏招內蔡二來（蔡牽義子）供，該年蔡牽47歲，則可推知此年約37歲。

練水師、整飭營伍，在浙江巡撫玉德奏摺上批諭，痛斥軍中之恬戲：

> 朕於甲辰年隨駕南巡至杭，營伍騎射，皆所目睹，射箭箭虛發，馳馬人墮地。當時以為笑談，此數年來果能精練乎？至於洋盜尤宜嚴緝，總當力禁海口出洋販船內如米豆鐵器等項。洋盜無所接濟，自然渙散矣。㉛

軍營中腐敗滋蔓，官有官腐，兵有兵貪，營伍訓練科目不知改進，本來是水師，練的仍是射箭騎馬，且連大清賴以起家的騎射也不成個樣子了。諭旨中所謂嚴禁糧食鐵器出海，亦多屬紙上空談。

第三節　殺戮之痛

禪讓期間，內亂頻發，兵火相連，苗疆之亂未平，白蓮教變又起：先是湖北，接下來是四川，後來又是陝西，包括河南等數省遍地烽煙，田廬殘破，生民塗炭，歷久不得平息。這場內亂不僅僅是官軍與教軍的對壘，還有大批鄉勇參與其中，誅戮連著誅戮，仇殺接著仇殺，動輒是成百上千人頭落地，嚴重撕裂了地域、族群及整個社會，軍費支出和經濟損失更是難以計算。一直到太上皇帝辭世，白蓮教起事仍方興未艾，成為大清帝國由盛而衰的標誌性事件。

一、桃花馬上看重來

嘉慶二年夏天，襄陽教軍突出重重圍困，於四川東鄉與白蓮教各部大會合。在朝廷和領兵大員眼中，齊王氏（即王聰兒）、姚之富為白蓮教最重要的首領，他們率領的襄陽教軍也最為強大，「尤為眾惡渠

31.《清仁宗實錄》卷三八，嘉慶四年正月戊子。

魁」，「同教匪犯妄稱為總教師，到處蜂起附和」❸❷，是以對其轉移往川東頗為緊張，調動大批部隊，尾追而至。

四川教軍雖然後起，然多地同時並舉，一上來就擊斃袁國璜和興安鎮總兵何元卿。袁何二人皆稱驍將，居然抵敵不住一幫草民，官兵大震。但白蓮教實際缺少一個眾望所歸的領袖，也缺少統一的指揮協調。各路教軍自成山頭，自畫區域，雖有一些協同行動，更多的則是單打獨鬥。襄陽教軍轉戰川東，數萬人擁擠在一處，加上川地教軍，吃住用度都要取之於當地，很快便出現種種問題，只有輾轉殺回湖北。

不清楚各路教軍在會合期間商討了些什麼，所能得知的變化是，襄陽教軍也開始以青、黃、藍、白分號：王聰兒、姚之富等統領襄陽黃號，高均德、張天輪統領襄陽白號，張漢潮統領襄陽藍號。王聰兒作為總教師齊林遺孀，雖未被推舉為大首領，但在教眾中較有號召力。她年輕貌美，卻悍勇善戰，「每臨陣，戴雉尾，衣紅錦戰袍，於馬上運雙刀，矯健如飛，所向無敵」❸❸，是整個襄陽教軍的一面旗幟。至於制訂攻掠策略，則有心機縝密的姚之富，變詐迭出，忽東忽西，搞得清軍防不勝防。

重回楚地，襄陽教軍兵分兩路，勢頭甚銳。八月初旬，首隊王聰兒兩萬餘人挺進竹山和竹溪，逼近陝南，西安副都統豐紳布率滿兵堵截，教軍強力突擊，雖未能衝過去，交戰中格殺滿洲悍將豐紳布，也使清軍震恐。後隊首領為王廷詔，率萬餘人奔襲宜城，雖再次失利敗走，也吸引了官軍主力。王聰兒所部直趨襄陽，分三路北進，每路相隔百餘里，遇官軍拼命阻擊，轉而攻擊鄖西，「旗幟蔽野，分五路以

32.《欽定剿平三省邪匪方略》正編卷六七，9 頁。

33.朱翔清，《埋憂集》卷六，見《清中期五省白蓮教起義史料》第五冊，315 頁，江蘇　人民出版社 1981 年版。

行」，攻勢勇猛。清軍精銳亦較多集結於此：明亮、德楞泰皆屬身經百戰的大將，經過無數廝殺，已熟知教軍作戰的路數；阿哈保本為頭等侍衛，在苗疆以驍勇升副都統，此時率木蘭進哨弁兵趕到；惠倫為頭等侍衛兼護軍統領，受命率三千索倫兵參戰，也是建功心切。德楞泰部署諸將分路迎擊，雙方反覆絞殺整整一天，血流成河，教軍不敵敗潰，惠倫卻在長坪中槍身亡。這位公爵銜武大臣盛氣初來，不太了解教軍的悍勇，親手射中一頭目落馬，飛騎趨前擒拿，忽被斜刺裡突出一槍刺中。後來頗有幾位軍中猛將，都這般因大意而亡。

　　朝廷對襄陽教軍最為重視，將王聰兒所領黃號定為首逆（「姚之富、齊王氏尤為賊首中緊要之犯」），諭旨疊頒，要求統兵大員明亮和德楞泰集中兵力，探明王、姚「現在何路，即專向此路併力圍拿，肅清一路，再以次遞剿」❸❹。對四川教軍各號人馬，也明確責成，嚴令

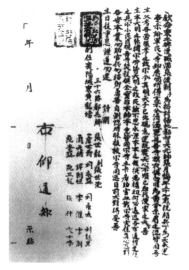

白蓮教首領所發告示

34.《清仁宗實錄》卷二一，嘉慶二年八月丁未。

各路大員分別擒拿，「彼此各辦各賊，不拘何路擒獲賊首，即屬該處帶兵大員之功；何路任賊首縱逸，即系該處帶兵大員之罪」 **⑮**。又是幾個月過去了，襄陽黃號不僅未被殲滅，連去向哪裡也不甚清晰，朝廷降諭切責明亮，督令迅速擒獲王姚等巨魁。

轉眼又是元旦。嘉慶三年的元日，上皇仍是苦苦等待前線的捷報，「恩威並用不餘力，擒獲首兇尚待他」 **⑯**，「知予望捷衷均苦，翦逆同籌不盡談」 **⑰**，傳遞出對平定教變的內心焦灼，也寫了子皇帝的理解和積極參與。就在此時，高均德所率一支襄陽教軍，突然出現在陝西漢中，此地距湖北數百里之遙，大批教軍怎麼來的，諸大員全然不知。高均德率部猛力攻向漢中，見官兵在襄城拼命阻擊，便向東北部的秦嶺一帶運動。翻過秦嶺就是重鎮西安，駐軍經多次抽調往前線，導致西安城甚為空虛。陝西巡撫秦承恩緊急馳奏，明亮與德楞泰也不敢輕忽，火速率軍趕往。初八日，上皇接明亮等章奏，大為惱怒，斥曰：

> 朕方冀明亮等在川境將齊王氏、姚之富、李全等大股賊匪先行殲獲，則高均德一股人數無多，無難一鼓掃蕩。乃本日明亮等遞到之摺，轉舍大股賊匪，輒帶全隊勁兵追剿高均德，僅留烏爾圖納遜帶兵在寧羌防堵，實屬大錯！況賊匪詭詐，或令高均德折竄漢中，希圖牽掣官兵盡赴東北，而齊王氏等乘間渡江，赴陝滋擾，豈不正墮賊計乎？明亮、德楞泰茫無主見，調度失宜，本應革職拿問，治以貽誤軍機之罪。姑念一時帶兵乏人，暫留立功贖罪，著將花翎拔去，以示薄懲。

弘曆素喜遙控前線軍務，節節布置，至晚年尤甚。怎知白蓮教教眾聚

35.《清仁宗實錄》卷二二，嘉慶二年九月甲午。

36.《清高宗御製詩餘集》卷十七，元旦試筆二首。

37.《清高宗御製詩餘集》卷十七，戊午元旦。

則為兵，散則為民，隨處裹挾當地百姓，亦隨處有教民加入，戰無常規，行無定蹤，在第一線的將帥尚難判斷，罔論數千里外的上皇。至於說明亮和德楞泰缺少主見，倒是不差，二人皆稱猛將勇將，又皆非帥才。

上皇也想到可能別有實情，即襄陽黃號也在陝南：

看來姚之富、齊王氏、李全等大股賊匪，或已同高均德折竄漢中，而明亮等不敢據實具奏。若果如此，則正應趁此首逆等聚集陝境之時，速行圍剿，猶可稍贖重愆。再高均德北竄過江，愛星阿在彼防守，不能截住，實屬疏玩，著革去花翎，以觀後效。勒保現在墊江、大竹一帶剿辦賊匪，接奉此旨後，著迅赴漢中督辦一切，並查明明亮等發摺時，如大股賊匪已渡漢江，而明亮等畏干重罪不奏，則欺罔之罪尤重，勒保竟當參奏。至豫省相距較遠，景安當鎮靜防範，勿涉張皇也。**❸❽**

以後幾日間，上皇怒氣不解，命革去明亮、德楞泰所有世職及優賞紫韁。得知在高均德部之後，「又有一股賊匪接踵過江，並有騎馬女賊數百人」，上皇判定必是王聰兒率部已至陝西境內，督令各督撫和統兵大員截擊圍剿，嚴令不得讓其進入河南地方。

各路軍報也是真真假假，凌亂且互相矛盾。不久接烏爾圖納遜奏報，拿獲白蓮教奸細，供稱王姚主力現在廣元東北一帶，其他教首王廷詔、李全、張漢潮、阮學名等不知下落。上皇又生擔憂和疑惑：廣元軍事地位險要，並無重兵守禦，「齊王氏、姚之富如果尚在廣元，則該處並無官兵堵截，豈任聽賊匪往來滋擾耶？且齊王氏既在廣元，前次景安所奏騎馬女賊又係何人」**❸❾**，降旨迅速查明覆奏。實則王聰兒

38.以上兩則皆出自《清仁宗實錄》卷二六，嘉慶三年正月癸酉。

39.《清仁宗實錄》卷二六，嘉慶三年正月辛卯。

的確已率部進入陝境，分路滋擾，只是勢頭減弱，已屬強弩之末。德楞泰、明亮等正加緊追擊，秦承恩與提督王文雄奔赴截剿，額勒登保也帶兵前抵夔州，戰場大勢正在改變。只是上皇既擔心西安之安危，又痛惜陝南富庶之地受劫掠，不再相信明亮的奏報，將其革職，命宜綿代替他統兵。以防堵不力，陝西提督柯藩被革職留任，原理藩院尚書、副都統烏爾圖納遜則被一擼到底，「作為兵丁，交宜綿、德楞泰差遣」。上皇心緒之煩亂焦慮，由此可見。

三月初六日，姚王教軍由山陽趨向東南，意圖重進湖北。德楞泰督兵緊緊咬住不放，晝夜纏鬥追殺，連續一百餘里，將教軍大隊衝得七零八落。賽沖阿、溫春受命在漫川關堵截，以防其衝入河南，終於在鄖西三岔口圍住襄陽黃號。此時清軍各路雲集，得知王聰兒、姚之富等俱在左側山梁，德楞泰、明亮、賽沖阿、阿哈保等督率官兵四面圍定，不顧槍炮滾石，蜂擁而上。王聰兒等且戰且退，棄馬奔至險峻山頂，清軍亦下馬攀登追擊，意圖活捉。最後時刻，王聰兒率親衛女兵十餘人奮身跳下懸崖，姚之富也英勇跳崖，襄陽黃號被剿滅。

上皇得報欣喜，揮筆賦詩，在詩間小注中詳細敘述作戰經過：

齊王氏、姚之富大股賊匪由陝省山陽石河鋪一帶東竄，先經派令賽沖阿、溫春等分帶官兵在高壩店漫川關堵截，明亮、德楞泰督兵由黃隴鋪、寬坪等處兜剿。賊匪分三路竄逸，德楞泰、明亮等亦分三路並進。賊眾排列左右兩山，分投抗拒；我兵搶上山梁，奮勇擊殺，殲斃千餘。賊匪力不能支，紛紛逃竄，德楞泰、明亮等乘勝追擊。賊匪復分兩股，欲竄往東北，俱被官兵截殺折回，向西南甘溝一路逃遁。該處路通楚北鄖西地界，官兵晝夜追擊一百七十餘里，殺賊兩千有餘，賊勢披靡，惟首逆尚在逃竄。德楞泰、明亮等帶領滿漢屯土官兵由鄖

西縣上津堡一帶兜剿，隨剿隨進，逼至三岔河地方，擒獲賊犯，詢知齊王氏、姚之富俱在左首山梁。德楞泰、明亮、賽沖阿、阿哈保、溫春、達音泰、阿穆勒塔、德寧等督率奮勇官兵將山梁四面圍住，逆匪等猶滾石放槍，抵死抗拒，官兵一湧直上。齊王氏、姚之富二犯逃至險峻處所，棄馬奔越。吉林、黑龍江官兵亦皆下馬，同步兵上緊擒拿。齊王氏率婦女十餘人投墮陡崖，姚之富亦向懸崖跳落，官兵飛馳擒捕。姚之富已經跌斃，齊王氏尚存餘喘，均即臠割斬梟，傳首示眾。❹

這樣的生動描述，當錄自德楞泰的奏摺，雖不無粉飾自誇，追奔廝殺之場景應大半真實。當日清軍仍有相當強的戰鬥力，姚王二人及眾多教軍，亦可謂抗爭到最後一息。清軍對二人恨之入骨，尋到奄奄待斃的王聰兒，驗明正身之後，仍行凌遲割裂，極為殘暴。

　　官兵的作戰得到了當地土司民勇的協助，其與流動劫掠的教軍也是死敵，戰爭的場景格外慘烈。德楞泰奏曰：

　　臣同明亮親督官兵將伙黨三千餘眾盡行殲斃，其各山梁溝內賊匪分派鎮將率兵剿捕，殲斃四千餘名，生擒一千三百餘名。內大頭目王如美訊系自襄陽與姚之富幫同齊王氏起事之人，偽稱大丞相，又獲小頭目朱正聲等二十三名，均即凌遲梟首，餘賊概予駢誅。❹

僅此一戰下來，官軍的殺戮就約有一萬人，至第二天黎明才算「剿殺淨盡」。所謂「駢誅」，即不分男女老幼，不加審訊辨別，一概格殺勿論。接此捷報時，上皇剛在廣潤祠祈雨畢事，正於一側的鑑遠堂小憩，覽奏大快，揮筆成詩，對殺戮之慘烈不獨毫無憫惜，反而有幾分暢快。

<hr>

40.《清高宗御製詩餘集》卷十八，618 頁，〈鑑遠堂得句〉，附注。

41.《欽定剿平三省邪匪方略》正編卷六七，14 頁。

未能將二人生擒解京，對他雖是一種遺憾，仍大加賞賜，明亮也賞給副都統銜。

二、換帥如走馬燈

白蓮教之役，太上皇始終密切關注，由寵臣和珅掌管軍機，指揮調度那些前線統兵大員。子皇帝參與其間，歷練見習，聽從父皇訓誨，也隨時遵從上皇之意發布諭旨。說到用兵，太上皇帝可謂經驗豐富，既明快峻急，又不乏寬厚耐心，對統兵大員多有信賴鼓勵。然久戰不下，教亂由一地引燃數省，上皇也漸漸失去沉靜，頻頻走馬換帥，接連撤辦大員。顒琰深知軍營之弊，對前線將領，尤其對戰事失利的將領，也顯露出缺少定見和躁急刻薄。

嘉慶早期的清軍，整體上仍有較強的求勝欲望，仍是猛將如雲，仍有夜戰近戰血戰之勇，然已缺少統兵的帥才。福康安死了，和琳與孫士毅也死了，苗疆之變損折慘重，已由此見出。平定白蓮教之役，調集了數省之兵，特別需要總統軍務之人的調度協調，而這樣的大帥，真的不好找了。

先是枝江事起，當陽城陷，湖廣總督畢沅統軍前往。畢沅是乾隆二十五年狀元，久負文名，幕府中也延攬了不少知名文士，卻是素不知兵，帳下亦無大將。大軍圍困小小一個當陽縣城數月，就是攻打不下來，又不能不向朝廷奏報軍事進展，便爾胡編亂造。四月末，畢沅奏稱教軍在當陽城牆上挖有溝壕，官軍開炮猛擊，轟死四百多人。上皇本來就不同意用炮轟城，認為轟毀城垣，還要再修，徒費錢財，見奏頓時大怒，逐條批駁：一個小縣的城牆，寬厚不過一二丈，怎麼能挖出深溝？挖了溝的城牆，土質疏鬆，豈不是一轟即塌？如果說城牆上壕溝裡埋設刀矛竹籤，敵軍士兵站在什麼地方？官兵沒能上城，敵

人如何蜂擁而來？城上被炮轟死者必向後仰，怎麼知道炸死多少？這些問題，有的屬於畢沅奏本誇大虛飾，有的應是實情，教軍守城之招詭異百端，非親臨者不可想像。遠在京師的太上皇帝，加上一個愛賣弄聰明的和珅，一味橫加挑剔譴責。

同一天，諭旨還嚴厲批評負責進剿灌灣腦的惠齡，也是對奏本逐項批駁，且將前後所奏結合起來分析痛斥，指為撒謊、畏縮、不思進取。這些諭旨當然是上皇之意，有些口氣也只能是老皇帝所發，但用的是嘉慶帝名義，也反映了他本人的態度。自此揭開了訓斥二人的序幕，畢沅乃六十六歲老臣，諭旨竟有「深為伊等羞之」，惠齡更是常常被斥，措辭更不客氣。

上皇曾堅定明快，至暮年則性格多變，已見出猶疑反覆。湖北教亂剛起之時，就有人建言用「堅壁清野」之法，使鄉民結寨自衛，不被裹挾，被他一口否定；後來勒保再提出此說，始行採納，數省民眾已慘遭荼毒。對於各地動亂，先令分片剿滅，責成各領兵大員；見教軍流動數省，復又設總統軍務；既以大臣總統軍事，又在京師事事遙制，不斷傳諭，直接指揮領兵大員。

任免總統軍務一職，雖以上諭名義，實則與皇上關係不大，必定是先經過上皇的俞允，再由軍機處操作。元年五月，以「當陽久圍未下，令永保總統督辦，恒瑞、景安等亦懇留永保於襄陽統率軍務」[42]。時永保應召回京，途中轉往湖北前線，馳赴襄陽，率軍直擊姚、王大營，殲敵兩千多，教軍氣勢大損。永保曾隨其父定邊將軍溫福參加金川之戰，在木果木冒著槍林彈雨搶回父親屍首，也算是一員悍將。然讓他總統湖北軍事，不管是資歷還是謀略，都顯得不夠。僅僅過了半年，就以教軍渡河逃逸被免職，還要押解進京審訊，抄沒家產，連做

42.《滿漢大臣列傳》卷二八，62～66頁，〈永保〉。

侍衛的兩個兒子也被遣發。

接替永保的是湖北巡撫、早就被罵了個狗血噴頭的惠齡。他曾以四川總督參贊廓爾喀軍務，與和琳同為福康安助手，功成後圖形紫光閣，但其長處應是辦理糧餉，在西藏、苗疆之役中均如此。本來已調戶部侍郎，亦算知人善任，改令其總統軍務，可就太難為他了。僅僅過了半年，跟著教軍的屁股追來追去，綽號「迎送伯」的惠齡，就被震怒的上皇免掉，「革去宮銜、世職、雙眼花翎，暫留本任頂戴」❹，降為領隊大臣。比之永保的處理，應說輕多了。

第三任總統，是陝甘總督宜綿，出身軍機章京，歷吐魯番領隊大臣、喀什噶爾辦事大臣、烏魯木齊都統、陝甘總督，頗得上皇欣賞。二年五月，將近七十歲的宜綿受命總統軍務，兼攝四川總督。各路領兵大員如明亮、額勒登保、德楞泰等，哪一個的資歷勛績都不在他之下，故指揮調度不靈。總算挨到十月間，宜綿以年老請辭，推薦勒保總統軍事。又換人了，對宜綿倒沒有處分，仍回去當陝甘總督。

下面換的是永保的哥哥勒保。勒保在廓爾喀之役以治西路駝馬裝糧有功，加太子太保，歷雲貴總督，參加平定苗變，教亂發生後調湖廣總督。勒保對付教黨算是老手，當年在甘肅抓捕劉松，辦得乾脆利落，在貴州進剿王囊仙之亂，也是一舉蕩平。這次總算找對了人。勒保先破石壩山，斬殺頭領曾柳；再進擊王三槐，逼迫其投降。九戰九捷，晉封為公爵。可也就是一年多時間，戰績累累、在軍中享有極高威望的勒保，居然被逮送京師，「論大辟」。

從嘉慶改元到三年歲末，軍國大事由太上皇說了算，主要的輔臣是和珅。阿桂病重去世，和珅掌控軍機處，幾乎成為唯一的承宣書旨之人。當然，這些昏招不能全記在他們身上，聯繫到子皇帝親政後所

43.《清史列傳》卷三○，〈大臣傳次編五‧惠齡〉。

為，其中也應有他的因素。

三、官逼民反

不管是先前的苗疆暴動，還是接踵而至的鄂川陝等省教眾造反，主要是官場腐敗和各種社會矛盾激化的反映。乾隆末年全國追緝白蓮教，一些地方官無限擴大查找審訊範圍，手段極其殘酷，有的藉機勒索，搞得民不聊生。對此，清朝的最高統治者不無了解，意識到地方官府出了問題。太上皇在苗民起事時的早期諭旨，以及有關追捕教首的諭旨，都顯示了政治上的清醒，顯示了對失職官員的憤怒。

而一旦民眾揭竿而起，攻掠州縣，打出反滿的旗號，朝廷立刻改變態度，部署強力鎮壓。到了這種時候，大清王朝的殘暴基因便會充分展現，教首或頭領一經抓獲，包括那些主動來降者（如聶傑人），皆處以極刑——凌遲梟首。這是一種極其血腥、極盡折磨的酷刑。開始時，還要將人犯解京審訊，皇帝有時還會聽聽他們說些什麼，最後仍是誅戮；後來覺得麻煩，多在出事地點公開行刑，是所謂「以儆效尤」。首犯凌遲，加上大批從犯的砍頭，當然有很強的震懾作用，如劉之協就是被血腥場面嚇破了膽；但也有限，也會激起更大的反彈，會使其家人親族殊死相搏。白蓮教暴動此起彼伏，前後持續九個年頭，亦證明了恐怖政策的失效。

民不畏死，奈何以死懼之？

朝廷和各領兵大員也有反思，有反間勸降之舉，剿撫並行。但這場大動盪的殘酷性，讓當政者和造反者都難以平和。試想：數千上萬教軍呼嘯而過，所有村墟財糧一空，百姓祖產田廬皆毀；而裹挾民眾、逼令入教當是所有教變的特徵之一，動輒連營數十里，其中有多少無辜百姓？以故，外來教軍與當地民眾之間常也產生大衝突。四川和湖

北都出現大批鄉勇，先是結社自衛，漸漸與官軍協同作戰。他們既熟悉地形，又有著深仇大恨，手段狠毒，對教軍形成很大威脅，也使社會裂痕更為擴大。

即便如此，殘酷現實之中，仍存在一種跨越敵我立場的信任與溫情，存在一些充滿職務責任感和人性善意、力圖挽回社會安定的基層官員，百姓和教首都稱之為「青天」。最著名的是劉青天——四川東鄉知縣劉清。

劉清先任南充知縣，素有政聲，深得民心。嘉慶元年四川教亂起，東鄉王三槐、冷天祿、張子聰等在蓮池溝舉事，聚集教眾七八千人，浩浩蕩蕩前往達州與徐天德所部會合。劉清臨危受命，調署東鄉知縣，隨即招募五百名鄉勇，維護治安，堵禦教眾。教軍早聞其清廉之名，不與為敵，處於動亂中心的東鄉，居然一境安然。作為朝廷命官，劉清恪盡職守，在危機時也不妄加抓捕刑訊。清廷法律強調犯法連坐，對教首家屬逮治誅殺，甚至連普通教民的家人也不放過。劉清則心存悲憫，盡量寬容。募集鄉勇時，他也不計較以往經歷。如羅思舉和桂涵，少年時皆曾犯法，為保護家園參加鄉勇，劉清推心置腹，激勵其為家國效力。後來二人衝鋒陷陣，建立大功，清朝借重鄉勇平復反叛，亦由此開端。

大戰惡戰相連，劉清率鄉勇積極參戰，但主張招撫，多次單騎深入教軍大營，與教首如王三槐等人對話。三槐聽其邀約下山，被勒保誘捕，押往京師處死。教軍沒有把賬記到劉清身上，不忍加害；劉清也不以王三槐之事而廢招撫之心，仍是誠懇勸解。正因為有了劉清等清官，四川戰況未見擴大，「戰血未乾，訓語條至，出入虎穴，坦若門庭。見羅其清等則大哭，賊亦大哭，蓋不待戰而其心已為公奪矣」❹。

44.《續碑傳集》卷四八，〈劉青天傳〉。

試想如果州縣多有這樣的官員，大面積動亂還會發生嗎？

官逼民反，是白蓮教造反的口號之一。廣大百姓當深有同感，故行之甚遠，連朝廷也有所聞。請看王三槐京中受審一段記載：

> 三槐被俘至京，廷訊時，言「官逼民反」。帝詰之曰：「四川一省，官皆不善耶？」對曰：「惟有劉青天一人。」劉青天者，川民以呼劉清也。帝深嘉許之，特諭：「朕聞劉清官聲甚好，每率眾禦敵，賊以其廉吏，往往退避引去。如果始終奮勇，民情愛戴，著勒保據實保奏。」尋以清治績戰功奏上，晉秩同知直隸州。於是劉青天之名聞天下。嘉慶十年，教事平，清入覲，帝賜詩首有「循吏清名遠邇傳，蜀民何幸見青天」之句。❹

寫下此類詩句，自是對廉吏的獎讚，卻不見作為最高統治者的愧疚和反思。

同樣被稱作「青天」的，還有南部知縣王贊武。巴州白號教首羅其清與通江藍號教首冉文儔盤踞儀隴深山之中，剿滅甚難，惠齡等合圍後不敢進擊，令王贊武前往招撫。羅其清是一個織布匠，雖然一家子都入教，開始時倒也沒想造反。織業凋敝，無奈開了一個小酒店，開張之日眾人來賀，燃放鞭炮，官府聞知後前來查禁，遂激成事變。王贊武素有民望，單騎入營，與其清有這樣一段對話：

> （贊武）遂單騎入教營，呼曰：「我來矣。」其清佇視良久曰：「王青天也，何為至是？」贊武曰：「聖朝赦汝，汝知之乎？」曰：「知之。」曰：「何不就撫？」其清曰：「無可奈何耳。某等本以一時憤激，為官役等所逼，敗壞至此。抗拒以來，戕官殺吏，罪大惡極，

45.《清通鑑》卷一五五，七月二十四日。

自知不免。朝廷縱有好生之心，其如我輩疑阻不敢向前何？且某等室家敗毀，父母妻子相繼滅亡，祖人廬墓為之一空，歸將焉依？與其漂泊孤身，骈首就戮，以快仇讎之心，毋寧嘯聚奔逃，求緩須臾之死，聽其結局耳。」因泣下。贊武曰：「無懼，我能丐汝死。」曰：「鳴呼！等死耳。為囚為賊，其罪一也。願公無再來營。公在此，某等決不敢以一騎一矢相加。」贊武曰：「何故傷百姓？」曰：「毋我梗，則免耳。」㊻

此一對話當為王贊武追述，或有所加減。贊武雖有愛民之譽，所說的話實乃哄騙之詞。清廷雖幾次下旨免盲從教民之罪，對教首從無寬貸，聶傑人、王三槐都是例子。羅其清不是不知，卻給贊武保留面子，他的話句句發之肺腑，真切可信，讀來令人震撼。王聰兒、姚之富寧可跳崖，也不願被俘虜，亦在於此。

第四節　黃水滔滔

　　被視為中華民族母親河的黃河，由於攜帶大量泥沙，進入中原後左沖右突，遷徙無定，雖有堤防，常也無法約束。自南宋建炎間黃河奪淮南行，至明代已成朝廷大患，入清後更是不斷決口。玄燁和弘曆祖孫的南巡，周視和勘察水道、解決水患也是目標之一。康熙帝信用河臣靳輔，批准兩岸水閘和減水壩的修建，力圖在洪峰期分解正河流量，變水患為水利；乾隆帝亦多次親臨河工，閱視堰圩堤壩，商酌議定治理方案，數十年下來，對黃河水性知之亦深。

　　弘曆對治黃多有規劃，建設樞紐工程，批准植柳護堤，挑挖通往

46.道光《南部縣志》卷二八，〈邑令王公堵賊遇害列傳〉。

洪澤湖的引河，修築太行長堤，黃河決口有所減少，但遠沒有根絕。禪讓期間，更是水患相連，一波未平，一波又起。

一、豐汛六堡大決口

嘉慶元年六月二十九日，南河總督蘭第錫緊急上奏：黃河豐汛段在十八日河水陡漲，從內堤漫上河灘；十九日夜間狂風驟雨，主流湧高數尺，漫灘之水在六堡潰堰而出；二十日寅刻，黃河北大堤被沖決，洪水在蘇北平原分兩路呼嘯下洩……

經過百餘年與河患的反覆較量，國家也積累了一批治水人才，形成了幾支治水隊伍，尤以南河河道最為集中，總督蘭第錫就是一位資深專家。舉人出身的他，由縣學教諭做起，在知縣位置上盤桓十餘年，以明練務實被薦為永定河北岸同知，歷永定河道員，乾隆四十八年署東河總督，三年後實授，五十四年轉任南河總督，靠的就是實心任事。第錫素性清廉，具有很強的責任心，強調河員應以河為家，抵近值守觀察，防患於未然，由是也深得皇帝倚信。聞訊之後，蘭第錫星夜趕往查勘，見黃水滔滔，「由廢堰普漫而入，刷成溝槽三道，水勢湧注，大堤漫塌，口門寬五十丈」❹，趕緊部署搶辦堵禦。

所謂溝槽，是指大溜（即黃河主流）掣動，在河灘上沖刷成的深溝，大股河水正是由此奔湧往口門，將大堤缺口不斷刷寬。蘭第錫奏稱：有兩道溝槽業經淮徐道述德帶領堵塞，只剩下高家莊附近較深的一道，寬約六十餘丈，掣動大溜，擬在水勢稍緩、新秸登場後，即於臨河之處盤壩興堵。由是也可知，此處（也包括近處）河段對決口毫無預備，連秸料都要等待秋後高粱成熟再收購。在此之前，只好任由洪水奔湧而出。第錫老於河務，所奏附圖貼黃，一目了然。他也知聖

47.《續行水金鑑》卷二六，1頁，〈河水・章牘二十三〉。

上關注什麼，特地說明洩出洪水由豐縣清水河、沛縣食城河流下，雖淹了一些低窪之地，並未淹沒大片農田，也未淹死人。七月初六日諭旨下達，命抓緊在高家莊口門盤頭築壩，迅速進占堵閉。同時命署任兩江總督蘇凌阿趕往河工，督辦一切，並對撫恤災民作出安排。河患之累不亞於用兵，自是朝廷大事，所頒旨意皆上皇親自決定。

上皇對河患極為重視，諭旨發寄後，仍仔細研究豐汛漫口圖，指出一些疑點：「何不於高家莊坐灣處所向東開挖引河，引水東注，歸入正河？」殊不知決口處水情瞬息萬變，所呈圖樣與實情早已不同。老皇帝不辭辛苦，於千餘里之外運籌帷幄，用朱筆在高家莊標示引河與壩工，令飛送豐汛工地。到了這種時候，上皇的涵養人才和知人善任便得以展現，山東布政使康基田對河務較為熟練，諭令「即著前赴工所，所有諭旨及圖樣，亦交閱看是否可行，即迅速覆奏」❹❽。他還為此暫停了一系列地方大員的調整：山東巡撫玉德本已調任浙江，以黃河水患下游為山東地面，命玉德仍駐紮省城，與前來接任的伊江阿「籌辦一切」；浙江巡撫吉慶本已調任兩廣總督，因玉德未到，只能緩行；原兩廣總督朱珪有旨「來京另候簡用」，也須再留一陣子，只是由實任改為署理。這類任免取決於太上皇帝，子皇帝沉靜緘默，倒是和珅頗能摻乎，蘇北的一場洪水，再次擋住了朱珪的返京之路。表面看是一環套著一環，就中也能看到和大人操弄的影子。

康基田也是一位治河能員，乾隆二十二年中進士後長期任知縣，歷淮徐道、江蘇按察使、江寧布政使，署南河總督，後因事革遣。五十九年豐汛曲家莊堤告急，康基田（時再任淮徐道）堅守在抗洪最危險的埽工上，跌落激流中，幸得救回，由是激勵士氣，力捍大堤不失。乾隆帝聞知欣喜，再擢為江蘇按察使，轉山東藩司。水患危迫，上皇

48.《清仁宗實錄》卷七，嘉慶元年七月己酉。

立刻想到這位老臣，然洪水北注，下游黃泛區四處吃緊，又想要他回山東「與玉德妥辦疏消漫水」，得知豐汛事態嚴峻，再次命其留工。

諸大員奉旨趕來之前，蘭第錫於七月初三日奏報：大堤口門經漏夜搶護已見平穩，正河大溜已被掣動四五分，擬在靠近內堤處選址築壩，並在上首添建挑水壩。初九日再報，稱水位又漲三尺多，「溜勢湧急，全歸漫口」。事已至此，上皇無可奈何，只是對照新舊圖樣，再次要求盡快挑挖引河，並追問因何不見在高家莊標識。蘭第錫只好回奏：該莊原為河灘一個小村子，僅有草房十餘間，大水一來，早已沒了蹤影❹。在築挑水壩、開挖引河以及堵築等決策上，上皇都有指令，試舉二例：

> 今閱此圖，則黃河南岸原有河溜本身坐灣，向北並有舊河形一道，且比灘面低三四尺。自應於該處挑挖，引溜徑直東趨，以合正流。再閱此次圖內所繪引河，若依舊河形開挑，恐未能得勢，何不取直向南而東，展寬挑挖，俾河溜直注正河，豈不更為得力？著蘇凌阿等會同籌酌，亦不必拘泥遵旨也。❺

> 又據奏：原定壩基，離引河頭較遠，今移上二百丈。所辦尚是。惟圖內所繪挑水壩，形勢徑直，恐未能挑溜東注，似應斜向東南築做，較為得力。再現挑引河，河尾亦覺尚窄，應酌量展寬，庶可引溜暢注。此時蘇凌阿、康基田早已抵工，務須會同商辦，斟酌盡善。亦不必拘泥遷就。❺

雖也命在事者不必拘泥，實際上帶給蘭第錫等很多困擾，要在河患嚴

49.《續行水金鑑》卷二六，8頁，〈河水・章牘二十三〉。
50.《清仁宗實錄》卷七，嘉慶元年七月庚申。
51.《清仁宗實錄》卷七，嘉慶元年七月丁卯。

峻時抽出時間，讚揚太上皇的英明洞察，也要不停地對各種問詢解釋說明。此等處也可以證明，上皇對河患極為關切，對於治理堵禦傾集心血，且視野開闊，始終兼顧運河漕糧的通暢，考慮到受災地區的撫恤和恢復重建。

蘇凌阿是在七月下旬趕到豐汛河工的，抵達後即成為大工的主持人。此翁因與和琳有姻親得到和珅關照，兩耳重聽，心中倒還明白，自知不懂河務，便處處倚重蘭、康二人，河工進展亦速。九月底，蘇凌阿、蘭第錫、康基田聯銜奏報：東西兩壩進占穩實，口門已縮小為四十丈，各項物料皆備齊，約計在十月初五日之前合龍。豈知挖開引河頭、大溜順引河下注後，口門處水性仍復狂悍，刷深至六七丈，進占極為艱難。十月十六日，蘇凌阿等再次飛奏，稱十四日至十五日奮力合龍之際，「大風鼓浪，東壩陡然蟄裂四丈餘尺」[52]，兩名兵丁隨埽落水，幸得救出，並說堤壩蟄失不多，趕辦十餘日即可合龍。上皇批諭：「不必心存畏懼，以致中無把握，惟當督率員弁奮勉詳慎，趕緊進鑲堵築」，並說期望在月底能聽到喜音[53]。等待「喜音」、「喜信」之說，此前已講過多次，頗能映照出弘曆父子共同的急切焦灼。

在工大員何曾不知聖上的心情，怎奈水勢湍急，土性疏鬆，進填壓實極為困難。經晝夜督催搶工，終於在十一月十日堵合冂門。蘇凌阿飛奏朝廷，百忙中不忘自誇，更未忘拍馬屁：

查本年水勢最大，漫口較寬，築壩之初實深惴悚。幸蒙聖主洞燭機宜，多方訓示，俾一切工程獲有遵循。更荷至誠感格，日久晴明，得以施工集事。合龍之日，四野歡呼鼓舞，同聲頂頌皇仁。臣等目擊

---

52. 《續行水金鑑》卷二六，20～21頁。

53. 《嘉慶道光兩朝上諭檔》一，嘉慶元年十月二十一日。

情形，尤深欣忭。�554

這裡的「聖主」，指的應是上皇，卻又故意含糊，含糊中將皇上也包括在內，一體稱頌。當是時也，各地督撫將軍，都曉得這個路數。上皇十分高興，獎勵蘇凌阿三人大小荷包，諭令在合龍處建蓋河神廟，還要親書扁對。

　　誰知僅僅過了兩天，大壩又復蟄失，再次形成二十餘丈的大口子。蘇凌阿等將原因歸於天氣晴和，上游冰凌激撞而下，實則還在於趕工太急，壩基不實，引河又不通暢，以致將新築大堤沖垮。此時秸料所存無幾、銀兩亦缺，三大員不免驚惶，一面飛諮玉德速運秸麻物料，一面從江蘇藩司提解六十萬兩銀子支用，並表示將來核算後由三人賠補。三大員皆屬老年：蘇凌阿八十一歲；康基田七十歲；蘭第錫六十二歲，雖屬年齡略輕，因身任河督，屬直接責任，壓力最大。應其要求，摺尾特別加了一句：「臣蘭第錫專司河務，獲罪滋深，惟有仰懇天恩，將臣等交部從重治罪。」這個「臣等」，應指蘭第錫以下南河員弁，不包括蘇與康。

　　上皇沒有給予任何人處分，包括自請嚴辦的蘭第錫。他雖大為失望，仍能客觀總結反思，認為「堵合後鑲壓不能堅實，埽底未經閉氣」是合龍失敗的根本原因，然上游日暖開凍，冰凌乘風沖撞亦重要原因。諭曰：「人力難施，事出不期，何忍治伊等之罪！」真讓在工大小員弁感激涕零。上皇及時作出人員調整，蘇凌阿受命馳往江西審辦要案，東河總督李奉翰被調來。奉翰資歷在康、蘭之上，亦精通河務，乾隆四十四年署南河總督，次年即為東河總督，故於十一月底抵達後即主持豐汛大工。時天寒地凍，新的三大員分別盯在東西兩壩，大工現場

54.《續行水金鑑》卷二六，22 頁。

緊張繁忙，至十二月二十四日再次打算合龍，又遭遇失敗。

二年元旦到了，太上皇帝照例子夜開筆，照例由顒琰陪侍往奉先殿和堂子行禮，照例要出御太和殿，接受子皇帝率王公大臣、蒙古王公台吉等上表行慶賀禮。次日，即有一連串諭旨頒發：

對江蘇徐、淮、海所屬豐縣、沛縣、銅山、碭山四縣展賑兩個月，受災略輕的與邳州、蕭縣、宿遷、桃源等展賑一個月；

對安徽鳳陽、宿州、靈璧、泗州、五河等借給兩個月口糧，稍輕的另外七縣借給一個月口糧；

對山東單縣、魚台、濟寧三州縣，分別極貧次貧，於正賑後展賑兩或三個月，「銀穀兼放」，金鄉、滕縣、嶧縣給賑一兩個月；

對淮北海州分司所屬鹽場「被災灶丁」展賑一月，借給維修鹽池的本錢。

皇恩浩蕩，而受災面積之廣、災民之眾亦於此可見。就在當日，李奉翰等奏摺遞到，豐汛大工的情形並不樂觀，臘月下旬再一次打算合龍，又被沖決。上皇未多責備，諭曰：「於初十日內合龍穩固，尚可將功抵過，過此時亦不即將伊等治罪也。」讀來頗覺邏輯混亂，當是上皇內心矛盾的反映。之後東西兩壩又有多次潰塌，得兵夫人等死命堵築，終於在當月二十七日合龍。

二、「又有漫溢之事」

豐汛漫口前後七個月才堵上，滾滾黃水在魯南蘇北淮北的廣大地域橫肆奔流，所過田廬如洗，生民維艱。朝廷雖有賑災舉措，然幾個月的賑濟過後，還要有漫長的恢復期。上皇擔心建在沙灘上的堤壩不穩，汛期再出事故，敦促蘇凌阿等多次查勘，得知金門前已經掛淤，形成嫩灘，這才略覺放心。

大水挽歸正河，新的汛期不久就會來臨，要辦的急務還很多：沿河堤防的檢查加固，大工過後的經費核銷，受災地區淤塞河道的疏通清理、災民的撫恤和恢復重建……。一干河臣與相關督撫正忙得焦頭爛額，緊急諭旨又到：

> 昨因景安奏桐柏山分股賊匪竄入葉縣地方，該處與襄城、許州毗連，距省城甚近，恐民人不免稍有驚惶，是以降旨令吳璹酌調河標兵丁防堵，並令李奉翰於查勘豐汛各工完竣後，即速赴開封、襄許一帶，以資督率鎮撫。但竄入葉縣之賊，不過零星潰散餘匪，業經景安由魯山趕回截剿，自無難剋日殲除。著李奉翰即於途次探聽，如葉縣賊匪已經撲滅，或又折回南竄，則已；若賊匪尚在葉縣嵩縣一帶，欲往北竄，此時開封省城只有吳璹一人，而景安相距較遠，又不能兼顧，李奉翰即調河兵，迅赴開封、襄許一帶，以資防範。❺❺

這邊河患剛剛停息，那邊「匪患」又來，直接威脅到河南省城。李奉翰作為東河總督，標下也有軍隊，故此命他速調河兵，趕赴開封附近防堵。鄂川白蓮教接連而起，所在攻城掠地，並有開進中原之勢。白蓮教在河南根基深厚，教首劉松、劉之協等多為河南人，上皇很警覺，急調大軍防範。

　　李奉翰顯然是上皇眼中的幹員，本為東河總督，卻被調到南河所屬的豐汛主持大工，以至於軍機大臣寄發諭旨時，將他誤稱作南河總督❺❻。桐柏山與湖北山勢連綿，教軍多次欲沿山路入豫，清軍重重布防，圍追堵截，總算將其進攻的態勢消解。而僅僅幾個月過後，黃河

55.《清仁宗實錄》卷十五，嘉慶二年三月庚申。

56.《嘉慶道光兩朝上諭檔》二，嘉慶二年三月二十日，曰：「大學士公阿、大學士伯和字寄：江南河道總督李……」其時阿桂在病中，誤在主持軍機處的和珅。

河南段再次大決口，且是連環決堤，李奉翰及一干河員又繃緊了神經。

二年七月，黃河水又到汛期，大水連續盛漲，沿岸多處吃緊。最先出現險情的是南河所屬碭山河段，「二十日夜間，水勢加長，風力勇猛，將楊家壩無工之處漫溢七十餘丈，溜勢掣至河南虞城交界不遠」❺❼。其時兩江總督蘇凌阿、南河總督蘭第錫、江蘇巡撫康基田俱在下游搶辦工程，奉命緊急馳往，負責堵築。對於此處決口，太上皇帝別有分析：潰堤之水南行，無妨運道，不遠又有洪澤湖接著，造成的災害會遠小於上年的豐汛；下游既經宣洩，上游的水位自然降低，便不會再出事。豈知東河所屬地段也是險象環生，僅僅一日後，曹縣二十五堡即出現漫堤，「因河水積長，高於堤頂，更兼風狂雨驟，隨搶隨漫，於七月二十四日堤工漫溢三十餘丈」。一個時段南北岸出現兩處決口，讓上皇頗為不解，在諭旨中說：

　　前因江南碭山楊家壩一帶有漫溢之事，曾降旨令蘇凌阿等馳往查辦。楊家壩係屬南岸，且在曹縣下游。該處既有漫溢之事，則上游水勢自應輕減，何以曹縣復有漫口？黃河性不兩行，其故殊不可解！❺❽

所謂「殊不可解」，是因為弘曆自以為對黃河水性知之甚深。就在這一年，類似情形一再發生，上皇對黃河水性的認識更上層樓，不再說「黃河性不兩行」之類的話了。

實際情況是：黃河下游決口，上游仍有可能決口；然一旦上游出現漫溢潰堤，下游決口的壓力便告減輕或消解。曹縣漫口後，楊家壩口門之水隨即大量減少。朝廷的注意力轉移到曹縣，這裡臨近大運河，事關漕糧輸送京師，一旦被洪水阻斷，非同小可。上皇權衡輕重，命

57.《嘉慶道光兩朝上諭檔》二，嘉慶二年八月初一日。

58.《續行水金鑑》卷二七，13 頁。

先將黃河北岸的曹縣漫工趕緊堵築，而令碭山楊家壩工程將兩壩頭裹住，暫緩進占，使漫水歸入洪澤湖。「如此酌辦，則南岸下游既有宣洩去路，北岸上游施工自易為力。此時惟當將曹縣漫工剋期鑲築，勿令妨礙運道，俟此處工程辦竣，再將楊家壩工程併力堵合，庶於運道全河兩有裨益」。上皇總是親自閱批這些摺奏，再以諭旨發出，言傳身教，向子皇帝具體解說堵禦河患的方略。此議既具有全局視野，又區別輕重，次第分明，的是最佳方案。

岂知臣下自有如意算盤，楊家壩屬於南河，見東河所轄河段出事，來水大減，喜出望外，急忙忙下埽堵合，待諭旨送達，大堤已然合龍。蘇凌阿等具摺奏報，並說知道東河缺少熟手，已經「令河營參將韓勝帶領熟練備弁兵丁馳赴東省，隨同進埽搶辦，以期及時堵閉」；同時奏稱已布置挑挖引河，先從江蘇藩庫運去三十萬兩庫銀，以供工程開銷。戶、工兩部對河工各項均有確定的經費標準，蘇凌阿等稱「例價實有不敷」，表示將帶頭捐出廉俸，對資金使用也會認真審核。事已至此，上皇也是無奈，只好命諸大員協商辦理，在伊家河、荊家橋兩處疏洩洪水，保護運道。

九月初，曹縣決口已達九十餘丈，洪水在河灘上刷出十餘道漕溝，匯聚口門，呼嘯而下。經過和珅一番運作，蘇凌阿接替已逝的阿桂為大學士，赴京上任，總算可脫離苦海。李奉翰調任兩江總督兼管南河事，康基田再為河東河道總督。每一次河工，都會有巨大的資金支出，也許為了分解花費，也許是以為河臣油水較多，朝廷在最後核銷時常令責任人賠補一部分。當年十二月，蘭第錫卒於任上，身後留下一筆巨額欠債（「漫工賠費」二十萬兩有餘），應由其子代繳。蘭第錫一生廉正，據山西巡撫查明，家產僅值一百四十餘兩。上皇聞訊嘆息，命繼任者和下屬道廳代賠，就是不從戶部大庫中再撥錢。

　　繼任南河總督的是康基田，山東布政使司馬駉接任東河總督，曹工主要由二人負責。基田等奏稱「十一月內可以合龍」，上皇切切督催，「傳諭康基田等督率趕緊堵築竣事，不得藉詞延宕」❺❾。回奏雖說嚴冬冰凍，滿河淌凌，但還是極力趕工。十二月二十三日，康基田等奏報十九日開放引河，急溜奔騰，暢注無阻；三天後掛纜合龍，「大壩計長一百九十七丈，周身穩固，毫無滲漏」。實際上，江督李奉翰、魯撫伊江阿常也盯在工地上，尤其在合龍之際，能來的相關大員都盡量趕來，合龍成功後皆大歡喜。未想僅過了不到一個月，凌汛到來，西大壩陡然出現垮塌。眾兵夫趕緊搶護，無奈水急浪高，裹挾大塊堅冰激撞而來，大壩隨鑲隨塌，至三年正月二十八日，已被撕開十餘丈缺口，冰溜湍急，人力難施。

　　李奉翰在奏報時自然要查找原因，認為合龍時「嗣值天氣凝寒，水凌擁擠，壩根有滲水之處」❻⓿，天暖開凍，壩基鬆動，再遇激流沖撞，便生蟄失。上皇大為失望，不去反思自個急急如律的遙制催逼，降諭責斥，將李奉翰等交部嚴加議處。此時已屆春汛，口門被淘深至十餘丈，興堵大是不易。奉翰等考察後，以為應在大壩向裡河勢坐灣處所，另行選址築壩，等待秋收後興工。一場折騰了半年多的大工，又要重新來過。

　　上皇欽派大學士劉墉、尚書慶桂前來視工，傳諭對諸大員再次譴責：

　　此次曹汛漫工，總由該督等築壩進埽未能堅實，以致上年甫堵旋開，及復經鑲築後，又不能督率在工人員趕緊施工，曠日持久，水性就下，致口門日刷日深。昨有旨令劉墉、慶桂前往查勘。即以口門跌

59.《續行水金鑑》卷二七，22 頁。

60.奏摺錄副：康基田、伊江阿奏報曹汛大工合龍情形事，嘉慶二年十二月二十三日。

成深塘，轉瞬大汛經臨，辦理費手為慮。今據所奏情形，果不出朕所料，是李奉翰等疏玩遲延之咎，實無可辭。除伊江阿係屬巡撫，有本任應辦事務，非專辦河工之員，姑暫從寬免外，李奉翰、康基田原係河東總河，司馬騊係現任總河，厥罪均屬甚重。本應革職治罪，姑念伊等向於河工尚為熟習，姑先革去翎頂，圖功自贖，以示薄懲。

蘭第錫已經死去，滿朝文武中熟悉河工的大員，也就這老幾位了，撤了又能換誰？

上皇不得已批覆暫緩興堵的方案，同意奉翰所奏另立新壩，並諄諄叮囑做好災民的安置撫恤。老皇帝又開始認真研究河臣呈來的圖說，又開始新一輪的指點部署。他更為關心的，是漕糧運道是否暢通，對此作了一系列布置，大多數切實可行：

至現在糧艘正當北上之時，漫工既未能依時堵合，運河連成一片，糧船行走，挽運稍艱。該督等亦應照前旨，於河內插立標識，導用縴船，務須慎重辦理，俾糧運得以銜尾前進。如再有途次脫空，致遲逾限期之事，必當一併從重治罪，斷不能幸邀曲貸也。**❻❶**

劉墉和慶桂抵達後，也奏請緩至七月後興工。兩位欽差大臣，一個比一個圓滑，只是前來檢查，查大工現場，也查下游引河的挑挖情形，不參與河工的指揮和管理。上皇批准了緩期興堵，命「務為鳩工集料，俟霜降後一舉集事」，比李奉翰所請七月開工，還要晚兩個月。

豈知人算不如天算，當年多雨，黃河來水極盛，下游雖已決口，上游和中游仍復吃緊。剛入九月，河南睢州上汛由漫溢而成大決口，曹汛段的河水只有往年十之一二，堵口之事由千難萬難，變得易易可為。

61.以上兩則皆出自《清仁宗實錄》卷二九，嘉慶三年四月乙卯。

三、河決睢州大堤

　　進入嘉慶三年汛期，儘管下游的曹汛已近一年敞開口子橫流，上中游河段仍是多處吃緊，險情不斷。六月十九日，東河總督司馬駰奏：沁河、洛河水勢同時暴漲，匯入黃河下注，睢州下汛等段連續出現堤壩坍塌，經晝夜搶鑲，並於壩後攢築土戧，稍為安穩。

　　七月十七日，司馬駰再奏：沁河長水二尺八寸，黃河萬錦灘長水二尺，加上連續大雨，河水增長。但盡量給聖上吃一顆定心丸，說是「各工俱屬平穩」。

　　待到九月初二日，河南巡撫倭什布急奏到來，睢州上汛已由漫溢形成大決口。據奏：八月下旬，睢州上汛水勢洶湧，出槽漫灘，加上數日來大雨如注，「二十八日河水復陡長三尺六寸，連前共長水八十九寸，大溜全注五堡以上。時值黑夜，雨勢甚緊，北風愈猛，河溜全擁，高於堤頂。該處本無埽工，竭力搶護，趕辦不及，以致二十九日丑時，漫溢十餘丈」。倭什布迅即趕赴查勘，「其過水之處，已經匯寬約一百五六十丈，探量水勢約深四五丈不等，大河之溜已分注漫工者八分，仍入正河者僅止二分」。他還詳細報告了決堤洪水的去向：

　　　其漫水出堤，據差探報稱向南分流，一入睢州城東之十八里河舊河槽，向東南過睢州之東寧陵之西，南至鹿邑縣境，歸亳州入洪澤湖；一股出堤向西南流，自儀封廳地方入杞縣、睢州交界之惠濟河，繞至睢州城南，仍歸十八里河，入柘城交界，南至鹿邑、亳州統會一處……。[62]

62.硃批奏摺：倭什布奏，為行抵祥符縣查勘睢州地方漫水情形事，嘉慶三年九月初二日。

剛剛決堤，即行查報出堤之洪水的流向，是知其為皇上歷來所關心，各地在決口後必須迅速奏報。倉促間雖不會太準確，但流向洪澤湖則屬可信。

　　上皇已進入「訓政」的第三個年頭，仍然頭腦清晰，覽奏即有一番分析，認為上游正河掣溜，下游很快就會斷流，給堵築曹汛漫口帶來了好機會。而睢州五堡漫水可洩往洪澤湖，較之曹汛工程必須考慮到運河糧道，反而容易辦理。對黃河南北兩岸的決口，兩害相權，上皇發布了一段精彩之論：

　　　　向來北岸漫溢，漫水下注，勢如建瓴，施工較為費手。南岸地勢較高，且多平衍，分洩湖河去路較寬，易於堵築。是以從前辦理北岸漫工，曾有旨令於南岸或酌行開放缺口，分洩水勢。今北岸曹工未堵，而睢州南岸漫溢奪流，未必非天神佑助，轉為不幸中之幸。㊞

這種得之於實踐的大膽的治河理論，資深河臣方可總結，而上皇能熟知，運用於一心，亦令人欽敬。曹汛工程極為難纏，幾次合龍均告失敗，在決口上游分洪減壓，不是想不到，是很難下決心。河臣不敢自決，皇帝必也極為慎重，現河水自行沖決，便可因勢利導。

　　上皇結合曹汛實情，即行部署分派：命司馬騊馳抵睢工，會同倭什布，督率工員，先將漫口兩端趕緊盤裹結實，勿令塌寬；命倭什布和新任安徽巡撫朱珪查清當地和下游受損情形，妥為撫恤；命伊江阿等抓緊堵閉曹汛口門，務使堤工堅固；命李奉翰等實力督辦引河的分段挑挖，普律深通，以期堵口後正河暢行無阻。這是上皇自避暑山莊返回圓明園的第四天，不顧路途勞頓，諄諄叮囑告誡，力圖變壞事為好事。諭旨還稱已派人送去大藏香四十支，各以一半分交倭什布和伊

63.《嘉慶道光兩朝上諭檔》三，嘉慶三年九月初六日。

江阿，在當地河神廟「敬謹祀謝」。通常說來，往河神廟進香是在大壩合龍、工程告竣後所為，現在是先要謝謝了。

上皇定下這麼個調子，河臣與督撫自然順著竿子爬。數日後，江督李奉翰上奏：「水由寧陵等處下注渦河，經臨安省之亳州、蒙城一帶轉入洪澤湖。」還說到渦河河槽甚深，洪水順流而下，溢出無多。至於入湖後的行水情況，會不會影響漕糧運道？又有司馬騊補奏：「復查睢工事在南岸，漫下之水由洪澤湖出清口歸海，其北岸運河據道廳稟報，水勢日見消落，縴道漸次涸出。」❻❹所有這些，都盡量往有利方面去說，避免給皇帝（不管是上皇還是皇上）添不快。

但一個不容忽視的事實為：一處大工變為兩處，都要堵塞口門，都要挑挖引河，都是大量要人要錢要料。最急的是東河總督司馬騊，兩處都歸他管，必須有一個統籌。九月十一日，司馬騊在奏摺中說睢州漫口兩壩「壩工盤頭業經裹住」，西壩上首已開建挑水壩，開始算經濟賬，先說物料：

> 將所需料物錢糧通盤籌計，撙節辦理，約估用秸料三千垛、麻八百萬斤、穀草四百垛……曹工原擬自備秸二千垛、麻三百萬斤，又江南協濟秸三百垛。今曹工斷流，堵築較易，無須多用秸麻，應請於此內酌撥秸一千五百垛、麻二百萬斤來豫。

除去這主要的三項，工程需用各種正雜料物品種甚多，要選址開設料廠，委員購買和管理。關於大工所需銀兩，戶部訂有章程，通例為在朝廷批覆前，先在本省藩庫墊支，或向臨近省份借撥。司馬騊寫道：

> 此時遠處借撥一時未能即為解到，以應急需。查有兩淮現今解交

64.奏摺錄副：司馬騊，奏報督率文武實力趕辦堵禦睢汛漫口事，嘉慶三年九月十五日。

戶部銀五十六萬五千兩，已經在途，行文山東省撥護，尚未入境，合無仰懇聖恩俯准，將此項銀兩由東解豫，先為濟用。又曹工所撥銀兩除挑挖引河外，壩工無須多費，應請分撥銀三十萬兩，並於附近之浙江、山西二省各撥銀三十萬、蘇州藩庫撥銀二十萬兩，陸續解到，以資接濟。❻

物料各項不算，光銀兩就有一百六十五萬餘兩，睢工開銷之巨，於此可見。司馬騊思慮周詳，亦處處預留地步，對曹工原預算和料物及時作出調整。上皇只泛泛說了句「務當撙節辦理，不可稍任工具稽延浮冒」，交部核准。

　　連續三年，一個接一個的黃河大決口，堵築的最高決策者為上皇，主要助手當為和珅，還有一個重要人物是子皇帝。絕多御批以諭旨下發，顒琰的參與理所當然，且越來越占分量。進入三年秋冬之際，太上皇帝的龍體出現狀況，各地摺奏漸而多由子皇帝閱批，顒琰的風格有了較多顯露。遲暮之際的上皇，儘管時有批評，但更多的是涵容寬緩，如曹工一年多沒有堵閉，也未見處分一個大員。這時諭旨中口風漸覺峻厲：李奉翰等在摺奏中將睢工與曹工連同論列，被傳旨申飭，斥為「措詞殊屬不合，全不解事」；伊江阿奏報趕辦曹工大壩，未免多說一些困難，御批「此係易辦之事，又何必張大其詞」❻。諭旨對受災民眾的生活、災區來年的耕種很關心，不斷要求撫臣查實撫恤，並降旨對一年前被淹州縣追加救助，「加賑江蘇豐、沛、銅山、邳、睢寧、宿遷、安東、桃源、海、沭陽十州縣本年被水災民，並蠲緩額賦有差」。而當李奉翰等奏請暫留丁憂知府李逢春，幫辦淮徐等地放賑，

65.以上兩則皆出自奏摺錄副：司馬騊、倭什布，嘉慶三年九月十一日。

66.《嘉慶道光兩朝上諭檔》三，嘉慶三年十月初一日。

又以「開在任守制之例」，被嚴行申飭，交部議處。

十二月八日，司馬騊奏睢工大壩已做成二百一十五丈，口門僅留十八丈，原擬趁晴和時冰凌開化，擇吉合龍，可連日大雪嚴寒，「大河冰凌益甚，引河頭積凌漸高」，請求暫緩合龍。恰伊江阿也奏稱：「時當三九，天氣沍寒，曹工一帶河底通身堅凍，恐放河後冰凌擁塞，不能暢流，致有漫漾，與曹工大壩頗有關係。」❻❼其時太上皇帝已不再閱批奏章，子皇帝當即批諭，沒有加以催促，同意待日暖開凍後堵築，曰：

> 堵合壩工，全仗引河掣溜，藉其沖刷，復歸故道，合龍方可穩固。今既為冰凌所阻，且曹工一帶，河底堅凍，恐致冰凌壅擠，壩工著重，此時自不便遽行開放引河。不妨稍緩時日，以期一舉成功。❻❽

權衡利弊，也只能這樣了，上皇如加過問，應也沒有什麼高招。

67.《續行水金鑑》卷二八，25 頁。

68.《嘉慶道光兩朝上諭檔》三，嘉慶三年十二月二十三日。

第六章
弘曆的最後一個冬天

　　嘉慶三年，雖然已進入八十八歲的高齡，弘曆似乎並未做好離開塵世的準備。他還有那麼多操心的事兒：南方數省的戰爭，白蓮教一些大首領尚未捕獲；黃河水患未消，睢州口門仍在恣肆流淌；兒子顒琰的施政還不成熟，要不斷予以訓諭指點；樞相和珅辦事尚有缺欠，也需提醒敲打……可就在這年冬月，他的身體開始出現嚴重狀況。

第一節　衰老是不可抗拒的

　　當年夏天，太上皇帝還是信心滿滿。

　　他選擇在五月十一日啟程往避暑山莊，堅持實施一年一度的木蘭秋獮，依舊是乘輿前往、子皇帝披輦而行，依舊要檢閱騎射、省察民情，依舊有無數的召見和飲宴。他將此視為對大清傳統和祖宗家法的堅守，也當作身心強健的證明。不知是何等心緒，這幾年上皇從不作生日詩，卻一直在敘寫舉槍射獵的豪壯：「何期八十八齡者，目力依然天佑欽。」最末三字的組合生硬彆扭，卻是典型的乾隆詩風，大家也都知道要表達的是什麼意思。

一、安眠的喜悅

　　進入人生的老年階段未久，弘曆即染上失眠之症，每夜常常只睡兩個時辰，「若歷廿四刻，得三時整睡，則為幸」。❶禪讓之後，畢竟一大堆雜事交給了兒子，他的睡眠情況開始好轉，而且是年年好轉。嘉慶元年秋，有一晚睡了二十九刻（七個多小時），醒來龍心大悅，有詩紀之。到了二年夏天，乘著連宵喜雨，居然睡足三十二刻鐘，整整八個小時，再賦〈安眠〉詩，注曰：「向每有失眠之虞，邇年來卻得安

1.《清高宗御製詩餘集》卷八，安眠口號。

睡，常逾二十四刻至二十七八刻之久。昨沐昊貺，霖雨應時，心慰安眠至三十二刻，已足四時。」❷至嘉慶三年，這樣的好睡眠已經成了常態，「年齡幸致八旬八，夜刻每眠三十三」❸。他將此視為「老年難得之佳境」，視為身心健康的表徵。他的詩中不斷出現「望九」字樣，自稱「望九訓政之人」，對迎接自己的九十大壽充滿信心。

但三省教亂仍是上皇的心中塊壘，鬱結難揮，好覺醒來，立刻就會想到這件煩心事：

> 邇來每喜飽安眠，一夜四八卅二刻。
> 似此高眠豈不佳，心勞仍念捷消息。
> 官軍無數殲群賊，而何賊首未一得？❹

遲暮老人總喜歡誇說健康，弘曆亦不能例外，睡上一個好覺便要寫詩。而僅僅寫了六句，不知是編者丟了一聯，還是年老文思澀滯，到此便爾打住。

二、有這麼一個傳說

太上皇畢竟老了。

衰老，到來的時間或因人而異，然所有的年長者都必然要遭遇，無可避免。舉行禪讓大典之時，太上皇帝雖已見老態，頭腦仍清晰，精神還十分健旺。如正月初四那天，先在皇極殿開千叟宴，將滿蒙王公、一品大臣，及九十歲以上與宴者「召至御座前，親賜巵酒」；又在重華宮召大學士及翰林等茶宴，賦詩聯句，興致勃勃。那一年，苗疆

---

2. 《清高宗御製詩餘集》卷十三，〈安眠〉。

3. 《清高宗御製詩餘集》卷十七，〈口號二首〉。

4. 《清高宗御製詩餘集》卷十七，〈安眠〉。

戰事了猶未了，湖北教亂則方興未艾，他密切關注著前方的戰況，在福康安、和琳靈柩返京後，堅持要親臨祭悼，根本不聽子皇帝及臣下的勸諫。

應該說，弘曆是一個格外強健也格外自信的人。晚年視力減弱，自有人獻呈產於西洋的眼鏡，他大為忌諱，寧可小字看不清楚，也不願「借物為明」。禪讓第三年夏，作〈戲題眼鏡〉：

> 古希過十還增八，眼鏡人人獻百方。
> 借物為明非善策，蠅頭弗見究何妨？❺

詩後附記：「今且將望九矣，雖目力較遜於前，然批閱章奏及一切文字，未嘗稍懈。有以眼鏡獻者，究嫌其借物為明，仍摒而弗用。」爭勝逞強，竟然到了這種地步。

三年春，他還親自往黑龍潭祈雨，自平地往龍神殿有三組臺階，各數十級，自八十歲以後皆乘輕輿直至碑亭，僅登十餘級階梯，就可以到大殿行禮，這次突發豪情，要步登第三組階梯，結果氣力不足，只好再乘輿而上。

就在這個春天，外人眼中的上皇已經是衰老不堪，突出表現為記憶力的減退：

> 太上皇容貌氣力，不甚衰耄，而但善忘比劇。昨日之事，今日輒忘；早間所行，晚或不省。故侍御左右，眩於舉行。而和珅之專擅，甚於前日，人皆側目，莫敢誰何云。❻

這段話為朝鮮在京使臣所記，既有覲見時的直接觀察，也有搜羅到的

---

5. 《清高宗御製詩餘集》卷十八，〈戲題眼鏡〉。

6. 《朝鮮李朝實錄中的中國史料》下編卷十二，4953 頁。

傳聞，包括和珅的飛揚跋扈，應是大體不虛。

　　比較起來，國內關於太上皇晚年情狀的描寫較少，起居注此三年皆省記，簡略的程度，也是曾經大加刪除的證明。一眾起居注官，留下的著作中也幾乎絕口不談。這是一個政治禁區，是一段煙雲模糊處。然還是有知情人會講說轉述。有一段記載，恰可與《李朝實錄》相印證：

> 　　高宗純皇帝之訓政也，一日早朝已罷，單傳和珅入見。珅至則高宗南面坐，仁宗西向坐一小机（每日召見臣工皆如此）。珅跪良久，上皇閉目若熟寐，然口中喃喃有所語，上極力諦聽，終不能解一字。久之，忽啟目曰：「其人何姓名？」珅應聲對曰：「高天德，苟文明。」上皇復閉目誦不輟。移時，始麾之出，不更問訊一語。上大駭愕，他日密召珅問曰：「汝前日召對，上皇作何語？汝所對六字又作何解？」珅對曰：「上皇所誦者，西域秘密咒也，誦此咒，則所惡之人雖在數千里外，亦當無疾而死，或有奇禍。奴才聞上皇持此，知所欲咒者必教匪悍首，故竟以二人名對也。」❼

寫來亦是場面鮮活。太上皇之昏憒執迷和關切時事，嘉慶帝之恭謹與警覺，以及和珅的政務純熟、敏銳和當眾逞能，都來眼前。高天德、苟文明皆晚起於四川，並非教首中主要頭目，故嘉慶帝感覺有些生疏，豈知和珅只管隨口應答，不追求信息的準確無誤。那時和珅的感覺必然好得出奇，全不知殺機已伏。

　　數千年專制史中，兒皇帝的日子大都不好過，顒琰也不例外。但他無疑是一個結果甚好的兒皇帝。通過實錄和起居注，可知三年訓政期間，顒琰認真扮演著嗣皇帝、了皇帝的角色，終日侍奉父皇。父皇到哪裡都盡量跟隨身後，陪著他祭祀天地神靈和列祖列宗，陪著他接

7.《藝風堂雜鈔》卷三，153頁，〈和致齋相國事輯〉。

見臣下和外藩使臣，陪著他打圍觀光和看戲吃茶……在太上皇和近侍大臣（包括和珅）的眼中，顒琰是一個孝子，也是一個仁厚平和、嚴謹遲重、做事認真，沒有太大本事和魄力的人。

太上皇帝需要的，是一個仁孝平正、亦步亦趨的接班人；和珅需要的，則是一個可親可控的皇帝。顒琰深藏起真實的感受，在令阿桂、王杰等人擔憂的同時，做到了讓上皇與和珅心中踏實。

三、憧憬「林下」？

林下，林木之下，濃蔭之下，引申為山林田野退隱之處。如果說讀書做官、科舉入仕是無數學子的夢想，而在歷經宦海沉浮之後，不少人的夢又變為歸隱林下。「採菊東籬下，悠然見南山」，陶淵明就是一個典範、一種境界。由此衍生的語詞甚多，如林下人、林下士、林下風、林下意，皆與廊廟官場相映照。錢謙益有句「林下有人君側少，知公未忍說投簪」❽，亦不識是誇人，還是貶人。

林下，通例不屬於帝王。對於君王（包括太上皇）而言，雖有「倦勤」一說，雖也可退至深宮別院，享受清幽閒適，卻沒有思想上的自由自在，難以放曠形骸，無法呼吸到林下的清新之風。至於退而不休的弘曆，連養心殿都不搬離，每天召見軍機大臣，要看奏章發敕諭，春天祈雨，夏月望晴，牽掛多多，與林下相距甚遠。可弘曆飽讀詩書，也嚮往那種胸襟披灑的感覺，嚮往林下清趣，早在乾隆四十年就賦詩〈林下戲題〉，禪讓後更是多次吟詠及之。如嘉慶元年夏所作〈林下一首四疊乙未韻〉：

乙未曾斯憩，遙期授位便。天恩符獲已，子政訓猶肩。

8.錢謙益，〈吳門送福清公還閩〉詩之一。

> 察吏賢及否，勤民喫與穿。設惟自圖逸，志敢負初年。❾

述說的是一種矛盾心態：二十年前就期望禪讓授位，而今終獲實現，又要擔負起訓政的責任，不敢自圖安逸。詩間有兩段小注，很能說明上皇的心跡流變，其一曰：「朝臣致仕者向有林下之稱，予踐祚之初，立願至乾隆六十年歸政，可以比之致仕者優游林下。是以乙未憩此戲題有『擬號個中者，還當二十年』之句，彼時距歸政之期尚遠，而今竟仰荷天恩，幸符初願，感何可言！」是啊，人生往往如此，先是有一番美好預期，及至到了跟前，又不免變化。第二條小注，便是解釋改變初衷的原因：「予既上邀懋眷，以今歲月正元日傳位子皇帝。雖去冬子皇帝率內外王公大臣奏請予於期頤後再行歸政，情詞甚為懇摯，予以昔奏上帝之語，豈可自違，是以弗允所請。然自揣精神強固，又曷敢自耽逸豫，遂即自謂閒人？是以至今每日披覽奏章，於察吏勤民之事，隨時訓示子皇帝，俾得勤加練習，予庶不致有負昊蒼鴻佑之恩耳。」此類話語他已反覆說過多次，所不同的，這裡加上了不敢也不甘「自謂閒人」的說法。由是也知，此前說的林下之思，純屬隨心隨口，一說而已。

　　三年禪讓的多數日子，上皇仍是乾綱獨斷，呼風喚雨，子皇帝恭謹虔敬，處處順承。可是他過得並不愉快，精神上常處於焦灼煩躁之中。國家已到了多事之秋，叛亂難平，將士疲憊，日夜望捷而捷音不至，使之時而又生歸隱之念。嘉慶三年夏月，上皇在避暑山莊，一日閑坐嘉木之下，山谷松風，林間幽趣，情隨境長，不由得文思噴發，再賦林下之詩：

> 符願坐林下，嘉陰披爽便。雖然歸政子，仍勵辟邪肩。

9.《清高宗御製詩餘集》卷六，〈林下一首四疊乙未韻〉。

二豎獲日指，一章捷望穿。促吟乘颯籟，睫眼廿三年。❿

此詩也有自注，又說起乙未年的林下詩：「其時擬於二十年後歸政嗣子，或得遂林泉之樂。自丙辰元旦授璽，心願符初，迄今已閱三年，而訓政敕幾，仍未敢一日稍懈。兼以籌剿教匪，切盼捷章，馳諭督催，殆無虛日。以視優游林下者，殊難比擬。茲偶來憩坐，回溯前吟，倏忽已二十三年矣。」不管是避暑山莊還是圓明園，以及他所精心設計建造的寧壽宮，都不缺少蔥郁的林木，不缺少奇果異卉，然與陶淵明的境界有天壤之別。詩中的太上皇帝坐於林下，卻是一腦子的煩亂，無以靜享林下之福。

第二節　未能舉辦的九十大壽

禪讓的第三年，儘管在外人看來上皇已明顯衰老，但沒有人會告訴他，聽到的都是氣色好、聲音好、精神好之類。太上皇帝自覺身體依然強健，國家大事刻刻縈繞心頭，有詩為證：

元之三更六之三，嘉慶乾隆父子覃。

訓政心仍晝宵篤，承歡膝下清溫諳……。⓫

元之三，即嘉慶改元的第三年；六之三，指的是宮內時憲書所示乾隆六十三年。覃，有悠長、綿延之義，見於《詩經・大雅・生民》。弘曆的詩多有類此生拼硬接之處，但意思很明白，就是希望這種雙日照臨、父子執政的狀態延續下去。

10.《清高宗御製詩餘集》卷十九，〈林下一首五疊乙未韻〉。

11.《清高宗御製詩餘集》卷十七，〈戊午元旦〉。

雖說未曾居住過，上皇總想著那長期空置的寧壽宮，總要在元旦這天去兜上一圈，留下一組詩作，「洵沐天恩尚身健，仍勤政理訓兒諳」❷。這是上皇的自我感覺，所有人對他說的也是這類話語。

一、重建乾清宮

乾清宮是紫禁城最具有標誌意義的建築，上年冬失火後，上皇嘴上說不急，實則內心難以忍受。嘉慶帝，包括和珅等人心知肚明，對重建的籌備和施工抓得很緊。負責工程的為總管內務府大臣緼布和盛住，也很賣力，至本年十月大功告成，乾清宮、交泰殿及附屬建築整修一新。

十月初六日是子皇帝的萬壽節，照例是一切從簡：先到圓明園上皇所居的奉三無私殿行禮，虔敬侍奉父皇臨御正大光明殿，率皇子諸王貝勒與文武大臣行禮如儀，然後至同樂園，以太上皇帝的名義賜宴和觀劇。同樂園在圓明園福海西岸，據《嘉慶帝起居注》，自本月初四日起，每天都是「上侍太上皇帝御同樂園」，一直到初八日，連續五天。

萬壽節次日，王三槐押解至圓明園，太上皇帝即令軍機大臣審訊，主審者自為和珅領銜，詳報上皇之後，頒布諭旨：

> 本日王三槐解到，經軍機大臣審訊，據供聞徐添德已被大炮轟斃，羅其清、冉文儔心生懊悔，因畏懼王法，不敢出來。若知伊投順得生，必皆投出。並稱從前知縣劉清曾經前往曉諭出降，王三槐當即親自投赴宜綿軍營，其時被營內官員擋住，不准謁見宜綿，以致徐添德懷疑，不肯投出。如果所供屬實，則王三槐、徐添德早有投順之事，彼時宜綿等何以任聽屬官阻止，竟無聞見，亦未奏聞，以致辦理需時。著勒

12.《清高宗御製詩餘集》卷十七，〈新正寧壽宮即事〉。

保查明具奏，不得代為回護。至羅其清、冉文儔等果被官兵剿急，或探聽王三槐信息，希圖免死，竟行投出，亦未可定。著勒保、惠齡等察看賊情，一面仍鼓勵兵勇，上緊進剿，總以擒獲首犯為正辦。設各首犯等有真心棄械，自縛投誠者，亦不妨酌量寬其一線，予以生路。亦可藉此解散餘黨，稍省兵力。然只可帶兵大員數人存之於心，密為酌辦，不但不可令兵弁等聞知，即將領等亦不可稍有宣露，以致心生懈弛，此為最要。❸

此諭應為和珅等擬寫，軍機大臣云云，自是以和珅、福長安為主。此時的王三槐顯示出強烈的求生欲望，所供也是真真假假，以假為主。太上皇帝頭腦仍然清晰，見出一些教首的不堅定性，有意拆裂和招撫，密囑領兵大員心中有數，視情形而定，期望能分化瓦解，早日平定教變。

　　初十日，太上皇帝在子皇帝陪侍下起駕還宮，閱視修復後的乾清宮等。不光是殿宇一新，就連昭仁殿被焚毀的「天祿琳琅」善本，也都配置齊全，宋本書的品質和數量甚至還超過往日。上皇深為滿意，即降敕旨，獎譽在事出力各大臣，又是和珅排在最前面：

　　本日朕同皇帝進宮，閱視乾清宮、交泰殿工程，規模宏整，悉復舊觀，朕心深為嘉悅。自上年臘月底擇吉安梁，今歲春融興工，秋仲即已告成，並不廢采購之繁。辦理妥速，允宜甄敘示獎。除總理工程事務和珅、福長安業因軍功從優加恩毋庸議敘外，其監修之總管內務府大臣緼布、盛住交部議敘。❹

需要說明的是：盛住是已逝子皇后的親哥哥，先任總管內務府大臣，

13.《清仁宗實錄》卷三五，嘉慶三年十月丁酉。

14.《清高宗起居注》，乾隆六十三年十月十二日。

不久前又兼鑲藍旗漢軍副都統。和珅把他當作討好皇帝的一枚棋子，抬舉拉攏不遺餘力。這位國舅爺也順著杆兒爬，與和大人走得很近。顒琰全看在眼裡，親政後不到一年，便將大舅子的許多職務一把擄掉，降諭說早就知其「器小貪利」。

上皇對乾清宮的快速修復很愉悅，題詩誌喜，又寫到去年降詔自責的事：

> 昨歲乾清值祝融，紀年嘉慶匪乾隆。
> 從來有應必有故，不以責儲惟責躬……。**⑮**

在任何時候，上皇都不忘自我表揚，講說自己的豐功偉績、高風亮節。既攬下了責任，又要說火災實是發生於嘉慶朝；既已說明是嘉慶朝，仍稱顒琰為「儲」，即儲君。乾清宮失火後的罪己詔如此，乾清宮修復後亦如此。詩間小注曰：「昨年孟冬二十一日，乾清宮弗戒於火，此事記載應入於嘉慶二年，惟予自丙辰授璽後並未退居寧壽宮，仍在養心殿日勤訓政，事無巨細，皆予自任之。敬思上天垂戒，誠以予仰邀洪貺，踐祚六十二年，壽躋望九，康彊逢吉，諸福備膺，較之皇祖受眷尤為優厚，未免欣喜過望，是以昊慈於篤祐之中示以戒滿之意。予惟撫躬自責，不以諉之子皇帝。」弘曆再次從自身上找原因，認為根本原因在於自己福大壽長，「欣喜過望」。

十九日辰時，子皇帝御乾清門聽政。那場火災幸未延及乾清門，是以顒琰在宮中聽政地點一直未變。這次聽政，部院各衙門面奏引見後，仍是和珅、王杰、蘇凌阿、劉墉與一班內閣學士以摺本請旨，發布的諭旨似有大幅增多，應看作子皇帝事權的擴充。有一道旨意與湖北軍務相關，係湖廣總督景安參奏屬下侵占軍費，「安襄鄖道胡齊崙在

15.《清高宗御製詩餘集》卷二〇，〈孟冬還宮敬因重建乾清宮成有作〉。

任聲名狼藉，辦理軍需事務，種種虛捏，任意侵欺，與候補府經歷朱謨狼狽為奸。又候補道員劉錫嘏，平日官聲操守亦甚平常」。顒琰即令革職拿問：

> 胡齊侖身任監司，現在軍需事務款項繁多，豈容狡詐劣員侵欺冒濫。胡齊侖、朱謨俱著革職拿問，交該督秉公徹底查究，勿任狡展，即行從重定擬具奏。劉錫嘏著勒令休致，速飭回籍，不許在楚逗遛，以示懲創。⓰

這一類的事，上皇已放手讓顒琰去管了。景安乃和珅親族，剛剛擔任總督不久，舉劾下屬用不著顧慮連帶責任。而顒琰對軍費開支浩大、各級官員侵占早有了解，於此果斷出手。

二、子皇帝領銜的籲請

進入三年十一月，太上皇帝的身體出現一些不祥之兆，常常劇痛來襲，「朝或苦劇，夕又差減；夜又呻吟，晝又和平。日日如是，漸不如前」⓱。這是朝鮮來華使臣的描述，清朝官方文獻中幾乎全無記載，只有在上皇駕崩之後，追記了一句兩句。

就在該月十八日，顒琰率諸王貝勒及文武大臣隆重上表，籲請上皇批准，要在明年萬萬壽節，為父皇慶祝九十大壽，重開千叟宴。表文駢四儷六，華美穠麗，可稱古今中外馬屁文字之代表作，又最能對上太上皇帝的脾胃，讀懂甚難，照抄一遍也大不易，卻值得一讀：

> 子皇帝臣率諸王貝勒內外文武大臣等謹奏，為九秩延禧敷天洽慶

16.《嘉慶道光兩朝上諭檔》三，嘉慶三年十月十九日。

17.《朝鮮李朝實錄中的中國史料》下編卷十二，4978 頁。

敬陳籲悃願睹隆儀事：

　　欽惟皇父太上皇帝陛下健協乾行，吉彰頤慶。緝熙純嘏，久道化
成；保合太和，康彊逢吉。授政而仍勤訓政，猶日孜孜；延年而不事
迎年，惟天蕩蕩……

健協乾行，康彊逢吉，是在禪讓期間出現頻率甚高的諛辭，形容太上
皇帝身心康泰，壽高福大，又特別突出了其「訓政」和「延年」。有這
種狀態，不獨會「九秩延禧」，百歲當也不成問題啊！而接下來，便說
自己與天下臣民對上皇的感恩戴德：

　　於父母敢言施報，夙欽聖訓宣昭；而臣民莫不尊親，洵覺群情倍
切。寅念紹天峻極，率祖洪寧，敷釀化而布懿綱，互綿區而彌匝宇。
浸仁沐義，久暢溯於垓埏；騰實蜚聲，咸軒鬐於鼓舞。善政善教，甄
陶者咸五登三；宜民宜人，泛溥乎上蟠下際。惟宵衣而旰食，愈增純
固之精神；斯里忭而途歌，益啟舒長之歲月。凡茲天下國家之在宥，
欽承提命於有加，以暨庶民卿士之大同，胥念感通於無間。蓋自世躋
曼壽，人樂熙春，七旬推行慶之恩，八帙舉介釐之典。鑴瑤篆於古稀
耄念，國圖早邁夫帝期；志奎章於符望景祺，家慶偕申夫王會。

一段大唱頌歌，描繪盛世景象，「浸仁沐義」、「善政善教」、「世躋曼
壽，人樂熙春」，哪裡還能見出三省之地的廝殺、魯豫河道的漫溢、閩
浙洋面的劫掠呢？

　　表文的核心是兩年後的賀壽大典：

　　欣惟庚申之歲，恭逢九旬萬萬壽辰。仰懋齡之錫羨，符用九而數
衍乾元；歡耆算之延洪，筮函三而象昭泰一。福祿來同之盛際，雲漢
為章；光華復旦之昌期，日星以紀。四時通正歲，支逢協洽之麻；六

氣鈞調天，運萃亨嘉之會。三千叟疊施耇考，聖猶孩之；九萬里競舞階墀，皇乎備矣……樂以天下，頌幬載於率土之濱；亨宜日中，積京垓而自今以始。臚揚展拜，虔合萬國之歡心；舞蹈摛詞，敬率百官而請命。子臣實深踴躍歡忭之至，謹繕折合詞籲懇，伏祈慈鑑施行。**⑱**

炮製這麼一篇文字，莫說今日，即在當時亦大不易。但不論當時和今日，任何時候都會有此類文章高手。合朝大籲請的領銜者是自稱子臣的顒琰，發起人應也是他，還有一個積極支持和具體操作者是和珅，二人皆有文采，卻也寫不了這個東東。可朝中文星閃耀，王杰、紀昀、劉墉、董誥、彭元瑞，甚至那吳省欽、吳省蘭兄弟，哪一個都可以勝任，倒也不煩猜測了。

　　太上皇帝的九十大壽在後年八月，此時提出，一來表示鄭重，留出充分的籌辦時間；二來也是讓父皇高興，讓明顯衰弱的上皇振奮和期待。是啊，那會是怎樣盛大榮耀的場景！典禮是統治者的興奮劑，晚年的弘曆樂此不疲，光是想像一番那種盛況就令其神往。上皇當即照准，卻說本來因教變未平不想舉辦，考慮到皇帝（注意，敕諭中不再稱子皇帝或嗣皇帝，且已有一段時間了）孝心之誠，考慮到天下臣民的心願，「不得已姑允所請，於庚申年舉行慶典」。上皇敕諭比照康熙六十年和乾隆五十五年規格，相應增加鄉試和會試恩科，並親自任命了大典籌備班子，「專派大臣董理」，自然又是以和珅為首。

　　由於上皇的離世，這是一場沒能舉辦的慶典。有意思的是，嘉慶帝親政後，在自己的起居注中抹去了此事，不光不見籲請的表文，甚至連這件事提也不提，似乎壓根沒有發生過。《清仁宗實錄》只簡簡記了一筆，那篇精心撰作的表文全然刪剪，同樣被刪去的內容當還有很多，應

18.《乾隆帝起居注》，乾隆六十三年十一月十八日。

都與和珅相關，以至於這兩個月的實錄記事寥寥，只能合為一卷。

三、「望九」與「來孫」

　　生命的最後一年，上皇龍體衰憊，而豪興未褪，激情未減，胸中還湧騰著許多期冀和希望。他盼望早日剿平三省教亂，盼望睢工大壩早日合龍，盼望風調雨順、國泰民安，還盼望六世同堂……

　　望九，意為接近、期待九十歲壽辰。上皇在敕諭及詩文中頻頻使用：

> 然望九之人不可奢言，若果至耄昏，則當全付嗣子，一切弗問矣。[19]
> 園中獲鹿亦其常，望九精神喜尚強。手熟發機酌遲疾，眼明星斗辨毫芒。[20]
> 自上年元旦授璽初願幸符……迄今又閱二年，仰賴天祖眷貽，年躋望九，精神強固，訓政如常，實為從古太上皇未有之盛事。[21]
> 予春秋八十有八，望九之年，精神純固，眠食佳安……。[22]
> 今予年躋望九，尚欲循舊例步登，勉陟殿階一成，覺筋力未逮，始易以輕輿……。[23]

弘曆在禪讓期間的「望九」，一如早先的六十年「歸政」，開始時猶留有餘地，有些謙遜低調，越到後來越顯得信心滿滿。最後一例，寫的是當年三月至黑龍潭祈雨，看似說自個筋力不足，難以循長階而登，真實用意在於誇耀，「然至殿行禮，仍步行登階叩禱，以昭虔敬」。

19.《清高宗御製詩餘集》卷四，〈回蹕至御園即事有作〉。

20.《清高宗御製詩餘集》卷七，〈獲鹿〉。

21.《清高宗御製詩餘集》卷十六，〈嘉平月朔開筆再疊辛亥詩韻〉。

22.《清高宗御製詩餘集》卷十七，〈新正寧壽宮即事〉。

23.《清高宗御製詩餘集》卷十八，〈詣黑龍潭祈雨再用丙辰詩韻〉。

這個春天，上皇的第五代長孫載錫已經成婚，依照常理來推測，弘曆九十大壽之前應能誕育，是為第六代。在八十八歲生日前四天，弘曆想起此日為清太宗忌辰，作為太宗元孫，賦詩明志：

仰望如霄上，俯臨欣目前。一身親七代，百歲待旬年。

顧謂元兮勉，喜瞻來者連。自知不知足，又願庶應然。❷❹

他在詩中抒發家族興旺、瓜瓞連綿的期盼，同時已不滿足九十之數，暢想能夠長命百歲。一身親七代，是說自個福報深厚，上得見父祖，下有四世子孫，典型的乾隆式誇耀；百歲待旬年，則是一種切切預期，覺得再活十二年似乎也不成問題。第三聯要求載錫努力，早得子嗣。最後自我調侃，說也知有些不知足，仍願能一一應驗。

元孫，此處即玄孫。顧謂元兮勉，這個「元」，便是指玄孫載錫，小注曰：「元孫載錫於今春已成婚禮，即可冀得來孫之喜，若能仰邀鴻佑，得遂此願，更為亙古希有佳話，欣跂實深。」載錫出於弘曆長子永璜一系。永璜素為皇父不喜，連帶長孫綿德也不受待見，本來承襲定親王，又被降為郡王，再被革去爵位。降至曾孫奕純，勉強賞了一個貝子，再一輩的載錫，更是等而下之。但作為元孫中年齡最大的載錫，自有一種特殊的存在價值。早在八年前，乾隆帝就希望七八歲的載錫隨圍，即參加木蘭秋獮，命和珅詢問情況，如能不能騎馬？認不認生？行圍時會不會害怕啼哭？和珅在致六阿哥的信函中轉達了皇帝的口諭：

……若皆能前來，所有夾棉皮衣皆向劉秉忠要，令其寬為官做。應用之架子鞍、小撒袋、弓箭皆用十公主從前小時進哨者，更省另做。

24.《清高宗御製詩餘集》卷二〇，〈八月初九日作〉。

如此，則朕帶元孫一同乘馬行圍，不但各部落外藩□□盛事，且見之題詠，又可為千古佳話。㉕

文獻匱乏，不知這年載錫是否隨駕行圍，但即使當年未成行，次年或再一年也會去的，也是「千古佳話」。又是幾年過去，載錫長大成婚，更成為上皇心中傳宗接代的寶貝，肩負著誕育來孫的重任。載錫未能完成高祖的心願，延至嘉慶八年冬始得一子，賜名奉慶，距弘曆崩逝已然四年有餘㉖。

第三節　世上已無太上皇

　　太上皇帝從不忌諱說老，也從不自言衰邁。老，已被他作為一種資歷和驕傲，而衰邁萎頓便成了悲哀。他喜歡在詩文中數說自己的年齡，從八十六歲寫到八十八歲，年年都說，反覆地說，可接下來就要誇口「精神強固」、「猶日孜孜」，誇耀還能夠騎馬、登山和狩獵。的確，同時代的各國君主或統治者，沒有一個能夠與之相比。

　　然生老病死是一個普遍規律，不知覺間，上皇已到了生命的最後時刻。像許許多多的普通人一樣，死神來得有些突兀，上皇似乎並未做好準備。

一、望　捷

　　辭世前兩天的大年初一，太上皇帝仍是子夜早起，至東暖閣明窗下開筆。這幅元旦祝辭今存第一歷史檔案館，雖筆畫凌亂，字句不全，

25.和珅親筆信函，存第一歷史檔案館。

26.《清仁宗實錄》卷一二三，嘉慶八年十一月丙申，「賜貝子載錫子名奉慶」。

依舊是朱、墨二色，能見出上皇對儀制的鄭重持守；亦覺在迷濛繚亂之中，其強大的自信心已有些飄忽。

泰山其頹乎？

哲人其萎乎？

在最後日子裡，太上皇帝一會兒清醒，一會兒糊塗，但清醒的時候居多。只要頭腦稍微清晰，他就會想到三省的白蓮教之變，「依然渴捷救幾忙」。渴捷救幾，傳遞的是一種內心焦勞，一個耄耋老人對平復戰亂的渴望，讀來令人感慨。

元旦這天，太上皇帝的活動已大幅省減，仍覺頭緒甚多：上午，由子皇帝奉迎至乾清宮，接受皇子皇孫、諸王貝勒、文武大臣、蒙古王公及外藩使臣行慶賀禮；然後在乾清宮「賜皇子親藩等宴」。雖有暖輿，可上上下下、進進出出，對一個耄耋老人誠大不易。我們曾說他喜歡這類盛大儀式，喜歡君臨天下、眾臣簇擁的感覺，可這時已成為一種負擔，一種必須履行的職責，即使覺得有些累，也要咬牙支撐。應也是出於他的敕旨，當日分別對河患造成的災民加賑，涉及江蘇八州縣、安徽七州縣、山東十二州縣（衛）。每年朝廷都會在元旦這樣做，但今年的受災地域明顯增多。

早在乾隆二十年元旦，弘曆開始寫詩誌賀，並作〈元旦試筆〉兩首，以後相沿成例，已然持續了四十三年。今年上皇時常感覺疲憊，減去「試筆」，但堅持寫了一首元旦詩：

乾隆六十又企四，初祉占豐滋味參。

八十九齡茲望九，乾爻三惕敢忘三。

雖云謝政仍訓政，是不知慚實可慚。

試筆多言今可罷，高年靜養荷旻覃。㉗

病中的上皇仍未意識到死亡的臨近，仍在操心明年的九十大壽，卻也有了較多的反思省察。詩人在寫作時是頭腦清醒的。「滋味參」的「參」字，既指紛紜繁雜，五味雜陳；又有領悟、琢磨和反省之解。詩中將歸政稱為謝政，對自個的訓政也不無自嘲，一句「是不知慚實可慚」，包蘊甚多。可以想像，上皇心中又有了新的人生設計：不光是減去兩首試筆詩，訓政方式也會有很大調整，可能要以靜養為主了。

初二日，上皇浮想聯翩，最關心的還是前線戰事，揮筆寫下一首詩，題名《望捷》：

> 三年師旅開，實數不應猜。邪教輕由誤，官軍剿復該。
> 領兵數觀望，殘赤不勝災。執訊迅獲醜，都同逆首來。❷❽

禪讓的三年，「望捷」是上皇許多詩作的主題，先是盼望苗疆之捷，後來盼望湖北等三省之捷。前線也不斷有捷報傳來，小勝大勝，真真假假，虛虛實實，卻總是難以徹底平定，此伏彼起，戰火蔓延。在這首最後的御製詩中，上皇總結三年鎮壓白蓮教的戰爭，對教變的興起、將帥的推諉觀望，以及生民離亂之悲慘都有反思。他希望早日結束這場浩大持久的戰爭，滿紙急切焦灼，滿紙鬱結煩亂。

二、參蓮飲

晚年的上皇喜歡服用人參，將上好的老山參切片含服，大見滋補之效。自臘月開始，對於氣虛體弱的他，太醫也選擇以人參為主，徐徐調理。初一日御殿受賀及賜宴間隙，上皇多次服用參麥飲和燈心竹葉湯，皆有滋養和清涼退火功能。這應該不算什麼病，年節事繁，老

27.《清高宗御製詩餘集》卷二〇，〈己未元旦〉。
28.《清高宗御製詩餘集》卷二〇，〈望捷〉。

人家有些上火而已。

　大年初二，應是在寫完《望捷》詩後，太醫涂景雲、沙惟一來為上皇請脈，認為脈象安舒平和，但有些氣虛，提議服用參蓮飲。這之後，情況便急轉直下，據《萬歲爺進藥底簿》：

初二日卯初，進參麥飲一次，用人參一錢五分。

涂景雲、沙惟一請得皇上聖脈安和，惟氣弱脾虛，議用參蓮飲：
人參一錢五分　建蓮三錢　　老米一錢　　水煎

本日巳初至初三日卯正一刻，陸續進參蓮飲四次，用人參六錢。㉙

涂景雲、沙惟一、錢景請得太上皇聖脈散大，原係年老氣虛，屢進參蓮飲無效，於本日辰時駕崩。㉚

所記為太上皇帝的最後治療過程。沒有搶救，也談不上什麼治療，不管是參麥飲還是參蓮飲，都更像一種補品，而非急救之藥。太醫的診斷是正確的，即「年老氣虛」；其做法也得當，那就是用人參等補氣提神，不做無意義的搶救。

　整整一個晝夜，顒琰在養心殿寢宮照看和陪伴父皇，「籲天虔禱，問視彌謹」。《清高宗實錄》記載略詳，也只有幾句：「皇帝侍疾寢宮，問視彌謹，太上皇帝握手，眷愛拳拳，弗忍釋。」㉛和珅與福長安會在嗎？會的，但二帝說話時必須要避開，也不會有人再記及他們。至晚間，上皇開始昏迷。次日清晨，冬天的太陽剛剛升起，死神翩然而至，強行擁抱了這位老人。

　對於父皇的崩逝，顒琰表現得極為悲痛，做了一個孝子皇帝能做

29.《萬歲爺進藥底簿》，封面題「乾隆六十三年十二月吉日立」，今存第一歷史檔案館。

30.《萬歲爺進藥底簿》，乾隆六十四年正月初三日。

31.《清高宗實錄》卷一五○○，嘉慶四年正月辛酉。

的一切：

　　壬戌辰刻，太上皇帝崩。上至御榻前，捧足大慟，擗踴呼號，仆
地良久。視小斂畢，先趨乾清宮，於西丹墀下跪迎大行太上皇帝吉輿，
敬奉乾清宮西次間。上剪髮成服，皇貴妃及妃嬪以下俱剪髮成服。申
刻，大行太上皇帝大斂，上痛哭失聲，擗踴無數。既斂，奉安梓宮於
乾清宮正中，陳奠設幕。自親王以下文武各官、公主福晉以下、侍衛
妻以上及包衣佐領等男婦俱成服，在京之蒙古王公台吉暨外藩使臣亦
俱成服，各按位次，齊集舉哀。上哀慟深至，自旦至晡哭不停聲，竟
日水漿不入口。王大臣等伏地環跪，懇上節哀。上悲痛不能自已，左
右皆弗忍仰視。㉜

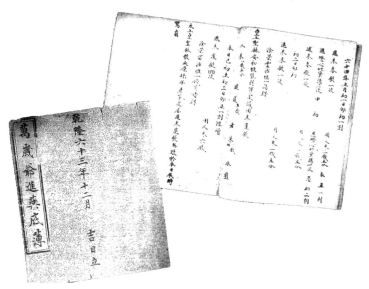

《萬歲爺進藥底簿》中對上皇最後的處方

32.《清仁宗實錄》卷三七，嘉慶四年正月壬戌。

記載中不可能提到和珅，以常理推測，必在「伏地環跪，懇上節哀」的一班近臣中，必也淚流滿面、搥胸頓足。那向前攙扶勸慰皇帝的群臣，也應以他為首。可後來公布的罪狀，又說他在上皇病重時「談笑自若」❸❸。和珅也許心內真有著幾分輕鬆，畢竟不需要同時侍候兩個皇帝了，而天真地認為已得到顒琰的倚信。

　　上皇的辭世，是典型的無疾而終。起居注中沒有記載他的政治交代，應是弘曆沒有想到會就此長辭。他是一個有福之君，死時有嘉慶帝執手陪伴，但其仍有重大遺恨，那就是三省教亂尚未最後平定。顒琰在當日發布詔書，稱頌皇父的一世英明，感念皇父親授大寶的盛德，回顧和慨嘆不克舉辦「皇父九旬萬壽」的遺憾，發抒內心之痛殤。同時，嘉慶帝也對兩件事作出部署，一是追剿教軍，二是大喪的辦理：

　　其軍營總統諸將等，亦當仰體皇父簡拔委任之恩，訓誡督責之意，振作自新，迅掃餘孽，上慰在天之靈。尚屬天良不昧，勉之。至一切喪儀，著派睿親王淳穎、成親王永瑆、儀郡王永璇、大學士和珅、王杰，尚書福長安、德明、慶桂、署尚書董誥、尚書彭元瑞，總管內務府大臣縕布、盛住總理。❸❹

大喪當日，孝子皇帝應有些精神恍惚，一夜無眠和巨大哀慟，以及尚未銜接好的角色轉換。諭旨還沿著舊日軌跡，任命和珅為治喪班子的核心人物，而對前線領兵大員，已露出不滿的口風。

---

33. 李岳瑞：《春冰室野乘》卷上，和珅供詞，「又太上皇帝病重時，奴才將宮中秘事向外廷人員敘說，談笑自若，也是有的」。

34. 《嘉慶道光兩朝上諭檔》四，嘉慶四年正月初三日。

三、遺詔的蹊蹺

依照清朝禮制，皇帝或太上皇帝駕崩，一般在即日頒布遺詔，諭知各省臣民和藩屬國。弘曆的「太上皇帝遺詔」保存至今，卻有一些蹊蹺：《清高宗實錄》、《清仁宗實錄》、《東華錄》等皆不收入，此其一也；初七日遣使往朝鮮等國頒發遺詔，初八日始在國內頒布，此其二也。

所謂遺詔，極少出自大行皇帝本人，多為其身後所擬。皇帝崩逝，通常會組成一個頂級的擬稿班底，主撰應是首輔大學士或首席軍機大臣。和珅身兼二職，又是太上皇生前寵臣，自也當仁不讓。推想初三日前夜，當太上皇彌留之際，和珅等已開始奉旨擬寫遺詔了。太上皇逝世當日，嘉慶帝連發八道諭旨，第一道即關乎治喪，指派「總理一切喪儀」之人，除去幾位親王，排在最前面的即和珅。著名清史學家孟森先生也認為遺詔為和珅等所定。

這份遺詔的最早發現，在朝鮮《李朝實錄·正宗大王實錄》卷五一，居然是全文收錄。國內則第一歷史檔案館所藏《乾隆帝起居注》，在末尾處也收入，稱「遺誥」。以兩文相比對，只有少數字詞的差異，意思全同。此類詔書一般要謄錄多份，分送屬國和各地，字詞之異，乃抄胥所致。客觀論列，這篇遺誥寫得很不錯，既列舉了乾隆帝一生的文治武功，又表達了「持盈保泰」、「慎終如始」的治國態度，復以「聰明仁孝」、「付托得人」，傳達出對嘉慶帝的高度肯定，也述說了自己的未能舉行的九旬大慶，以及最後的身體狀況：

> 昨冬皇帝率同王公內外大臣等豫請舉行慶典，情詞懇切，實出至誠，業降敕旨俞允。夫以朕年躋上壽，諸福備膺，皇帝合萬國之歡，申億齡之祝，固為人子為人臣者無窮之願，然朕之本衷實不欲侈陳隆

軌……朕體氣素強，從無疾病，上年冬臘偶感風寒，調理就愈，精力稍不如前。新歲正旦猶御乾清宮受賀，日來飲食漸減，視聽不能如常，老態頓增。皇帝孝養盡誠，百方調護，以冀痊可，第朕年壽已高，恐非醫藥所能奏效。茲殆將大漸，特舉朕在位數十年翼翼小心、承受天祖恩佑之由，永貽來葉。皇帝聰明仁孝，能深體朕心，必能如朕之福，付托得人，實所深慰。**㉟**

遺詔是乾隆朝文風的延續：文字莊重典雅，內容周詳妥帖，情感摯切，格調貴重，與太上皇的地位和性情都相契合；毛病則在於虛榮誇飾，迴避社會問題，不敢正視嚴重的現實矛盾。遺詔之後，開列當日起居注官，有英和、劉鐶之、潘世恩等十六七人，應該是起草班子的成員，而主筆當是和珅。

　　嘉慶帝對這份遺詔的不滿，主要在對攻剿白蓮教的表述上。遺詔曰：「近因剿捕川省教匪，籌筆勤勞，日殷盼捷，已將起事首逆、緊要各犯，駢連就獲。其奔竄伙黨，亦可計日成擒，蕆功在即。」語意較為樂觀。而在顒琰看來，戰事的進展如此緩慢，所消耗經費如此之多，都由於朝廷內外各官的貪腐成性。初四日，嘉慶帝降諭，對前線將領激烈抨擊：

　　帶兵大臣及將領等全不以軍務為事，惟思玩兵養寇，藉以冒功升賞，寡廉鮮恥，營私肥橐。即如在京諳達、侍衛、章京等，遇有軍務，無不營求前往。其自軍營回京者，即平日窮乏之員，家計頓臻饒裕……內而軍機大臣，外而領兵諸臣，同為不忠之輩，何以仰對皇考在天之靈！伊等即不顧惜身家，寧忍陷朕於不孝，自列於不忠耶！況國家經費有常，豈可任伊等虛糜坐耗，日復一日，何以為繼，又豈有加賦病

35.《乾隆帝起居注》，乾隆六十四年正月初三日。

民之理耶！❸❻

　　言辭峻厲，激憤溢於言表，所說大多為實情，也不乏過甚過激之詞。此諭的發布在大喪第二天，昨個還「捧足大慟，擗踴呼號」、「自旦至晡哭不停聲，竟日水漿不入口」的嘉慶帝，剛過一天，就要亮劍了！

　　當日另有旨：免去和珅軍機大臣、九門提督等要職，命與福長安在殯殿晝夜值守，不得離開。

第四節　誅殺和珅

　　今天重讀這段歷史，很多人都不會驚訝和珅的下場，認為是一個必然的結果。而在當時，在和珅本人，也包括朝中大多數官員，包括皇帝身邊人，以及和大人的一些親信，嘉慶帝的這份上諭，真可稱晴天霹靂。

一、遞過來一枚如意

　　嘉慶帝對和珅的深惡痛絕，三年禪讓期間的隱忍克制，親政後的雷霆一擊，我們已然很清楚。然和珅對嘉慶帝如何？他真的要離間上皇與皇上，真的敢處處阻擊、阻撓、排拒新帝嗎？清代的不少記載，今日的不少研究者皆如此論列，似乎訓政期間和珅對子皇帝處處為難，甚至欲行顛覆。他會嗎？他敢嗎？

　　和珅是怎樣一個人？

　　首先是絕頂聰明的人。靠侍奉乾隆皇帝起家的他，最不缺乏的能力，就是機警乖巧、察言觀色、趨利避害。禪讓之後，上皇仍是他的

36.《清仁宗實錄》卷三七，嘉慶四年正月癸亥。

第一靠山，而如何與子皇帝搭上關係，取得其信任依賴，則是他新的首要課題。其實，這份功課，和珅早在禪讓之前已認真做起。六十年九月初三日，乾隆帝御勤政殿，冊立十五皇子永琰為皇太子，宣布明年為嘉慶元年，將舉行禪讓大典。而就在前一日，這還是一個天大的機密，剛剛得悉皇上恩命的和珅，迅即把消息透漏給永琰。因為要擬寫詔書，籌辦冊立儀注，先期知曉此事的必非和珅一人，可快速跑去傳遞信息的，只有和珅。

當日之具體情形，早已付諸歷史煙塵。皇子皇孫在圓明園集中居住於勤政親賢殿以東的「洞天深處」，「東西二街，南北一街」，比鄰而居，各有一幫太監雜役。清朝律法嚴禁外臣與皇子私下交結，那裡還住著其他皇子皇孫，和珅怎樣從軍機處遠遠來到這裡？怎樣避開別的皇子？是在白天還是夜晚？是一人獨往還是帶了隨員？現在均無從知曉了。所有這些都難不住和珅。我們知道的是：他到了皇十五子嘉親王府上，一臉鄭重，從袖中掣出一枚如意，雙手奉上。那一刻的和珅與永琰都不需要多說話，四目一對視，彼此點點頭，也就你知我知了。

和珅有別的目的麼？沒，就一個報喜訊，表忠心。永琰則必然心情複雜：欣喜是主要成分，畢竟多年期盼即成現實，能不心中狂喜！然授受大事由這位名聲不佳的仁兄潛告，父皇的眷注似乎變成和珅的擁戴，本來的正大光明演為一路鬼祟，又讓永琰心中憤懣。和珅之鄙陋淺薄，自以為得計，大多如此。

後來嘉慶帝公布和珅之罪，共列舉二十項大罪，以此事為第一條：

朕於乾隆六十年九月初三日，蒙皇考冊封皇太子，尚未宣布諭旨，而和珅於初二日即在朕前先遞如意。漏洩機密，居然以擁戴為功，其大罪一。㊲

遞過來一枚如意，不獨傳遞了一個機密，同時也表達一份忠誠與投靠，居然成為一項大罪，真是始料不及。在詔獄中，和珅很快想通了，訊問時痛快招認：「六十年九月初二日，太上皇帝冊封皇太子的時節，奴才先遞如意，洩漏旨意，亦是有的。」❸❽這是他受審時認罪供單中的一條，看不出有一絲委屈。

與和珅的機巧變詐不同，天潢貴冑、又讀了大量聖賢書的顒琰，恥於這種行徑。大約從那一次私遞消息開始，顒琰就對盛行宮廷和官場的如意產生厭惡。但也不影響他每逢新年，都要撰作一首讚美玉如意的詩——上皇喜歡，只好跟著表示喜歡吧。彼一時此一時，在將和珅罪狀昭示天下之先，嘉慶帝降諭禁止臣下「呈進貢物」，詞氣嚴厲，特別說到如意，曰：

> 再年節王公大臣督撫等所進如意，取兆吉祥，殊覺無味。諸臣以為如意，而朕觀之轉不如意也，亦著一併禁止。❸❾

這番話也會傳到獄中的和珅耳朵裡，稱心如意了很多年的他，其時已經大不如意了。至於年節呈進如意的慣例，雖經嚴旨禁絕，實則變化不大。此後的連續四年，嘉慶帝沒再寫讚美如意的詩，可到了第五年便寫起來，有御製〈詠白玉如意〉為證：

> 盈尺良材貢遠方，堅貞溫潤發輝光。
> 萬幾圖治皆如意，民協年豐大吉昌。❹⓿

37.《清仁宗實錄》卷三七，嘉慶四年正月甲戌。

38.《藝風堂雜鈔》卷三，157頁。

39.《嘉慶道光兩朝上諭檔》四，嘉慶四年正月十五日。

40.《清仁宗御製詩初集》卷四一，詠白玉如意。

親政日久，和珅那點兒破事早已遠去，嘉慶帝重新發現了如意的妙處：從材質、名稱到寓意，真是般般可人，能不加以歌頌？

二、盛世的祭品

隨著乾隆皇帝的駕崩，一個時代、大清王朝的盛世徹底成為過去。和珅是這個時代的驕子，也是這個時代的敗類，最後以一己之軀，為之送行和獻祭。

從整體而言，清朝的科道官是缺少節操風骨的，沒有前明諫垣那些死諫之士，習慣於謹小慎微、見風使舵。上皇崩逝，和珅被限制行動自由，科道官嗅出風向，開始有人上章彈劾這位失勢重臣。正月初八日，嘉慶帝命將和珅、福長安革職逮問，查抄家產。此事未見其與任何人商量（他的老師朱珪尚在路上），也未見有咨詢王杰、劉墉等老臣的記載，聖意已決，閃電出手，不可一世的和珅轉瞬間即成階下囚，舉朝錯愕。更多的應不是歡呼，而是震驚錯愕。

顒琰做皇子時曾寫過一篇〈唐代宗論〉，評價代宗殺李輔國事，時人多以之與誅殺和珅相聯繫。原文中有這樣一段：

> 代宗雖為太子，亦如燕巢於幕，其不為輔國所讒者幾希。及帝即位，若苟正輔國之罪，肆諸市朝，一武夫力耳。❹

太監出身的李輔國做了宰相後，心狠手辣，在宮中生殺予奪。唐代宗李豫做太子時極能忍耐和掩飾，即位後表面上仍加重用，私下裡派刺客將其殺死。作為數月皇太子和三年子皇帝，顒琰對和珅的做法也有幾分相同，將憤憎痛恨深深藏於心底，默默地等待時機。所不同的是，唐代宗陰遣刺客暗殺，為顒琰所不齒，以為應該堂堂正正宣布其罪名，

41.李春光纂，《清代名人軼事輯覽》，190～191 頁。

誅戮於市朝。對於和珅，嘉慶帝就是這樣做的，先將他和福長安禁閉於殯殿，再命兩位皇兄領銜，負責抓捕、審訊和抄檢。軍機處和內閣部院迅速作出調整，皇親國戚紛紛掌管核心部門，自是人人大快。幾個月後，顒琰才發現著實是一步臭棋。

十一日，嘉慶帝下詔列舉和珅罪狀，命各地督撫將軍表明態度，一場全國性的大聲討頓時展開。第一個表態的是直隸總督胡季堂，適在距京師不遠的三河，接到兵部火票遞到的諭旨，連夜草疏上奏，請求將和珅以大逆罪凌遲處死。胡季堂時年七十一歲，曾以兵部尚書兼管戶部三庫，與和珅打交道不會少，對其弄權貪婪早有認知，直斥其「蠹國病民，幾同川楚賊匪；貪瀆放蕩，真一無恥小人」。胡季堂還開啟了一個檢舉與檢討雜糅的話語模式：「臣世受國恩，未能及早參奏，已蒙皇上聖明燭照，撫衷循省，悚惕靡寧，惟祈敕部將臣嚴議治罪，以為大臣不能彈劾奸宄者戒。」㊷他提到作為大臣的責任，深合嘉慶帝之意，立刻引用和批轉，同時正式公布和珅二十條大罪，諭令在京三品以上文武官員以及翰詹科道官認真閱讀胡摺，議定和珅之罪。

和珅的罪名各書多加徵引，茲不贅述，有些條款亦涉於東拼西湊，雞零狗碎。如因腿疾坐椅轎入大內，在圓明園內騎馬，皆經過上皇恩准；至於在上皇批朱時隨意講話、在上皇病重時不夠沉痛，亦屬過事吹求。其真正罪狀在第十三條之後，即專擅、貪腐和聚斂。可我們也可以發現：經過一場挖地三尺的政治清算，對和珅多年負責軍費開銷，管理戶部、兵部和崇文門稅關，沒提出任何貪污侵占之證。

和珅擁有的巨大私人財富，是在數十年大臣和寵臣生涯中逐漸積聚的，靠的主要不是貪污，而是受賄。和珅大肆收受禮物和禮金，他人的升職轉任，自家的婚喪嫁娶，包括妻子生病，無不是接受賄賂的

42.朱批奏摺：胡季堂奏，請將和珅凌遲處死折，嘉慶四年正月十五日。

理由，當是主要來源。另外則是家族式商業經營，和家的田產莊園、商鋪，甚至運輸車隊遍布京畿，成為京師的一道風景線。乾隆時期（當然也包括其前後各朝）朝廷和地方都盛行送禮之風，名目極多，節禮、年金、部費、贄儀……皇帝也會收禮，和珅也要孝敬，自非一人之罪，與那時普遍的官場積習和社會腐敗相關。

上皇逝世後，仍有個別心眼太死（也可稱心眼太活）的官員寫信給和珅，表達哀思和忠誠。此人是山東巡撫伊江阿，堵禦黃河決口，一味迷信方士胡說，一誤再誤，卻因與和珅一向來往密切，受到庇護。豈知這封信被呈交嘉慶帝，閱知極為惱怒，降諭內閣：

> 本日伊江阿由驛遞到奏摺，有寄和珅書信，業經聞知大行太上皇帝龍馭上賓，信內惟諄勸和珅節哀辦事等語，而於朕遭罹大故，並無一字提及。即以常情而論，寄書唁問，自當以慰唁人子為重，今伊江阿於和珅則再三勸以節哀，而於朕躬僅照常具一請安之摺，轉將尋常地方事件陳奏，不知其是何居心？昨吳熊光一聞皇考升遐之信，即專摺瀝陳哀悃，敦勸朕躬，情詞真切，似此方合君臣之義。吳熊光係漢人，又只係布政使，尚有良心。伊江阿身為滿洲現任巡撫，又係大學士永貴之子，且曾在軍機處行走，非不曉事者可比，乃竟如此心存膜視，轉於和珅慰問殷勤。可見伊江阿平日不知有皇考，今日復不知有朕，惟知有和珅一人，負恩昧良，莫此為甚！伊江阿著傳旨嚴行申飭，並交部嚴加議處，仍著明白回奏。㊸

伊江阿沒想到首席軍機大臣已然換人，「效忠信」落到皇上手裡，立刻倒了大霉，部議革職。伊江阿還不停地狡辯，詭稱是希望和珅忠心報國，更使嘉慶帝厭憎，看在乃父永貴面上，給了個藍翎侍衛，遣發伊

43.《嘉慶道光兩朝上諭檔》四，嘉慶四年正月十三日。

犁效力贖罪，後改為塔爾巴哈台領隊大臣。

　　諭旨中提到的吳熊光，便是兩年前被上皇越次提升的那位章京。和珅對吳熊光任軍機大臣不滿，在阿桂死後，即設法將之逐出軍機處，改任直隸布政使去也。嘉慶帝顯然深知內情，故對吳熊光印象甚好，遂密召他火速進宮，專門討論對和珅的處置。請看這段君臣對話：

> 諭及人言和珅有歹心，熊光奏：「和珅貪縱，罪不容誅，若謂有歹心，臣不敢附和。」上云：「何以見得？」熊光奏：「凡懷不軌者，必先收拾人心，和珅則滿漢無一歸附者，倘使伊中懷不軌，誰肯從之？」上云：「如此辦之，得無太急？」熊光奏云：「和珅受純皇帝逾格恩施，乃貪縱至此。若不速辦，無識之徒觀望覬覦，別滋事端。皇上辦得速，是義之盡；收得速，是仁之至也。」㊹

顒琰所謂歹心，當是指顛覆皇位，不知哪個在皇帝跟前提出，必欲給和珅戴一頂「大逆」的帽子。其實，要不要處死和珅，讓他怎麼個死法，嘉慶帝也頗費心思。胡季堂精曉刑律，任刑部尚書近二十年，建議以大逆律凌遲處死。但不獨皇妹和孝公主苦苦求懇，內閣中董誥、劉墉，包括剛趕到的朱珪，亦覺太也過甚。吳熊光直言相諫，否定和珅的謀逆罪，請求恩賜和珅自縊，以迅速了結此案，打消群臣的觀望和疑懼。他後來為嘉慶帝長期信重，歷任湖廣總督、兩廣總督，被譽為「有大臣之風」，信乎不虛。

三、衣帶詩

　　正月初八日，和珅被拿入刑部大牢。對重要案犯，囚室內備有紙筆，和珅留下了不多的幾首詩，賦寫末路心境。有兩首寫於上元之夜，

44.《藝風堂雜鈔》卷三，155 頁。

即元宵節，其一：

> 夜色明如許，嗟余困不伸。百年原是夢，廿載枉勞神。
>
> 室暗難挨曉，牆高不見春。星辰環冷月，縲絏泣孤臣。
>
> 對景傷前事，懷才誤此身。餘生料無幾，空負九重仁。

原以為已然搞定套牢、一心要繼續輔佐的子皇帝，居然翻臉無情，一出手便是晴天霹靂！這時的和珅在獄中已經待了七八天，該想的全想過很多遍，應是想明白了。詩中不見憤懣，甚至也不多寫委屈，突出的是反省和悲傷，為自己二十餘年的宦程跋涉，為自己的過人才華，也為自己對乾隆皇帝的忠貞。九重仁，當然是指皇帝的仁愛，卻有意不說是已逝的上皇，還是當今聖上。

第二首仍是以月色入筆：

> 今夕是何夕，元宵又一春。可憐此夜月，分明照愁人。
>
> 思與更俱永，恩隨節共新。聖明幽隱燭，縲絏有孤臣。 ㊺

兩首詩都有一個詞——孤臣，值得關注。孤臣，意謂孤立無助的忠臣，語出《孟子·盡心上》：「獨孤臣孽子，其操心也危，其慮患也深，故達。」重要獄囚的詩通常會被搜檢呈交，皇帝常有閱讀的好奇心，因之也是一個回轉聖意的機會。孤臣二字亦有「遠臣」之義，大牢之中，咫尺天涯，也覺貼切。曾幾何時，朝中第一近臣和珅竟以「孤臣」自況了。而字裡行間，則仍在向皇上表達忠誠，仍在委婉申訴，仍未放棄求生的努力或曰掙扎。

正月十八日，嘉慶帝頒布處死和珅的諭旨。據今日所能得見的文獻史料，可知對和珅的「世紀大審判」並不順利：與他同時拿下的軍

45.楊璐校點，《和珅詩集》，134、135 頁，線裝書局 2009 年版。

機大臣福長安，寧死也不檢舉揭發；負責主審的幾位親王，平日多與和珅交好，也難以審下去；所謂「二十大罪」，在今天看來多數是些雞毛蒜皮，和珅招認得很痛快，卻難以定為皇帝所說的大逆罪。其時抄檢和審訊尚未結束，急急做了一了斷，應是採納了直隸布政使吳熊光的建議。該諭旨很長，寫得層次分明：先說眾大臣與翰林科道官定擬和珅、福長安罪名，「請將和珅照大逆律凌遲處死，福長安照朋黨律擬斬，請即正法」，可證民憤極大，眾皆曰殺，而且是「剮殺」；接下來參照康熙帝誅鰲拜、雍正帝誅年羹堯、乾隆帝誅訥親，指出和珅「壓擱軍報、有心欺隱，各路軍營聽其意指虛報首級、坐冒軍糧，以致軍務日久未竣，貽誤軍國」，可證罪行嚴重，且前朝多有處死之例；再以和珅曾任首輔和首樞，又值父皇大喪，「於萬無可貸之中，免其肆市，和珅著加恩賜令自盡」❹❻，可證聖心寬仁，法外開恩。白蓮教之變延續三年，清廷調兵遣將，數省之地田廬殘破，生靈塗炭，已成為國家的巨大傷痛。應該反省追查的地方很多，但讓老和一人來承擔責任，也有些不公。

　　大清律法有「議親議貴」之條，諭旨中也提及，說和珅喪心昧良、不齒於人類，不應援引「八議」減罪。和珅可謂既親且貴，此時皇帝絕口不提其為皇親貴戚，不提其對太上皇的多年效力，不說皇妹的一次次哭訴求懇，但還是以他曾任首輔從寬處置。世上萬千事，本一死了之，可古代律法又將死罪分為數等，比起凌遲寸磔，賜令自縊，便是皇恩浩蕩了。據記載：行刑之時，後來的內閣大學士耆英（就是那位奉旨簽訂《南京條約》的欽差大臣）時為刑部司員，隨同監視，但見和珅於磕頭謝恩後，接過欽賜的長長白練，仰首看天，又俯視地下，嘆了口氣說：「我是個癡人。」❹❼此語看似自責，實以責人，卻沒了舊

46.《清仁宗實錄》卷三八，嘉慶四年正月丁丑。

日的逼人鋒芒。

和珅死後，其絕命詩即被在衣帶間發現，又稱衣帶詩，很早就在坊間流傳，先錄今之通行版本：

五十年來幻夢真，今朝撒手謝紅塵。

他時水泛含龍日，認取香煙是後身。❹

我們知道和珅是讀過《紅樓夢》的，該詩頗有點兒紅樓意蘊，幻夢、撒手、紅塵、香煙、後身，寫來若真若幻。但得意之際的揀讀與失意時的感悟差異很大。即使在困絕時刻，和珅的解讀仍嫌浮淺，未能讀懂書中的〈好了歌〉，未能有大感慨和徹悟，不解何為「白茫茫大地真乾淨」。古今中外多少政商界人士，都是好了還想更好，不知料理了局，不知道「好就是了」的哲理，又不獨一個和珅。

該詩被後人稱作難解之謎，指的是第三句的「水泛含龍」，四字真言，不識出於何典？於是索解歧出，大都論為和珅死前對朝廷充滿怨恨，惡毒詛咒，且指向後來的慈禧太后和大清淪亡：

有的說用「夏桀龍漦」典，見於《國語·鄭語》，寫夏朝末期有二神龍止於王庭，夏后得龍漦（傳說中龍的唾液）而祕藏之，越數百年周厲王開盒觀看，龍漦流出，化為玄黿，宮中女子遇而受孕，生褒姒，西周因她而亡。論者以這個女色亡國的典故，隱指後來的慈禧太后的橫空出世，說她為和珅復仇，禍亂大清。

有的在字面上下功夫，以「水泛」為前一年河南的黃河大決口（已頗為接近事實，遺憾的是忽又一轉）；而「含龍」二字，則是說女主藉水患降誕。還是落到三十餘年後慈禧太后的出生，當年黃河河南段又是

47.《藝風堂雜鈔》卷三，〈和致齋相國事輯〉。

48.《清通鑑》卷一五六，清仁宗嘉慶四年正月十八日。

衣帶詩，見於《正宗大王實錄》卷五十一

大決口，竟說這個女嬰就是和珅的後身，代為復仇雪恨，葬送了清廷。

　　扯的有些遠了。「水泛含龍」四字，究竟作何解？

　　核查了一些史學家的書，包括幾部重要的乾隆傳與和珅傳，多有徵引，多不作解釋，彷彿毋須考證。實則此為傳聞轉抄之訛，是一個由兩次抄錄錯訛造成的語詞組合，根本沒有這個典故，因此也無從索解。史學界和坊間長期以訛傳訛，以訛解訛，演為一段學術謎團，不可不辨。

　　先說第二個錯誤，當在於孟森先生的〈清高宗內禪證聞〉，其在引錄《朝鮮實錄》中相關文字後，試圖作出解析：

臨絕作詩，似偈似謠，不甚可解。或謂「水泛含龍」似用夏後龍漦故事，為孝欽禍清之兆；「香煙後身」，孝欽或有煙癮，而和珅於嘉慶初已染此癖，亦未可知。當時能吸洋煙者為絕少，至咸、同、光則不足奇。但以此為讖，直謂再生作亡清之禍首，以身報仇耳。此無稽之談，姑存軼聞，其解說則朋輩酒間，拈《朝鮮實錄》此則而推測之詞也。㊾

清晰說明原詩錄自《朝鮮實錄》，而對「水泛含龍」四字，表示「似偈似謠，不甚可解」。後面雖記夏後龍漦故事和慈禧禍清之兆，甚至扯出和珅與慈禧的嗜好洋煙，仍視為無稽之談。

《清通鑑》照錄此詩，見於該書卷一五六，編者在卷末注中，稱採自《李朝實錄・正宗大王實錄》卷五一。查對吳晗先生所輯《朝鮮李朝實錄中的中國史料》，作「水汛含龍」。再查《朝鮮王朝實錄》本卷，也是「水汛含龍」。原文來自朝鮮書狀官徐有聞呈進的「聞見別單」，其中記述和珅之逮治論死甚詳，茲節選與該詩相關一節：

> 正月十八日，賜帛自盡。珅臨絕作詩曰：「五十年來幻夢真，今朝撒手謝紅塵。他時水汛含龍日，認取香煙是後身。」遂縊而死。㊿

此段文字，見於李朝正宗二十三年三月三十日，孟森文亦照錄。李朝曆日與宗主國清朝相同，亦即嘉慶四年三月三十日。該國制度，凡使臣出使上國，應將親身經歷和聞見之事及時列款上奏。此時和珅死後不久，衣帶詩剛開始流傳，徐有聞也算有心，記錄下來，呈報給自家

49.孟森，〈清高宗內禪證聞〉，《明清史論著叢刊》下，中華書局 2006 年版。

50.《正宗大王實錄》卷五一，二十三年己未四月。見於韓國國史編纂委員會編，《朝鮮王朝實錄》第四十七冊，探求堂 1986 年版。

國王，也成為今知這首詩的最初記載。詩中的「汛」，與「汎」（今通作「泛」）形似，孟森先生轉抄時出現了失誤，為後來各書沿用。其所視為無稽之談的附記文字，也被一些人當作真解，再加渲染延伸。

第一個錯誤，也是最主要的訛誤，則出現在朝鮮人那裡：或是徐有聞錄寫時偏差，或是《李朝實錄》整理時誤判，先將原詩中的「睢」，以音似誤為「水」；復將「合」，因形似誤書為「含」。水汛含龍，應是「睢汛合龍」。

這是朝廷面臨的一件大事，即前面寫到的黃河河南境內的大決口。因決口出現在睢州上汛河段，當地恰有古地名睢口，河員便以「睢汛」、「睢口」稱之。興工之後，原擬在年前堵閉，東河總督司馬騊於臘月間上奏，稱睢口（睢工大壩口門）雖僅留十八丈，可連日大雪嚴寒，引河頭堆積大量冰凌，請求暫緩合龍。其時上皇因患病不再閱批奏摺，嘉慶帝批諭准行。一個敞開口子恣肆流淌的黃河，總歸是太上皇、皇帝與樞閣重臣的心腹大患。死到臨頭的和珅，在詩中表達的，仍是期盼睢口合龍與水患結束。而黃河決口的每一次成功合龍，在朝廷都是重大喜訊，照例要由京師特別馳送大藏香二十支，隆重祭祀河神。讓我們再來讀一遍此兩句詩：「他時睢汛合龍日，認取香煙是後身。」大意為：等待睢口合龍那一天，祭神的裊裊香煙中，你們會看到我的忠魂。

哪裡有一丁點兒怨恨詛咒，分明是一腔的忠誠國事。題寫之時，和珅大約不會再期望嘉慶帝的赦免恩旨，卻想著要他有朝一日愧悔。

和珅絕頂聰明，絕不是痴人，但「機關算盡太聰明，反誤了卿卿性命」，不少聰明人都是由於過分自信，才出現致命誤判。而聰明人畢竟與愚痴者不同，雖然身陷死牢，和珅仍能擇取最恰當的行為：不去跳腳嘶喊，不去詛咒嚷罵，甚至也不絕食流淚，而是將自己的死與解

決黃河氾濫相連接，藉詩句抒發最後的忠懷。

這才是和珅。

朝鮮使臣所記，包括孟森先生的轉引評述，並無涉及該詩與衣帶的關聯。此一說法，見於該詩的另一個版本，多書皆見收錄，時間上雖較前引略晚，可信性則還要高一些，惜乎未見學界關注。梁章鉅《浪跡叢談・睢工神》：

小住袁浦日，有一河員來謁，意氣軒昂，語言無忌……且言親在睢口工次，目擊合龍時，實有神助顯應，眾目所睹，但不知此神何名耳。余記得嘉慶初在京，日閱邸抄，是時和珅初伏法，先是拿問入獄時，作詩六韻云……賜盡後，衣帶間復得一詩云：「五十年前幻夢真，今朝撒手撇紅塵。他時睢口安瀾日，記取香煙是後身。」事後刑部奏聞，奉御批云：「小有才，未聞君子之大道也。」然則睢工之神，其即和珅乎？和珅音與河神同，或其名已為之兆矣。(51)

作者為嘉慶七年進士，曾任軍機章京，所記和珅臨終情形與絕命詩應較為可信。安瀾，謂使河流安穩不氾濫，此處與合龍義近。第三句以「睢口安瀾」代替「睢汛合龍」，所指則完全一致。其字面上的小差異，當也是傳抄造成的。

稍後有繆荃孫也記載了和珅伏誅情形，照錄全詩，與梁書一字不差，但加上了一段批判文字：

……又於衣帶間得一絕云：「五十年前幻夢真，今朝撒手撇紅塵。他時睢口安瀾日，記取香煙是後身。」後刑部奏聞，御批云：「小有才，未聞君子之大道也。」二十四日睢口合龍，有雲和相即睢口河神

51.梁章鉅，《浪跡叢談》卷六，〈睢工神〉。

者。當塗黃勤敏鉞有〈感事詩〉云：「禍福由來召有門，雷霆擊物敢言冤？老獲入室熙寧亂，軋鬅生兒天寶昏。豈有神明猶誕降，大都妖孽偶游魂。稷狐社鼠紛逃匿，六幕清明奉泰元。」蓋深斥之。❺❷

兩書都說到此詩係和珅死後，在其衣帶間得之。和珅通常所用衣帶，與一般民公爵位者不同，是乾隆帝特賜服用的宗室黃帶，以金黃色絲線織成，綴以四塊金屬鏤花板，板上鑲嵌寶石珠玉。入獄後，這樣的黃帶子大約不會再用了。腰繫一條布帶，倒也便於題詩和藏詩，只不知是題於衣帶之上，還是將寫好的詩藏於衣帶之間。

　　繆氏文中怒寫「感事詩」的黃鉞，素來清正耿介，以不親附和珅辭歸，複以和珅倒臺回朝，被嘉慶帝稱為特達之知，仕至尚書和軍機大臣。其詩有感於眾人附會衣帶詩，編捏和珅死後變為河神的傳說，措詞犀利，直斥為老獲、妖孽、稷狐社鼠，可稱痛快淋漓。後來葉廷琯《鷗陂漁話・和珅詩》、史夢蘭《止園筆談》卷五等書，皆與梁章鉅所記相同。

　　和珅的有才也不可否認，不僅僅出於其自負自戀，而是早就由乾隆帝親口言出。乾隆五十三年平定臺灣，和珅作為二十功臣之一繪像紫光閣，弘曆親撰像贊，「承訓書諭，兼通清漢，旁午軍書，惟明且斷」，欣賞他的才華，稱譽為國家干城。五十七年擊退廓爾喀入侵，和珅再次列名圖像，「清文漢文，蒙古西番，頗通大義」，其語言才華似乎又有長進。乾隆帝曾不止一次誇獎和珅明練勇為，誇獎他兼通四種文字，說滿朝中只此一人。顒琰讀衣帶詩後的短短評語，也承認和珅「小有才」，別處還說過他「小忠小信」，至於說他「未聞君子之大道」，也是對的。

52.《藝風堂雜鈔》卷三，〈和致齋相國事輯〉。

帝王之心也如秋天的雲。和珅被賜死後，嘉慶帝開始想起他的一些好處，想起其對父皇的多年侍奉之勞，或也能想起其為自個效過的力，心情有些複雜。外地將軍督撫的議罪奏摺仍紛紛來到，自是一無例外地籲請嚴懲，御批則變了口風，開始找各種理由，訴說苦衷。如正月十八日山西巡撫伯麟奏摺硃批：

已施恩賜令自盡矣。朕不得已之苦衷，天下臣民當共知耳。

又二十二日湖廣總督景安奏摺御批：

已賜令自盡矣，實出於不得已之苦衷也。

明明是去除一個大貪官，究竟有什麼不得已？有什麼難言的苦衷？二十三日，顒琰在江西巡撫張誠基奏摺上略有流露：

朕若不除和珅，天下人只知有和珅，不知有朕，實出於萬不得已。是非公論自有定評，無庸置辯也。

不知是說和珅功高蓋主，還是說他狂悖恣縱。然若說親政後其也會如此，大約沒幾人會相信。又同日批漕運總督梁肯堂摺：

此人不除，天下人心不正，所以必行，後世自有公論。

說的是和珅敗壞了朝政乃至社會風氣，很有些道理，卻又不能深追，一旦刨根便到了父皇身上。二十七日，御批廣東巡撫陳大文摺：

天下至大，兆民至眾，近年皆為和珅所蒙蔽，諸務廢弛，若不速辦，幾不可問矣！不得已之苦衷，惟上蒼昭鑑耳。❺❸

_____
53.以上五條皆見於《和珅祕檔》第九冊。

措辭也覺誇張。天下和兆民都不是和珅能蒙蔽的，其所蒙蔽的主要是太上皇，有此一人做靠山，也就足矣。所有這些相同和微有不同的批語，都能透露出顒琰的心緒難安。和珅的聰明，其藉衣帶詩傳遞的遺意，似乎也得到一些回應。

和珅長已矣，卻長期作為人們茶餘飯後的一個話題。梁章鉅所記，起因於某河員的來訪，講起當年睢口合龍的一些怪異情景，引起他聯想到和珅的絕命詩。至於睢口合龍時有如神助、和珅死後化為河神一說，應是該詩流行後的虛妄之辭，章鉅在筆墨間已含遊戲之意。

作為歷史人物的和珅是複雜的，死後也與許多反面人物一樣，經歷了一個妖魔化的過程，眾惡歸之；而圍繞衣帶詩的記載證明，在早期的傳播中，似乎對他還不無同情。這個版本的價值，在於為糾正「水泛含龍」的訛誤提供了確證，也對和珅形象的再認識，提供了一個史證。

四、薩彬圖

一轉瞬間，樞閣重臣和珅已是千夫所指。就中得過和珅恩惠，受到過他的幫助，甚至千方百計想與他搭上關係的，自不在少數，而今眾口一詞，都是喊殺喊剮。多數人應是迫於形勢，被動表態，然十分積極、主動請纓的也不乏其人。

和珅當然是一個大貪官。問題的典型性在於，沒有任何證據說他向國庫伸手，沒有任何證據說他截取軍費和稅收，他也很少主動向人索取，僅僅靠職務，僅僅靠陋規，靠人情往來，就聚集了天文數字的家產。確定這一點，對今日認識貪腐和反貪腐，應有較大史鑑意義。和珅死後，自會有人向皇帝稟報自縊時的場景，已擁有絕對權威的顒琰，也讀了和珅的「衣帶詩」，發表了幾句感慨，大意是此人還是有點才的，只是讀書太少，不知道如何做一個道德君子[54]。

剛剛親政的顒琰，對誅殺和珅略覺底氣不足，向著一班封疆大吏不停地分辯解釋，訴說苦衷。御批不再提及大逆之罪，反覆強調的都是其貪縱。這是真實的，確為和珅種種劣跡之根源。皇上並無意窮索，此前在吳熊光關於查抄和珅田產的奏本上，嘉慶帝即御批「不必過於株連搜求」，認為即便是有些隱匿寄頓，也於世無害，若因追查弄得雞飛狗跳，反而損失更多。

可樹欲靜而風不止，貪官資產的數額，從來都是社會輿論的關注熱點。和珅聰明一世，得意半生，處心積慮搜刮聚斂，最後是一命嗚呼，巨大資產抄沒入官。「平生只恨聚無多，及到多時眼閉了」，真堪為之寫照。和中堂死後，一句謠諺隨即在京師傳開，道是「和珅跌倒，嘉慶吃飽」，或「和珅倒，嘉慶飽」。似乎誅殺抄檢意在資產，令嘉慶皇帝格外懊惱。這時候，偏偏又來了一個不識相的薩彬圖，接連上疏，說和家財產絕非此數，肯定會有轉移隱瞞，說和府四個管金銀內帳的使女必然知曉，並主動請纓單獨審訊她們。

薩彬圖之父達椿與和珅多年不睦，深受其壓制，然老和對他本人不薄，連擢為內閣學士兼副都統，又擔任乾隆帝起居注官，非得信任者難有此美差。和珅倒臺，達椿父子得到起用和重視，也使這個淺薄之輩出現政治誤判：又是請派五千精兵，由他率領往四川剿賊；又是自請到慎刑司，單獨審訊和府四個使女，查抄和珅家產。這些本來與其職務無關，可薩彬圖的積極性比誰都高。嘉慶帝雖然厭煩，仍讓他跟隨怡親王永琅、刑部尚書布彥達審案，經過嚴格和反覆會審，仍一無所獲。四月二十五日，嘉慶帝專發上諭，嚴詞譴責，就中特別提及誅殺和珅的原因：

54.《藝風堂雜鈔》卷三，〈和致齋相國事輯〉。

朕所以辦理和珅者，原因其蠹國殃民、專擅狂悖，和珅一日不除，則綱紀一日不肅……軍機王大臣及大臣中如朱珪等，從未於朕前奏及和珅財產一字。乃薩彬圖屢以為言，竟似利其所有者然。豈薩彬圖以朕為好貨之主，敢以此嘗試乎？或伊必欲陷朕等於唐之德宗？伊亦未必有此伎倆也！⑤⑤

可恥復可憐的薩彬圖，不知見到旨意後作何感想。這番話是說給他聽的，也是說給一班文武大臣乃至編捏歌謠的市井閑雜聽的。薩彬圖以參劾不實罪革職，自此一蹶不振。

55.《嘉慶道光兩朝上諭檔》四，嘉慶四年四月二十五日。

第七章

仁宗親政

在當日的史料中，大都將弘曆逝世視為嘉慶帝親政之始，顒琰在諭旨也這麼說。是啊，禪讓期間日聆訓誨，大事說了不算，的確也稱不得真皇帝。終於輪到自己了，從大喪的第二天起，嘉慶皇帝（前面已沒有了那個「子」字）便密集頒發旨意，逮治寵臣，剔除秕政，求言求賢，帶來一股清新之風和希望，譽之者稱為「嘉慶新政」。

第一節　胡齊侖冒濫軍費案

嘉慶帝親政後的第一刀砍向和珅，接下來便急不可待地要整治軍費的冒濫。冒濫，本指對不合格者的濫用，此處特指軍費支領中的假冒虛支，指當權者的貪污侵占。

為剿滅流動於鄂川陝等地的教軍，清廷不斷增調官兵，追剿防堵，軍費開銷巨大，帶來了沉重的財政壓力。這一方面是作戰的需要，輜重糧餉，在在都要源源運往前線；另一方面則是侵占揮霍，一些將領和地方官員藉機發財。軍費的開支本有嚴格的核發核銷制度，但對於一個貪腐盛行的官場，總有一些模糊地帶，也有空子可鑽。本節寫到的胡齊侖，不應被稱為貪污的典型，其案件卻是典型的時代縮影。嘉慶帝親政後，以此案為契機，掀起了一場軍中反貪風暴。

一、能臣的落馬

準確論列，當年四十三歲的胡齊侖是個幹員，一個勇於任事的能臣。時任湖廣總督畢沅、湖北巡撫福寧對他很欣賞，譽為「才具開展，辦事明幹，經理地方一切公務，均能妥協裕如」❶。襄陽本為白蓮教

---

1. 硃批奏摺：畢沅、福寧奏，請以胡齊侖升署荊門直隸州知州史純義署理蘄州知州事，乾隆五十六年六月初八日。

起事的大本營，祕密策劃最久，在各級衙門潛伏教徒最多，由於知府胡齊崙臨危鎮定，辦理果決，加上心狠手辣，致使該城始終不失。對比不少地方官，或因盲動喪身壞事，或一籌莫展，驚慌失措，更顯出人才難得。嘉慶元年三月，官兵在南漳土地嶺猝遇教軍，但見白蓮教眾漫山遍野殺來，隨營辦事的道員王奉曾嚇得當場昏厥，畢沅驗明其真的精神失常，保舉胡齊崙兼護道員❷。應該說，道府中很缺像他這樣精強勇為的官，幾個月後，因紅土山軍功實授道員，並賞戴花翎。

三年四月，景安任湖廣總督。這位和珅的族孫庸怯無能，卻因朝中有人，不斷受獎受賞，一路扶搖直上。庸才是人才的天敵，抵任僅數月，景安即參奏胡齊崙聲名狼藉、任意侵欺，說他與候補經歷朱謨狼狽為奸，「經手軍需銀兩甚多，其中亦不無冒濫」❸。以「迎送伯」著稱的景安，最是聲名狼藉，卻以此語指責他人，並倚仗和珅權勢，擅自將胡齊崙等革職，查封其任所資財，派令布政使祖之望嚴加提訊。推想是和珅在朝廷先吹了風，太上皇帝閱景安摺深信不疑，命將胡齊崙革職拿問，徹底查究。

自白蓮教起事，迅速蔓延數省，僅僅三年，地方協助的資金不算，光是戶部銀庫的軍費開銷已達七千多萬兩銀子，成為巨大的財政負擔。上皇對前線軍需一向出手大方，如苗疆之役，動輒撥發百萬兩巨額款項，加上大量銀牌元寶，供領兵大員隨時獎賞，從而助長了軍中揮霍侵占之風。地方官供應軍需，既要討好各路將帥，也會藉機搭車沾光，黑幕重重，現在被揭開一角，怎不令朝野矚目！可景安與祖之望反覆

---

2. 奏摺錄副：畢沅等奏，為道員王奉曾隨營剿賊驚嚇成癲請勒令休致並以襄陽府知府胡齊崙兼護道員事，嘉慶元年三月二十五日。

3. 硃批奏摺：景安奏，為特參安襄鄖荊道道員胡齊崙聲名狼藉……請旨分別革休事，嘉慶三年十月十二日。

研審，也找不到胡齊侖的貪污實據，數月後和珅被誅，景安心神大亂，更是審不下去了。

嘉慶帝未忘此事，親政後的第二個月即降旨追問，表達對景安的嚴重不滿：「迄今已閱四月之久，尚未據景安將審辦情形定案具奏，其中顯有故意延挨，為彌縫賄囑、化大為小之事。」❹三月間，景安被免職召還，嘉慶帝甚至想將之誅殺，以警示那些怯怯的大員（當然不是因為劾奏胡齊侖）。一把火延燒到自己身上，這位伯爵大人也是始料不及。

新任總督倭什布接奉諭旨，迅即奏報，詳細敘說湖北布政使祖之望操守廉潔、對胡齊侖案辦理認真等情形。的確也是如此，祖之望先是在襄陽道署嚴密查抄，將所有「鈐印領紙」開單飛行各營查對，出告示令下屬州縣上繳寄頓，「又親提胡齊侖家丁人等再四研鞫，加以刑夾」，不可謂不用心。倭什布說自己因帶兵堵剿，逐日移營奔波，實在沒有時間悉心查核。嘉慶帝對他的奏報較為認可，硃批：「汝自應專心辦賊，胡齊侖一案責成祖之望可也」❺。對祖之望，皇上還是充滿信任的。

景安參奏時稱胡齊侖聲名狼藉，嘉慶帝也說他聲名狼藉，原因頗為複雜。表面說是由於隱瞞造假和殺俘殺降，具體指一次殘忍的殺降事件。白蓮教所過之處，均有當地教徒積極加入，一旦戰敗則大多逃回故鄉，南漳一戰亦如此。胡齊侖招募鄉勇，配合官兵將教軍擊潰，然後大開殺戒，將藏匿在夾河洲的兩百多名本地教眾盡行屠戮。至於他隱瞞兩百九十七名鄉勇的死傷情況不報，更屬軍中慣例，報喜不報

4.《嘉慶道光兩朝上諭檔》四，嘉慶四年二月十八日。

5.硃批奏摺：倭什布奏，為查辦原任安襄鄖道胡齊侖辦理軍需侵冒一案並將冊卷供情送部查審事，嘉慶四年四月二十六日。

憂嘛。野心勃勃的胡齊崙膽子也大，僅招募了一千多名鄉勇，謊報為三千，希圖多領經費；遇上司核查，又說捐出養廉銀支給費用，實際上壓根也沒有捐。到受審時，無可掩飾，只好一一承認。諭旨命將胡齊崙及朱謨解京，交刑部審訊，有這樣一段審訊問答：

問：你在夾河洲，如何將就撫之民誘出，誅戮數百充數？

據供：我帶鄉勇一千三百名，總兵馬瑀帶兵五百名，在夾河洲駐紮，時賊匪業已散去，我見有餘剩的賊匪二三百名藏匿洲內，我就稟知汪巡撫帶兵來將他們殺的。實是賊匪內沖散餘賊，並非就撫良民。

問：……你既見有餘賊，即應設法招撫，況你帶有一千三百多名鄉勇，又有兵五百名，他們只有二三百，正是勢窮力盡之時，豈有不俯首就降的理。即使他們抗拒，你帶的兵勇數倍於賊，無難立刻殲除，何又張大其事，稟請巡撫前來殺剿？明是你妄報於前，將就撫良民殺害塞責，還有何說呢？

據供：我當時原要安撫，因他們不肯就降，所以稟請巡撫的。至他們原係賊匪中竄出的，實不是良民，有汪巡撫原奏可查。我們辦理此案，有候補知縣蕭應登、守備銜武舉汪德洋、委員陶琛並招撫出來之管學淵、燕廷棟等，可以查問的。❻

殺俘當然是一種嚴重的戰爭罪行，可在清軍中極為普遍。乾隆帝就曾下令在苗疆大肆殺俘，並對奏報派人看押俘虜的大員嚴厲訓斥；剿滅王聰兒一役，清軍殺俘殺降逾萬人，上皇見奏喜形於色，毫無譴責。比較起來，胡齊崙就算小巫見大巫了。後來的審訊不再說起，將重點放在軍費冒濫上，大約也是想到這些吧。

刑部大堂之上，原本巴高望上的胡齊崙自是萬念俱灰，有的一概

6.《嘉慶道光兩朝上諭檔》四，嘉慶四年五月十二日。

招認，卻找不到貪污侵占的證據，對其京宅的查抄也沒有大收穫。辦案人員難以向皇上交差，只得列舉一些疑點，如胡齊侖獨自管理龐大的軍費開支，將五萬多兩銀子存於署中；如祖之望核查時讓胡齊侖參與，押解進京途中沒將胡與朱分開等等。嘉慶帝甚怒，對祖之望開始產生嚴重不滿，降旨切責，將他與景安歸為一路：「景安、祖之望查辦胡齊侖經手未完各件，並未將支發底帳預行封提，轉藉行查領項各員為名，耽延數月，且令胡齊侖自行核對卷宗，為彌縫抽改地步。是景安、祖之望有心徇隱，並未徹底查究，必有同胡齊侖通同取巧之處，顯而易見。」❼最後一句，係硃筆所加。此時景安已被解職，命往四川辦理軍需，胡齊侖等主犯雖已移交刑部，可審不出重大案情，仍要怪罪到祖之望頭上。

　　初審此案的祖之望曾任刑部司員，自是審案好手。接案後祖之望急急趕赴襄陽，道署已被嚴密看守，抵達後逐一查抄，並將帳簿單據全部封存。胡齊侖正在竹溪邊卡，迅即被押解回來聽審，又交出隨身攜帶的軍費開銷底冊。祖之望率員核查比對，見帳目大致相符，便把重點放在覆核支領單據的真偽上。而涉及的軍中大員甚多，因流動作戰，大多已在數百里之外，核對頗費時日，便拖了下來，最後的核對結果，也是基本相符。應該相信祖之望以及刑部官員的辦案能力，更要相信其奉旨辦案的認真態度，審不出頭緒的關鍵，在於胡齊侖不算是一個貪官，至少沒有把銀子弄到自己兜裡。湖北巡撫高杞遵旨密奏此事，逐條解釋胡齊侖之罪難以落實，說了一番大實話：

　　查景安原參「胡齊侖聲名狼藉、民間頗有怨言，軍興以來辦事不實，任意侵欺」等語，並未指實款跡，殊難折服其心。及委藩司祖之

7.《嘉慶道光兩朝上諭檔》四，嘉慶四年五月十二日，軍機大臣字寄。

望究訊，止有嘉慶二年七月內賊近南漳，胡齊崙雇募鄉勇打仗，傷亡二百九十七名，延不詳請恤賞，復乘賊匪西竄捏報添雇鄉勇堵禦……等情。查鄉勇打仗傷亡未經造報請恤者非止一處，而添雇鄉勇他處亦難保無捏報之事……若其軍需銀兩存留內署酌發，此經手之責，亦難指為營私確據。

所有這些能戴到胡齊崙頭上的罪名，在高杞看來都是官場通病，或屬戰時經費管理的潛規則，算不得大罪。那麼胡齊崙為何會聲名狼藉呢？高杞接下來卻要從他的「小有才幹」和保城大功說起：

嘉慶元年裏屬教匪起事，勾結城內書役暗中接應，經胡齊崙察審確實，數日之內擒斬多名，郡城賴以安貼。此胡齊崙之微勞，而前任督撫所以保奏也。及升補道員後，又以其承辦軍需料理無誤，相待較優。胡齊崙因而俯視一切，凡遇在裏辦差官員，逢迎可愛者，贊不容口；稍不投機者，動加呼叱。其驕矜狂妄之態，遂為眾怨所歸。

看似指責胡齊崙驕矜狂妄，實則也暗示了官場的嫉賢妒能；而所謂的聲名狼藉，怕是由於其精明強幹，對待一些官員不稍假借，當然也只是對官職低於他的人。

關於夾河洲的妄殺，高杞指出胡齊崙有鋪張粉飾、小題大做之處，也說不應把帳全記到一個人身上：

接閱前撫臣汪新抄發具奏「剿盡竄伏夾河洲反側逆匪」一摺，內敘接據胡齊崙稟報該處伏匿匪徒，潛圖蠢動，汪新會同總兵馬瑀各帶兵勇馳往，並派員弁分投撲捕，殲斃數百名，生擒一百餘名，僉供「聞知城內兵少，商量充作鄉勇難民，混入搶占」等語。旋奉恩旨，汪新、馬瑀、胡齊崙各加升銜，其在事文武各員亦蒙分別加恩。維時奴才因

襄陽本多習教匪犯，竄伏蠢動事之所有，今經殲剿淨盡，實為地方之幸。後始風聞原奏係據胡齊崙之稟，多有鋪張粉飾之處，其保舉各員亦有不實，且有枉殺投誠之說。奴才相隔路遠，疑信參半。八月間汪新札調奴才辦理吉林索倫兵差，赴襄察訪，夾河洲地方原有教匪，卻無如許多人，未免小題大做，其有無枉殺悔教之人原係得自傳聞，並無親屬首告。惟在襄人員不少曾各辦差出力，咸思僥倖保舉，或有求之不得者，則因此事起於胡齊崙之稟報不實，互相傳說，眾怨沸騰，此胡齊崙聲名狼藉之由來也。❽

說了半天，兜了一個大圈子，高杞還是把找不到枉殺的實證，只是襄陽城一些人因未得獎賞，嫉妒憤恨，傳播流言的內幕說了出來。嘉慶帝似有些省悟，批了個「覽奏俱悉」。

　　在高杞此奏之前，嘉慶帝已命將祖之望解職，來京聽候問詢，並在倭什布奏摺後作了一段朱批，說的正是景安參奏的政治背景：

　　胡齊崙一案，始於和珅聞其聲名狼藉，兼少私饋，授意景安勒令參辦。而楚省軍需原係伊一手經理，久已通同使用，景安、祖之望恐查辦過急，胡齊崙和盤托出，是以令彼自對底冊，早已天衣無縫，從何審究？❾

原來竟是出於和珅之授意！顒琰曾說早知胡齊崙聲名狼藉，大約也出於和珅之口。他還說到和珅沒得到胡的賄賂，有意報復，則胡齊崙豈非成了被迫害者？然而且慢，皇上堅定地認為軍需開銷混亂，認定胡

<hr>

8. 以上三則皆出自硃批奏摺：高杞奏，為遵旨據實密奏已革安鄖道胡齊崙在任劣跡事，嘉慶四年六月初一日。

9. 硃批奏摺：倭什布奏，為遵旨密查胡齊崙擅殺難民侵欺公款一案事，嘉慶四年五月二十二日。

齊侖確有冒濫軍費，要在他這兒打開一個缺口。

二、支領清單上的統兵大員

　　祖之望被解職的原因，是辦案中故意拖延，「遲延多日，意存掩飾，非尋常怠玩可比」❿，並且不將核心證據及時上報，的確如此。精於審案的他很快就搞清胡齊侖並非貪官，此案自有複雜背景，更為複雜的是胡齊侖交上一本帳目底冊，前線領兵將帥的名字絕多在上面，支領數目不一。祖之望顧慮的是，一旦清查追繳，將帥人人自危，軍心大亂，必然影響到進剿白蓮教之役。思慮再三，祖之望在胡齊侖解京時未將此底冊移交，希望能親自交給皇上，陳明利害。後來刑部審出還有底冊未交，嘉慶帝赫然震怒，傳旨將他撤職查辦，祖之望這才上繳倭什布轉呈。一番苦心，翻成大罪。

　　八月十七日，祖之望到京，嘉慶帝命迅即訊問，聽其細述苦衷，有所諒解，而對所說軍需開銷實情，由震驚轉為震怒，諭曰：

> 本日祖之望到京，據稱湖北辦理軍需，查出胡齊侖經手帳簿，多係開載領兵大臣犒賞提用，及督撫與該道饋送領兵官員款項。如明亮、慶成、永保、恒瑞、德楞泰、舒亮等皆曾得過，惟額勒登保一人未經得受。是軍興以來所發餉銀七千餘萬，竟為伊等饋送侵肥花消之用……。⓫

　　而就在前一天，倭什布已將胡齊侖的祕密底帳進呈御前，這份清單至今仍在，可證當日軍費使用之種種名目和亂象，茲僅舉總統湖北軍務的永保一例：

10.《清仁宗實錄》卷四五，嘉慶四年五月乙酉。

11.《清仁宗實錄》卷五○，嘉慶四年八月癸卯。

永保

　　嘉慶元年五月初三日收元寶二十個（畢沅送）

　　七月初十日收紋銀八千兩（注明係沈姓帶京）

　　十二月二十六日收銀二千兩（畢沅送盤費）

　　四月二十四日收銀二百兩（未注明何人饋送）

　　五月初二日收銀三千兩（未注明何人饋送）

　　七月十九日收紋銀三千五百兩（未注明何人饋送）

　　　　以上共銀二萬三千七百兩

　　三月十九日打銀牌紋銀十兩

　　三月二十九日收五錢重銀牌一百面

　　四月十七日收五錢重銀牌一百面

　　五月初二日收一兩重銀錁一千個

　　五月初三日，打銀錁紋銀一千兩

　　五月初八、十日收五錢重銀牌一百面

　　五月二十四日收五錢重銀牌五百面

　　六月初一日收五錢重銀牌四百面

　　　　以上共銀二千六百一十兩

　　又收大銀牌八十面小銀牌二百面（未注明分量月日）

永保奉詔入京，至西安接軍機大臣字寄，奉旨往湖北平叛，不久即總領湖北諸軍，故支取軍餉最多。而僅過了半年，上皇就以統率無方將他革職逮京，幾乎掉了腦袋。這裡倒也能見出官場情義的一面，永保押解去後，畢沅對屬下說「永大人在刑部監內最苦，令將前存二千兩銀子一併交沈姓帶京，送交永大人」❷。胡齊崙出手更闊綽，又另外

12.《嘉慶道光兩朝上諭檔》四，嘉慶四年九月二十五日。

饋送白銀六千兩，當然用的是軍費。

永保後面，清單上依次是古北口提督慶成、三等男湖南提督鄂輝、湖廣總督畢沅、理藩院尚書惠齡、二等伯署廣州將軍明亮、西安將軍恒瑞，或多或少，都有支領。嘉慶帝降諭切責：「各路軍營任意提用，及督撫支取饋送者，款項累累，實堪駭異……今自剿辦賊匪以來，部發帑銀多至七千餘萬，而各省協濟銀兩尚不在此數。如果實用實銷，則兵精餉足，士氣奮揚，早應撲滅賊匪。何至兵丁衣服藍縷，幾同乞丐，經年累月，迄未成功。是節年所發帑金，竟徒為伊等黷法營私之用，而於兵丁全不體恤，又何怪師老兵疲，士不用命耶？」**⓭**所說皆屬實情。諭令將永保、慶成家產查抄，並將清單發交欽差大臣那彥成、陝甘總督松筠逐條嚴訊，計贓定罪。

清單上的支項不能籠統稱為貪污侵占，但提用任意，賞賜濫行，私人饋送揮霍，在所難免；前線士卒缺餉少糧，士氣低落，也是事實。具體到每個將領，情況也有很大差異。如惠齡接任總統湖北軍務，棗陽告捷，提銀一萬兩發軍營犒賞士兵，又領取袍褂料四十付獎勵巴圖魯，皆有經辦人，皇上也未再追究。慶成更屬冤枉，不光沒有侵吞軍餉，還從家裡取了二千多兩銀子用於激勵士氣。此時慶成先因失誤軍機革職，在漢中軍營戴罪立功。松筠奉旨審訊，並調查軍需糧台，將其家人也拘來細細審問，對他頗為同情，奏報時引錄慶成原話：「緣我帶兵打仗，畢沅、胡齊侖供給賞需銀牌銀錁銀兩，意係例有之事，所以伊等送來我就收了……俱係交與跟隨備弁收存，以備犒賞。每逢打仗有殺賊出力的官兵，均令分別等次，即以前項銀牌銀錁銀兩隨時分賞」。慶成還說打仗時「總在前敵親身督率，察其實在奮勇殺賊者無不立時獎賞」；說自己曾向眾官兵發誓，絕不帶軍需銀兩回家；也說身任

13.《清仁宗實錄》卷五二，嘉慶四年九月庚辰。

提督、護軍統領、戶部侍郎，管崇文門稅務等，俸廉豐厚，「出兵時曾由家中帶銀二千數百兩，俱在軍營犒賞官兵用盡」❹。松筠是一個誠實正直之人，將這些詳悉轉奏，並說此係軍中慣例，河南、四川等地方也會送賞兵銀兩。

　　永保本來沾了勒保擒獲王三槐的便宜，由刑部大牢放出，赫然又是陝西巡撫，此時再次被抄家審訊。永保和慶成在京家產都被抄檢，數額不多，嘉慶帝命將大部分賞還，作為恩典。抄家時還查出慶成在軍營家書一封，內稱今年不比從前，不能寄銀子回家。呈至御前，皇上看了有些感動，本來已令逮京治罪，已押解至山西，命往伊犁效力贖罪。明亮和永保，既在清單之上，進剿時又互不服氣，內訌不止，諭令押解進京。還有恒瑞，有旨令查其在漢中軍營的支領用途，松筠奏報「並無冒支入己情形」。至於畢沅雖已病故，仍革去應襲世職和子孫官職。鄂輝卒於雲南總督任所，也未逃過查抄家產、撤出賢良祠的處置。

三、福寧的厄運

　　降旨嚴查胡齊崙冒濫案之初，嘉慶帝就聯想到曾保舉他的上司，原總督畢沅已逝，巡撫福寧繼任總督，轉川督，革職後留下來辦理糧餉，此時被嘉慶帝盯上。出身滿洲的福寧仕途順暢，由兵部筆帖式升工部郎中，外放為甘肅道員、陝西布政使，乾隆五十五年擢湖北巡撫，胡齊崙在湖北的兩次升職，都是他與畢沅聯署。五十九年九月，福寧在山東、河南巡撫上轉了一圈後，回任湖廣總督，即行保奏胡齊崙署理武昌知府，無疑很欣賞這位老部下。福寧對和珅曾極盡巴結，先是

14.硃批奏摺：松筠奏，為遵旨查訊已革提督慶成前在湖北軍營收用銀兩恭摺覆奏事，
　　嘉慶四年十月初十日。

調兩江總督，因苗疆之變未赴，又調四川總督，其中當有和大人推助之力。但剿敵無功，屢被上皇責斥，三年正月被革職，賞副都統銜辦理糧餉。湖北軍費出了事，顒琰立刻聯想到四川軍需的使用，諭曰：

> 福寧奏籌辦糧餉一摺，殊多浮泛之詞。此次辦理軍務為期已久，而軍需經費數逾七千餘萬之多，尤屬向來罕有。總緣伊等倚恃和珅為之護庇，遂致恣意妄為，毫無顧忌，帶兵各大員皆踵福康安、和琳習氣，在軍營中酒肉聲歌，相為娛樂，以國家經費之需，供伊等嬉戲之用。此等積弊，朕聞之熟矣……至軍營支費，原應實用實銷，即或例外供支通融辦理，亦必有實在情形，可以覆核。若如現在軍營各路兵勇日費雖多，而遲延不發，多令枵腹將事；至領兵大員，則任意支用，承辦者不敢過問，無怪其浮濫更甚也。❶⑤

看來當一段時間的子皇帝也有好處，能夠暗中觀察，了解到較多實情。所說福康安軍中揮霍，領兵大員開銷任意，以及兵勇餉銀往往延誤發放，都有一些根據。皇上語氣雖嚴厲，目的仍在於減省軍費開支，對福寧也是訓誡叮囑，要他撙節使用，不得再有欺隱。福寧趕緊表態，並及時奏報各路大軍的糧餉支領情況：額勒登保所領一路，包括遠道趕來的吉林、黑龍江官兵在內，只解過軍費二萬兩；而德楞泰所帶軍隊人數差不多，供支銀數遠遠超過。顒琰由此斷定「德楞泰之浮冒，更無從置辯矣」❶⑥。通常說來應接著追查德楞泰，卻未見相關史料，想是發現了事情不是這樣簡單吧。

　　福寧本來有幾分蠢笨，加上受責恐懼，更顯得方寸大亂：一會兒奏稱教軍有增無減，一會兒奏細查無新起教眾；先稱軍費充裕，又與

15.《清仁宗實錄》卷三九，嘉慶四年二月甲辰。

16.《清仁宗實錄》卷四六，嘉慶四年六月丙申。

勒保會銜奏請撥餉五百萬兩。此舉引起皇帝不滿，命吏部尚書魁倫接任川督，抵任後將福寧經手軍需款項逐一清查，據實嚴參。時祖之望已到京，胡齊崙案基本審清，清單上幾個支領數額較大的將帥分別撤職和查抄，嘉慶帝又說到福寧，認定他必有嚴重問題：

　　胡齊崙僅係道員，輒以公帑作為饋送見情，何況福寧職分較大，總辦糧務，如勒保、明亮及在營帶兵官員，豈有不任意提用，作為饋送藉資結納之理？即如福寧從前曾經致送和珅銀兩，朕所深知。此時朝中雖無權要有須饋略之人，而督撫等或藉犒賞為名，私行提用，自肥己橐，皆所不免……伊等之意總不過欲藉辦理軍務，屢請多發餉銀，可以浮冒開銷，為補從前虧缺地步，是以有意遷延，總不欲剿辦完竣。誠恐軍營藏事，則平時虧空悉行破露，無可彌縫。此實外省積弊，最為可恨！今特交魁倫將福寧經手軍需嚴行查核，其平日如何侵用餉銀、致送何人、並各路帶兵大員如何藉詞犒賞、提用若干之處，一一詳細查究。若得實據，即行鎖拿，速即具奏。❶

誅殺和珅之後，顒琰表示不再追究那些與之過從親密的官員，實際上心中從未釋然，一遇到具體人和事，立刻就會有極大反感。其實和珅恃寵弄權之時，連福康安都要討好送禮，各地督撫大多難以避免，但真正與和珅親近的人並不多。嘉慶帝指責福寧曾經送過銀子，沒有拿出任何確證，當也是一種臆度猜測。他密諭魁倫，抵川後急辦兩件要務：一是嚴訊經略大臣、前川督勒保，務得軍中貪腐實據；二是悉心查核福寧經手款項，一旦發現侵用和饋送，即行革職鎖拿。

　　魁倫在福建舉報伍拉納、浦霖一案有功，有伉直之名，給予皇帝留下很好印象。顒琰親政後，魁倫顯然抱負不淺，已署任吏部尚書，

17.《清仁宗實錄》卷五十，嘉慶四年八月癸卯。

還要不斷請纓往四川治軍，皇上也寄以厚望。到達四川後，魁倫先至達州大營逮訊勒保，將士不服，費好大勁才算按住，並不將實情奏知皇上。十月份趕到成都，魁倫開始審辦福寧，傳諭將之解任，並親自審訊，嚴厲詰問，沒想到處處碰釘子。請看這份「訊問福寧供詞」：

　　一、詰問：我節次欽奉諭旨，因湖北現在查出胡齊侖動用軍需底帳，各路領兵大員均有得受餽送及濫提銀兩之事。湖北所用軍需為數尚少，川省所用不止數倍。胡齊侖不過道員，輒敢以公帑作為餽送見情，何況你職分較大，經手日久，豈有不任性濫為提用、作為餽送、藉資結納之理？又況川省領兵各大員在湖北既經得受餽送，豈來到川省即肯清廉自守，不向你藉端需索？現在皇上令我向你明白開導，趁此時若即將你任內曾經餽送何人，及帶兵官員何人藉詞犒賞，提用若干之處，據實自行供明，呈出底帳，無稍隱飾，我尚可代你奏明乞恩。若再飾詞含混，你試想此事豈能始終隱瞞？倘別經發覺，豈不是罪上加罪嗎？

　　福寧回供：達局支發銀兩，皆由道員詳准庫官給發，絲毫皆有案據，又按旬月摺報經略、總督，層層牽制，我斷難憑空提取餉項，藉資結納。至領兵各大員如德楞泰、明亮多用餉項，我皆專摺具奏，他們即有不肖之心，豈不慮我據實具奏，焉敢向我需索！現有局詳庫簿可以確查，倘有絲毫隱飾，我願領侵蝕之罪。

　　又詰問：據你所供，是你經手餉項竟無弊竇了？現奉諭旨，皇上因你辦理軍需較之從前宜綿等尚為嚴緊，所以仰邀聖明洞察，如將宜綿、英善、明興等三人任內如何浮冒侵肥，及餽送之處呈出底帳，或指出實據，不但可以免罪，且尚有恩典擢用。你試想聖恩如此寬大，如此剴切訓導，你不知感激，尚敢飾詞隱混，這就是辜恩昧良了。況

宜綿、英善、明興俱係前任，與你無干，你若供吐實情，便可表白自己；倘代為徇隱，豈不是從井救人麼？至如勒保、明亮俱已革職拿問，伊二人有無得受饋送、提用餉銀之處，你供出時於伊二人本罪原無可加減，但你須為自己計，不值代人受過。可據實供來。

福寧回供：參奏侵蝕餉項，必須確切款據。宜綿支用糜費，我得自傳聞，並無帳據；英善前次辦理軍務，又在宜綿之前；明興隨同各營帶兵，並無定向。他們有無弊實，我當時尚在湖北，難以預知。我一無指實，又無帳據，豈能混供？至勒保、明亮軍營各有總理糧員，若得受饋送，必由總理經手；若提取銀兩，必由糧員經手。必須總督提齊各總理及各糧員，嚴切訊問，並令各開用帳，方能水落石出。且各路軍營浮支濫用均所不免，我疊次奏明，總於事竣後分別追賠，豈肯獨為勒保、明亮隱瞞，自幹重咎？

又詰問：你到達州後，既訪知宜綿諸事不能撙節，其支發各帳李憲宜延不開報，即應據實參奏。你係奉旨專辦糧餉，豈得以革職總督、呼應不靈為詞，這不是有心徇隱、事後推諉嗎？

福寧回供：宜綿在川年餘，惟川東道李憲宜經手支用餉項多而且久，必須開出清帳，按款確核，方可得其浮濫實據。上年我到達州，李憲宜先經勒保派赴雲開一路總理糧務，後復調派隨營總理，彼時軍務緊急，屢次催餉開造前帳，總以無暇兼及為詞。若專調來達造報，又無大員更換。且該道正值承辦軍務吃緊之際，旋即在營病故，我焉能即行參奏？至委派大小各員，皆由現任總督主政，我專辦糧餉，從未派調一官，實由呼應不靈，並非事後推諉。

又詰問：你稱明興幫辦糧餉，並不經手銀兩，無從作弊等語，支發餉銀雖由局員之手，但批准核發總由你與明興定奪，有無通同弊混之處，據實供來。

　　福寧回供：二月間明興與我同辦糧餉，至四月卸事，一切支發餉項由我同明興批准核發。但有支銀局詳，即有收銀印領。若有發無領，即係通同弊混，今有發有領，針孔相對，弊從何作？我經辦糧餉，止能杜絕局員支發侵冒，至各營總理及隨營糧員如何零星散放，各有承辦之員專司其事，凡係何員經手之項，即責成自行造報。總須事竣按款質算，察其浮用，分別追賠，屢經奏明在案。我招取眾怨，皆由於此。**⓲**

歷史著作的一大功能，是要努力再現當日真實場景和細節。此處一問一答，情景逼真，審訊與被審者的唇吻口角極為生動，故全文照錄。魁倫志大才疏，奉欽命興沖沖而來，急欲像福建那樣審出一串貪腐大案，威逼利誘，卻顯出心中沒底，也毫無辦案經驗；福寧針鋒相對，隨時反詰，同時訴說心中委屈和不平。新總督審訊前總督，在魁倫已不是第一次了，也拉得下臉，竟被搞得張口結舌。魁倫當然不會善罷甘休，另一位急切熱衷的大員、副都御史廣興也從京師趕來，接手總辦糧務，自會做各種查核比對，也沒查出貪冒實證。福寧的語氣看似平和，實則激烈憤懣，底氣應來自沒有侵冒之實，包括皇上所說的送給和珅銀兩，也不再提起。延至歲末，魁倫連上兩摺，重提福寧在旗鼓寨殺降一案（審不出貪腐就抓別的），嘉慶帝先命福寧於軍營效力，再降諭遣發新疆。

四、「嚴參重處」的苦心

　　對於白蓮教的大起事，弘曆歸為邪教的傳播，是以追緝教首，不遺餘力。顒琰的見解當比乃父深刻，認定主要原因在於地方官失職，官逼民反。他親抓胡齊崙等案件，雖有整頓軍務、節省軍費的目的，

18.奏摺錄副：魁倫奏，為遵旨詰問福寧照錄其口供單，嘉慶四年十月二十七日。

更多的則是要紓解百姓怨氣，安撫地方，使小民休養生息。於是，曾被視為尋常的殺俘殺降被提出，實施酷刑和屠殺的官員被處置，如果說顒琰推行了若干「新政」，則力圖挽回民心、整頓地方吏治算是一項。

倭什布赴任時，嘉慶帝密諭「察訪貪官污吏，如胡齊侖、常丹葵等，嚴參重處幾人，則小民怨氣自紓，地方必能平靜」；還要他善待從川陝返回家鄉的教民，「辨明良莠，細心妥辦」❶。後對趕赴四川的魁倫也是行前諄諄告誡，離京後再發密旨，說的還是在飽受動亂殺戮之地，認真收拾和凝聚民心，並開列了一個「好官」與「劣員」名單：

> 自卿起程後，朕日夜焦思，訪得川省清官、貪官數名，今特列名於後，卿應留心訪求實跡，清官即行越格保薦，貪官立予降革。若得貪婪實跡，奏請拿問，破其積奸，伸民之怨，大功可計日而定，卿其勉諸。好官：劉清、王贊武、嚴士鋐、沈念茲、方積、趙華；劣員：戴如煌、姚令儀、石作瑞、黃銑、吉興、俞廷舉。再諭卿知朕思治賊之道，先示之以威，後撫之以德，雖不可姑息，亦不可酷暴，害民之官必宜去，愛民之官必宜用。❷

這番話說與魁倫，也是對牛彈琴。顒琰缺乏父皇的識人之才和用人之量，對品行欠缺的魁倫和廣興竟倚為棟樑，便是例證。但其一心想要懲治貪官酷吏、穩定地方，養活細民，將國家治理好，也是實情。

由於皇上有這個想法，胡齊侖和常丹葵等人被先後押至京師，對四川的戴如煌也降諭逮治，查找「激變」百姓的罪證。但得自傳聞之詞，往往誇大，審訊時難以確認。

武昌同知常丹葵，被傳用大釘子釘教民手掌，以大鐵錘擊碎犯人

19.《清仁宗實錄》卷四一，嘉慶四年三月。

20.《清仁宗實錄》卷五○，嘉慶四年八月癸卯。

腿骨，極為殘酷，逮京後經刑部審訊，皆為子虛烏有，本人拒不承認，也找不到任何人證。

達州知州戴如煌，被指「居官貪劣，激成事端」，經審訊，也只是年老力衰，聽信差役苛索百姓。廣興銜命來川，惟恐事情鬧不大，初審即奏戴如煌「私設衙役至五千名之多」，一個小小知州，怎麼可能？可身為都察院副都御史的廣興如此奏報，皇上居然一聽就信，要求嚴密追查。經勒保、德楞泰再審，實際為在任四年內公差花名單上有四千餘名，哪兒跟哪兒啊？派廣興這樣的人辦案，就會出現這種笑話。畢竟老戴在職名聲較差，當地參與教變者甚多，嘉慶帝命在達州枷號三個月，發往伊犁充當苦差。

對胡齊侖的審訊仍是重中之重。此案由軍機大臣會同刑部嚴訊，各項人證物證都已調齊，很快就水落石出。最後的罪名是私扣平餘二萬九千餘兩，任意饋送。平餘，又作「餘平」，指徵收賦銀增加損耗，在支出時反加倒扣，愈演愈烈，成為官員貪污中飽的一項財源。以湖北軍費為例，戶部銀庫撥發時每一百兩扣留四至六兩，督撫再下文扣八兩，胡齊侖又加扣二兩。這樣下來，一百兩銀子實際能發下去的只有八十餘兩，士卒的餉銀一般不敢減少，最後只能在軍需上剋扣，槍械彈藥、軍裝軍糧都被核減，士兵饑寒交迫，不免搶劫敲詐，造成惡性循環。平餘款項也是有帳的，但已換了一個名目，不再是軍費正項，主事者用起來便無太多顧忌。胡齊侖供稱：「部發銀兩每百兩短平四、五、六、七、八兩不等，我奉文於原短平外又扣八兩，因襄陽一局差費浩繁，扣項不敷，我又於八兩之外復扣二兩，實是有的，不敢謊供。」**㉑**至於所扣銀兩的去向，他坦白有督撫和各營將軍提用，有自己送禮，有打造銀牌銀錁，有的獎賞鄉勇……名目繁多，真真假假，

21.《嘉慶道光兩朝上諭檔》四，嘉慶四年九月二十五日。

卻也救不得其性命了。

十月十二日，顒琰發布長篇諭旨，抨擊軍營恣意侵扣和饋送之風，切責已死的畢沅，以及明亮、永保等領兵大員。諭中特別提到畢沅和胡齊侖饋送永保一事，「即如畢沅饋送永保銀二千兩，胡齊侖饋送永保銀六千兩一節，伊等即因永保在京監禁，欲行資助，亦當各出己資，何得用國帑為朋情耶？試思此項銀兩，皆兵丁等衣糧屝屨之資，今忽短餉八千，則從征之士因茲而罹凍餒之患者，不知其幾千人矣。而欲令其踴躍戎行，克敵致果，其可得乎？從征之士不能飽暖，焉能破賊。以致賊害良民，不可屈指，其罪皆由於此等劣員所積也」❷❷。諭旨論及領兵大員「以養寇為肥身之計，以糜帑為飽橐之資，縱賊蔓延，日久未滅」，隱隱已見動了殺機。刑部依照《大清律》擬胡齊侖之罪，止夠一個斬監候，皇上不許，諭以業已監禁一年之久，曾經動大刑，如果病死獄中，反而逃脫顯戮，命即行處絞。

至於祖之望，既經查明延誤的原因，嘉慶帝予以諒解，念他平日聲名尚好，加恩以按察使降補。

第二節　整頓軍務

查辦胡齊侖案的同時，嘉慶帝即著手整頓軍務，凡支領清單上有名字的大員，都被問詢追查，如明亮、永保等證據明確的，立即撤職拿問，押解進京嚴審。但誰來替代他們？撤幾個領兵大員不難，換誰呢？扒拉著腦袋尋找，滿朝文武大臣中廉潔奉公，且能帶兵打硬仗的，敢於廝殺拼命的，已然不多了。

昔努爾哈齊以十三副鎧甲起事，不數年即崛起於遼東，靠的是敢

22.《清仁宗實錄》卷五三，嘉慶四年十月丁酉。

於拼命殺敵。大清立國，前四朝也是猛將如雲，從不懼馬上殺伐。降至乾隆末年，先有苗疆之亂，接著教變繼起，又銷損了一大批軍政良材，已存在嚴重的人才危機。辦理胡齊侖一案，嘉慶帝決心藉以整頓軍務，卻也將本身性情褊急、求全責備的特點暴露無遺，對軍中不多的將才，也是砍斫任意，不甚愛惜。

一、「時深焦急」

上皇駕崩的第二天，尚在熱孝之中的顒琰，對川陝戰事專發長篇諭旨，先拿著父皇說事，詳述其臨終之際對戰事的焦灼懸望，表達了強烈的不滿，直指前線各軍營領兵大員：

> 自用兵以來，皇考焦勞軍務，寢膳靡寧，即大漸之前，猶頻問捷報。迨至彌留，並未別奉遺訓。仰窺聖意，自以國家付托有人，他無可諭，惟軍務未竣，不免深留遺憾。朕躬膺宗社之重，若軍務一日不竣，朕即一日負不孝之疚。內而軍機大臣，外而領兵諸臣，同為不忠之輩。何以仰對皇考在天之靈？❷❸

不說自己，先說已逝的父皇，說父皇生前之焦勞，自己的焦急萬狀亦攜帶而出。這是長期積聚的憤憎不滿的大爆發。嘉慶帝嚴厲譴責領兵大員「全不以軍務為事，惟思玩兵養寇，藉以冒功升賞，寡廉鮮恥，營私肥橐」，並敘及父皇暮年之寬仁：

> 近年皇考聖壽日高，諸事多從寬厚。凡軍營奏報，小有勝仗，即優加賞賜。其或貽誤軍務，亦不過革翎申飭，一有微勞，旋經賞複。雖屢次飭催，奉有革職治罪嚴旨，亦未懲辦一人。即如數年中惟永保

23.《清仁宗實錄》卷三七，嘉慶四年正月癸亥。

曾經交部治罪，逾年仍行釋放。其實各路縱賊竄逸者，何止永保一人，亦何止一次乎？且伊等每次奏報打仗情形，小有斬獲，即鋪敘戰功。縱有挫衄，亦皆粉飾其辭，並不據實陳奏、伊等之意自以皇考高年，惟將吉祥之語入告。但軍務關係緊要，不容稍有隱飾。伊等節次奏報殺賊數千名至數百名不等，有何證驗？亦不過任意虛捏。若稍有失利，尤當據實奏明，以便指示機宜。似此掩敗為勝，豈不貽誤重事！軍營積弊，已非一日。上皇遐齡既高，仁慈益甚，如文臣將士稍著勞績，立與封賞。即偶或戰敗失機，亦不重懲，惟去職留任而已。設能戴罪立功，則前咎且不問，仍與復職，並加優獎……

寫的父皇之仁慈寬大，潛臺詞則是自個絕不會這樣做。果然，親政伊始，顒琰就開始對領兵大員一個個進行修理——

　　正月初五日，降諭責斥明亮「惟事往來尾追，實屬無能」，兩日後再諭：「明亮等實屬喪盡天良。」㉔明亮是一位卓有戰功的勛將，又是滿族貴戚，乃孝賢高皇后之侄、多羅額駙，時年六十五歲，仍日日奔趨於山高林密的疆場。顒琰在諭旨中如斥孩童，全不顧事功和不留情面。

　　初八日，諭令仍以勒保總統軍務。勒保奏請皇上節哀，得到的朱批卻是一通臭罵：「爾等皆滿洲世家……使朕有不孝之名，汝等能當罪乎？」㉕二十日，嘉慶帝對川陝軍務作出重大調整，以勒保為經略大臣，各路帶兵大臣和相關督撫皆受節制；以明亮、額勒登保為參贊大臣，又將永保再次派往前線，擔任領隊侍衛。申明軍紀，嚴旨督戰。他期望的是立竿見影，不到半個月便傳諭催促：「倘再涉遷延，則軍紀具在，朕必執法從事，勒保寧不為身家性命計乎！」㉖乾隆帝對臣下

24.《清仁宗實錄》卷三七，嘉慶四年正月丙寅。

25.《清史編年》卷七，134 頁。

素來嚴厲，待統軍大帥則以信任鼓勵為主，雖有遙制，也較為耐心；顒琰的本事比弘曆天差地別，卻熱衷於對千里之外的作戰具體指揮，一事不合意，便要斥罵，甚至翻臉。

前線不時傳來捷報，勒保和松筠都不斷奏報所屬部隊的戰績，顒琰在詩中表達欣慰，也知「邪非一日成，師難一朝克」，可總是免不了焦灼煩亂。看看到了秋天，期望的大勝未能到來，不由得百感交集，賦詩遣懷：

> 皇考棄兒去，夏徂秋又來。仰天真可痛，臨御愧無才。
> 蟻集荒山眾，鴻栖中澤哀。良民染鋒鏑，沃壤盡蒿萊。
> 雖幸燕齊稔，難堪川陝災。王師漸疲敝，羽檄漫交催。
> 予罪將誰諉？昊衷願速回。敬祈銷劫數，即日淨邪埃。教匪蔓延四年，
> 川陝楚豫百姓被劫者無算，敬祈昊蒼聖慈並加默佑，速為蕩平，不勝額企之至。❷⁷

此詩寫得非常感人，對父皇的深摯懷念，對缺少才華的自省，更多地則是對數省動蕩難平、生民塗炭的痛惜，豈如詩題中一個「悶」字所能涵括。顒琰意識到將士的疲敝，意識到諭旨交催的無力，自擔罪責，祈禱上蒼和慈父在天之靈保佑。

二、該換的與不該換的

與教軍作戰的前三年，軍政大事多是上皇與和珅說了算，久戰不決，已開始頻頻更換總統軍務大臣。如永保、宜綿，任用輕率，撤掉也屬應該；如勒保，則不應責之過急。親政之後，嘉慶帝乾綱獨斷，予與予取，撤換與建治相繼，也有該與不該之別。

26.《清仁宗實錄》卷三九，嘉慶四年二月甲午。

27.《清仁宗御製詩初集》卷二六，立秋日遣悶八韻。

正月二十七日，以剿辦不力，迴避怯懦，「賊至則不敢向前，賊去則移營前往」，將陝甘總督宜綿解職，令回京候旨。宜綿久歷邊陲，迭經戰陣，受命後不顧年邁，親率部伍夜焚敵寨，規復東鄉，建功亦多。嘉慶帝還算念其功績，給了一個散秩大臣。待回京後陛見，宜綿略作辯解，龍顏大怒，降為三等侍衛，命赴烏里雅蘇臺。次年追查軍需，又牽扯到當過幾個月總統的宜綿，撤職遣戍，配發伊犁。可憐白髮老臣，就這樣跋涉於極邊之地。待顒琰讀到他關於建立鄉勇的奏章，憶起他的功勞，已經是兩年之後了。

陝西巡撫秦承恩與宜綿同日被免，勒令回籍守制。承恩與王杰同年進士，長期供職翰林，教亂事起，提兵隨宜綿攻防，亦屬盡心盡職，不避艱險。母親去世時，承恩正在軍中，諭令「奪情視事」，不能回家治喪。此際先以「師久無功」被撤，及得知東路失利，褫職逮治，論大辟，後遣戍伊犁。流放路上，又多了一位鬢髮蕭騷的老臣。

振奮士氣原在將帥用命，而嘉慶帝憂急焦灼之下，常會聽信被俘教首的隻言片語，用刻薄過甚之詞指責領軍大員。如羅其清解役後供稱「惠齡一軍較弱」，顒琰即解除惠齡兵權，命回京守制，降為兵部侍郎。

三月十二日，惴惴不安的湖廣總督景安被免，後改往江西接辦軍需事務。此公實在庸懦不堪，教軍送了個「迎送伯」雅號，也傳到皇上那兒。加上他又是和珅同族孫輩，快速晉升沾了本家爺爺的光，想不被收拾也難。及至夏天，再以「恇怯畏賊，捏報邀功」罪名，將景安革去伯爵，發往伊犁。經歷千辛萬苦剛到達戍地，又降旨將他鎖拿進京。這一次，皇上是要拿景安的腦袋立威了，所幸朱珪說他「做官不要錢」，才算保住了性命。

五月庚申，河南巡撫吳熊光奏報軍情，建議將趕往前線的山東官兵截赴明亮大營，先廓清江北教軍，並說已飛咨恒瑞和永保等斟酌。

吳熊光曾深得顒琰信任，此時卻被嚴旨譴責，論為「殊屬越分陳奏」。嘉慶帝飛諭各領兵大員：「所有接到吳熊光一切咨會，不合機宜，竟置之不理可也。」❷❸本來應加強地方大員與各營將帥的溝通協調，應鼓勵吳熊光這種積極姿態，卻因疑慮過多走向反面。

七月十六日，以「玩誤固執」命將勒保解職拿問，派署吏部尚書魁倫前往審訊。勒保在軍中威信很高，被逮之後，所部將士憤憤不平，籲求魁倫為之鳴冤。魁倫不僅不敢據實上奏，反而列出一大串勒保的罪名，論為大辟。嘉慶帝倒還念其前功，改為斬監候，解京監禁。接任經略大臣的為額勒登保，並擢明亮為正紅旗漢軍都統，主持陝西軍務，以魁倫為四川總督。魁倫做官尚廉潔，也勇於任事，但能力較差，為人更差，加上操切熱衷，想建立不世之功，下場則更悲慘。

明亮堪稱知兵，作戰勇敢，居官亦廉，卻也沾染了軍營油滑習氣，又不善於協調關係，很快與繼任陝西巡撫的永保發生衝突，互相攻訐。明亮劾永保與提督慶成避戰，永保和荊州將軍興肇揭發明亮誑報軍功，撕扯得一地雞毛。廣興路過陝西，將道聽塗說的情況密奏，說明亮不願受勒保節制，故意拖延，不將張漢潮部剿滅，也不支援孤軍作戰的永保。嘉慶帝很生氣，命新任陝甘總督松筠密奏帶兵諸將之優劣，松筠倒也據實題奏：

> 副都統明亮久歷戎行，素稱知兵，所言似合機宜，其實固有成效；西安將軍恆瑞前在湖北戰功為最，後剿藍白兩號賊匪亦著勞績，惟年近六旬，精力大減；固原提督慶成身先士卒，然中無主見，領隊則可，出謀發慮非其所長；署陝西巡撫永保無謀無勇，惟知利己，過則歸人；惟額勒登保英勇出群，其次則德楞泰，亦稱奮勇。❷❾

28.《清仁宗實錄》卷四四，嘉慶四年五月庚申。

一一評點，嘉慶帝深以為然，即令松筠按治諸將，又特派軍機大臣那彥成赴陝會審。通過松筠一番點評，也可得知清廷將帥無多、人才寥落的實情。

這一次的處理更是利落：率兵苦戰得勝的明亮剛還師，便被奪職逮治，定為斬監候；已被抄沒過一次的永保，再次被逮問，又查出湖北接受饋送，論大辟，詔免死罪，「自備資斧赴烏里雅蘇臺辦事」；興肇發往烏魯木齊效力贖罪；慶成則發配伊犁。在當時之武大臣中，這幾位應算是能打仗的，後來也多被重新起用，但如此不留顏面，如此反反覆覆，怎指望他們能帶好隊伍？

接下來輪到的竟是松筠。軍機章京出身的松筠，久任邊事，剛毅有大臣風範。他由駐藏大臣召為戶部尚書，因戰場需要改授陝甘總督，遵旨按治明亮等人，辦得還算得體，然一旦接手進剿，便知戰事之艱難凶險。松筠也是急於建功，曾想前往敵營招降，被副將勸阻，替其前往，結果是副將被殘忍殺害。松筠以失誤軍機被褫奪宮銜，不久改授伊犁將軍，又令署湖廣總督，大約也是一肚子話要說，奏請入覲面陳軍事。可皇上已然不想見他了，再三固執呈請，顒琰勃然小怒，將他貶為副都統，命往伊犁任領隊大臣。

十二月十一日，魁倫劾奏福寧在旗鼓寨濫殺降卒，嚴旨切責，命將福寧逮訊，依殺降律治罪，本擬留軍中效力，後來也是遣戍伊犁。

轉過年來不久，新任川督魁倫就犯事了，下場更慘：先是教軍渡過嘉陵江，魁倫以迎截遲緩，革職留用；總兵朱射斗戰死的消息傳來，嘉慶帝深為震驚，命將魁倫革職拿問。四月底，傳旨歷數魁倫之罪，「若再不將魁倫按律治罪，則是朕迴護自己用人錯誤之咎，廢我大清國之法。朕非庸碌無能之主也，即將伊革職拿問」❸。皇上是永遠不

會有錯的，將所用之人嚴加治罪，更能昭示公正英明。諭旨說到這分上，魁倫的命算是完了，解京之後，即由刑部堂官傳旨令自盡，其子發配伊犁。

懲辦魁倫的同時，成都將軍阿迪斯也以玩誤軍機、捏病避戰被革職拿問。阿迪斯為阿桂長子、那彥成的伯父，或是看了阿桂的面子，饒其一命，發往伊犁充當苦差。顒琰對裝病不出力的將領極為痛恨，頭等侍衛烏爾呼納在戰場稱病，准令回京療養，顒琰傳他問話，見其紅光滿面，頓時大怒，即令自備斧資，往伊犁效力。

此時的伊犁，真可謂冠蓋雲集、大將雲集。

三、欽差軍機大臣督軍

在弘曆晚年所信重的滿大臣中，最突出者有二人：阿桂與和珅。然又有很大區別，其對和珅是寵信，對阿桂則是倚信。曾將和珅派往甘肅督戰，不利，歸罪於諸將不聽指揮；而阿桂趕到前線，營伍嚴整，三軍用命，很快扭轉了局面。自此之後，乾隆帝對二人的品德和分量，有了清晰了解，也再未委任和珅去過戰場。阿桂以內閣首輔主持樞垣幾二十年，朝野稱譽，於嘉慶二年八月辭世，和珅全面接掌內閣和軍機處。就在次年二月，阿桂之孫那彥成升為軍機大臣，肯定不是和珅的意思。

那彥成，阿桂次子的次子，雖出身世代簪纓之府，乃父阿必達去世甚早，由母親辛苦撫育成人，也是一種特殊歷練。他自幼有大志向，既繼承家族血液裡流淌的尚武精神，亦知刻苦讀書，二十五歲考中進士，改庶吉士，任翰林編修，直南書房，不數年即為禮部侍郎、內閣學士。選那彥成入軍機處學習行走，自然是上皇做主，顒琰贊同，和

30.《清仁宗實錄》卷六四，嘉慶五年四月己酉。

坤不敢阻攔。

此年那彥成三十四歲。

對年輕有為的那彥成，嘉慶帝甚為賞識，親政之當月，即數加委任和擢升，「調戶部右侍郎，兼鑲白旗滿洲副都統，授翰林院掌院學士，管理武英殿御書處事務，尋轉右侍郎，擢工部尚書，兼崇文門正監督」❸❶。這是怎樣的一種信任！接下來又命擔任實錄館總裁，兼都統、總理工程處、教習庶吉士、管戶部三庫，授總管內務府大臣。還以那彥成三歲而孤，御書「勵節教忠」旌表其母親。聖恩之隆，與剛被賜死的和珅當年相仿佛，一時無人可比。

四年八月，「命那彥成為欽差大臣，督明亮軍」。君臣相別，就軍務政情曾多次長談，嘉慶帝囑以嚴屬督戰，盡快掃清教眾；那彥成除表達決心，也懇請皇上給予一些時間，不要催逼太急。彥成精強奮勉，勇於任事，但還是太年輕了，對戰場素無經歷。在趕往陝西途中，他即以聽聞上奏，說軍隊已有四五個月沒有行動，表示抵達後要進行整頓，對失誤軍機者軍法從事。顒琰連忙傳諭制止，告以連經略大臣也無權先斬後奏，何況欽差，叮囑他人命至重，不可太任性苛求。那彥成本來想殺幾位大將（包括明亮）立威的，既然皇上不許，抵任即劾明亮「奏報誑罔」，降旨逮治。此際明亮正在子午谷追擊敵人，盡殲張漢潮一股，得勝回來，即被逮繫押送京師。

總領陝西軍務的變成了那彥成，原以為稍加整頓進擊，便會摧枯拉朽，及至自個領兵進山，才知曉戰場之複雜、戰事之艱險。此後的整個冬天，他親自率兵在深山老林裡追擊教眾，川陝交界處的山林實在太大了，雖有數萬官兵鄉勇，一旦進入密林，也只能如大海撈針，顧此失彼。彥成畢竟出身翰林，在奏章中大作文學描述：「賊倚老林為

31.《清史列傳》卷三三，〈那彥成〉。本節引文未出注者，均見該傳。

巢窟，叢刺阻隘，槍箭難施，臣五內焦灼，憤不欲生。」表示自己要親身入林督剿。顒琰硃批稱「實為辛苦萬狀，不忍披覽」，不許他冒險深入。然對其久不建功，已是嘖有煩言：「那彥成必當亟思改圖，上緊相機剿辦，務於明年二三月內奏績蕆功。」❷也就是說，皇上給他的限期只有三個月了。

隆冬來了。

當年十二月和次年正月，那彥成仍督率部下在老林中兜圈子，不斷有些小小斬獲，也不斷被教軍偷襲滋擾。他漸漸積累了作戰經驗，加以廉潔奉公、治軍嚴格，將士亦知奮勇，曾夜襲敵營，亦曾連續數百里追擊、從棧道入川擊敵，斬獲漸多。可就在這期間，關於他的負面消息不斷傳播，京師議論紛紛，有的說他狂妄縱恣，有的說他外示精明、實則無能，還有說他縱令家人和隨員惹事。接皇上密旨詢問，一意攻剿的那彥成始知人言可畏、大帥難為，急忙上疏辯解。嘉慶帝諭曰：

> 卿雖自矢忠貞，屬下尚須嚴察，外省官吏聞軍機大臣之名，有不趨奉乎？一切慎勉，毋負汝祖家聲，全朕用人顏面，盡心竭力速成大功，五等崇封，朕不惜也，勉之！❸

皇上把話說到這個分上，直同懇求，那彥成讀後感動，卻也未意識到其間的弦外之意。

幾天前，顒琰已經將明亮釋放，「賞給金頂領催」，命赴湖北軍前效力。在皇帝看來，「辦理遲延之罪」並非一人，而比較起來，那彥成的實戰指揮能力遠不如明亮。但還是希望那彥成能速建大功，諭旨言

32.《清仁宗實錄》卷五六，嘉慶四年十二月壬寅。

33.《清仁宗實錄》卷五八，嘉慶五年正月。

出肺腑，句句動情：

> 京中人言紛紛，朕自有定見，不為搖惑，若久不蒇事，實不能姑
> 容矣。卿趁此兵威，莫遺餘力，速剿逆賊，朕佇聽喜音連至，以慰皇
> 考在天之靈，全朕孝字。卿奉命至陝，實尋拙路：入林追捕，未見寸
> 功，徒勞跋涉，落河濕衣。朕日夜懸心，心在卿左右，刻不能舍。因
> 此議論紛紛，有言卿放恣者，有言無能者，朕皆付之一笑，專待卿之
> 捷報，以壓簧口。卿受朕如此深恩，若不知報，竟非廣廷相國之孫矣！

這是一封密旨，顒琰最後寫的是「燈下密書，傍無一人，卿亦密存此
摺，回京面繳」，必令那彥成感激唏噓。然整個戰場上的勝負手，所關
多多，絕非一個那彥成所能扭轉。

　　皇帝的耐心是有限的，恩寵易變，歷朝皆然。又過了四個月，早
過了預設的期限，戰事仍沒有大的起色，傳諭召那彥成還京，面詢軍
中情形。自奉欽差往陝西，至今不過十個月，君臣二人恍若隔世。嘉
慶帝提出了一連串的疑問，也包括自詡高明的方略廟算，在經歷過煉
獄般山林追剿的那彥成看來，都有些幼稚可笑。他當然不敢嘲笑頂撞
聖上，可回答時實話實說，直來直去，便有幾分像是頂嘴。豈知永保、
明亮均曾多建大功，仍不免逮治抄家，似他並無像樣功勞，起初又輕
敵誤判，未加懲處，反倒喋喋不休，怎不令皇上大怒。諭令將其官職
榮銜一股腦兒捋去，僅給了個翰林院侍講。

　　每逢一個帝王死去，擬議諡號廟號，便成為一班出身翰林的臣子
之急務。諡號在明清間越來越長，無非一些常用套語的編排組合；廟
號則只有兩字，關鍵是前面的一字。以簡簡一字將大行皇帝平生品行
功業概括，甚屬不易，卻也難不倒這些臣子。試思有清諸帝之廟號，
真還皆見幾分貼切。嘉慶帝廟號仁宗，突出一個「仁」字，甚是。顒

琰不是一個雄才大略的君主，但南面稱尊二十五年，尚稱寬仁善良：他待臣下較嚴，嚴厲而不冷酷，處置時常存寬厚之心；而對普通人，包括普通百姓和普通士卒，也包括跟從反叛的普通教眾，內心有一種憐惜悲憫，諭旨頻頒，要求各級官員撫育關愛。對於那彥成，也包括明亮、永保等人，顒琰始終留有餘地。

第三節　求言與拒諫

皇帝的登基和親政，照例都要下詔求言。嘉慶帝也如此，在上皇駕崩兩日後即頒布求言詔，要九卿科道上疏論國政。一時奏事踴躍，雖大多談論追剿教軍事宜，似也預示著一個清明局面的到來。但是且慢，科道官在大多數情況下的集體失聲，首要原因便是皇帝的剛愎拒諫。乾隆帝就極度反感諫言，如曹錫寶、尹壯圖等慷慨陳詞，無不受到責處。輪到顒琰，僅就採納臣下建議一項，即可見出其格局和胸襟，還不如他的父皇。

一、求言的門檻

四年正月初五日，正值太上皇大喪之初，嘉慶帝即降諭求言，一番話正大堂皇：

> 蓋以九州之大，臣民之眾，幾務至繁，兼聽則明，偏聽則蔽。若僅一二人之言，即使出於至公，亦不能周知天下之務，況未必盡公也……是以聖德如皇祖皇考，踐阼之初，即以求言為急務。矧朕德薄，何敢不虛懷延訪，聽受讜言。特此通行曉諭：凡九卿科道有奏事之責者，於用人行政一切事宜，皆得封章密奏，俾民隱得以上聞，庶事不

致失理。諸臣務必宅心虛公，將用人行政、興利除弊有裨實政者，各抒誠悃，據實敷陳，佐朕不逮，用副集思廣益至意。❸④

這不是一份面向天下賢達的求言詔，而是先行設立一個門檻，劃定一個圈子：有權上書言事的，只有「九卿科道有奏事之責者」；所言之事，須關乎「用人行政、興利除弊」之大端。此詔一以求賢求言，一以發布討伐和珅的動員令。果然有人聞風而動，矛頭直指首樞和珅。禪讓以來，和珅倚仗上皇寵信，在朝中上下其手，明裡暗裡整了不少人，搞了不少名堂，深為世人痛恨，一旦掃除，自是人心大快，吏治為之一新。

　　對彈劾貪贓虐民之官的奏本，嘉慶帝批轉很快，對建言的奏章也是如此。有人列舉外省積弊，指斥官員迎送的鋪張惡習，督撫司道隨員眾多，所過地方吃住索拿，欽差或出差大員的迎送陪伴，官員到任時衙門內宅之陳設布置，官府接待時的演戲和宴飲，所有這些額外開銷，又無不最後落在小民身上。三月初六日，顒琰曉諭內閣，認為「所言切中時弊」，敕令各省督撫深刻反省，力加整頓，並說：

　　大吏不能體恤屬員，以致虧缺公帑，是無異自取家資以供浪費也；州縣無以供應大吏，以致剝削民膏，是無異自腹子孫以肥祖父也。試問小民不安室家，屬員致有虧短，甚或釀出事端，致成大費，地方長吏獨能逃罪乎？❸⑤

除了爺爺、孫子的譬喻有些不類，總的意思是好的，說理亦透徹。

　　「守成」的執政理念，使嘉慶帝很難接受有開創精神的建議。國

34.《清仁宗實錄》卷三七，嘉慶四年正月甲子。

35.《嘉慶道光兩朝上諭檔》四，嘉慶四年三月初六日。

子監祭酒法式善提請將在京閒散旗人遷回祖居地屯田，本來極有價值，反被視為「大咎」，同類情況亦復不少：

四月十九日，嘉慶帝降旨切責給事中明繩，嚴禁畿輔開採銀礦，曰：「朕廣開言路，非開言利之路也，聚斂之臣，朕斷不用。」❸❻似乎理直氣壯，實則陳腐偏執。一個國家怎麼能不創收、不言利呢？開礦之說，多數為富國利民之策，嘉慶帝常是一聽就惱，大力打壓。後來清朝國力下滑、國庫匱乏，均與之大有關聯。

就在這個月，一向以敢言著稱的尹壯圖奉旨抵京，疏請慎選廉正大臣往各地清查陋規，朱批不許，曰：「陋規一項，原不應公然以此名目達於朕前。」❸❼也有些莫名其妙。和珅之貪，其所聚斂的巨大財富，正是鑽了陋規的空子，此時卻不許核查。

六月十一日，副都統富森布奏稱京城官兵生計拮据，惹惱了皇上，斥為「捏造惑人之言，冒瀆陳奏，實屬肆口妄談」❸❽，下旨即行革職。第二天又傳諭內閣，洋洋千餘言，核心是申斥妄言之罪，又不光為一個富森布，諭曰：「近來言事諸臣，往往不為國計民生起見，揆厥本衷，大約不出乎名利之兩途。」❸❾皇上作出如此分析，臣子又豈敢再奏？

可朝廷之大，也是什麼樣的官員都有，偏就有敢逆龍鱗者。幾乎與此同時，翰林院赫赫有名的洪亮吉將奏本寫好了。

二、拒絕「維新」

在悼念父皇的詔書中，嘉慶帝讚美父親「繼統緒則為守成，論功

36.《嘉慶道光兩朝上諭檔》四，嘉慶四年四月十九日。

37.《清仁宗實錄》卷四二，嘉慶四年四月乙未。

38.《清仁宗實錄》卷四六，嘉慶四年六月戊戌。

39.《嘉慶道光兩朝上諭檔》四，嘉慶四年六月十一日。

業則兼開創」，說的是乾隆皇帝一生偉業，而以開創為重。沒有對國家格局的開創，沒有在新疆和西藏等地的毅然用兵，便不會有邊疆的穩定安寧，也無法守成。而親政之初，法式善提出「親政維新」之說，皇上讀後很不滿意，只是忍著沒有發作。

看看到了歲末，眾大臣舉薦的賢才中，法式善之名赫然在前列。嘉慶帝傳諭內閣，一上來先說到法式善的建言：

> 本年春間，國子監祭酒法式善條奏事件，摺首即有「親政維新」之語。試思朕以皇考之心為心，以皇考之政為政，率循舊章，恒恐不及，有何維新之處？❹

後面還有許多嚴詞峻語，火氣很大，卻有些讓人費解。維新，乃始更新，出於《詩經・文王》：「周雖舊邦，其命維新。」雖屬套話，但詞義甚美，後世多用於新帝登基，引申為改變舊法推行新政。打著守成大旗的顒琰，竟這般借題發揮，大講「以皇考之心為心，以皇考之政為政」，浮華不實。大約又聽到一些議論，說他誅殺父皇近臣和珅、偏離父皇之道。

法式善的奏章，是在下求言詔時所上，為何在十個月後又翻出來？細讀下去，始知別有原因：先是有旨令各大臣祕密保奏人才，豐紳濟倫密薦法式善「明白結實，辦事妥協」。豐紳濟倫為福隆安之子，其母為高宗第四女和嘉公主。這位乾隆帝很喜歡的親外孫，可謂混得順風順水，位列公爵，官至兵部尚書，領鑾儀衛。顒琰親政之後，很快將他邊緣化。嘉慶帝多疑擅猜，推斷法式善必然走了豐紳濟倫的門子。因剛剛發布求賢詔，不便直接駁回，讓錄入備選名單（類似於今天的「任前公示」），可十天過去，要進入任命程序了，仍未見有人論奏。

40.《嘉慶道光兩朝上諭檔》四，嘉慶四年十二月初一日。

顒琰不由得怒火噴發，責斥豐紳濟倫所舉非人，說法式善在國子監「聲名狼藉」「贓私累累」，又舉出「開館取供事」之事，自稱早聞其劣跡。供事，又稱書辦，翰詹等衙門中吏胥也。此事未見別處記載，大約顒琰做皇子或嗣皇帝時聽人講過，留下一個惡劣印象。

實則法式善是一個認真讀書，認真做學問，有幾分呆板執拗的學者化官員。他出身於蒙古察哈爾部，少年喪父，由繼母撫育成人，乾隆四十五年中進士，與薩彬圖同在三甲，那時的名字叫運昌。數年後，乾隆帝臨雍講學，他作為國子監司業率諸生聽講，禮成受皇上接見，詢問姓氏，賜名「法式善」，滿語「竭力有為」之意也。法式善的確如此，除勤懇職事外，詩文書法均有可稱，又性喜著述，所作《清祕述聞》、《槐廳載筆》，得到朱珪、翁方綱等人盛讚，至今仍為研究清代文教之必讀書。法式善當日被稱為蒙古族第一大學問家，終日沉浸於典籍之中，既不擅長考試，又不會走門子、搞關係，是以翰詹大考，逢考必砸。還有人說他追隨和珅等權貴，應不會，老和印象好的常居大考前列，而法式善總是列於末等。所幸有阿桂在，深知此人長處，推薦他擔任國子監祭酒。

再回到法式善的奏摺，僅就嘉慶帝所斥責的幾項，雖不無可取，也顯得有幾分書呆子氣——如建議選一位威望素著的親王任大將軍，節制川陝諸軍，要說大清的江山就是這樣打下來的，可此時並無能擔當此大任者，幾位參政的親王都不像個樣子，嘉慶帝斥其「揣摩迎合，全不顧國家政體」；如提議大開選才之途，舉行孝廉方正、博學宏詞各科，前朝雖多有此例，而近年來正科恩科相連，館閣擁塞，被斥為「其事俱近沽名」。

有價值的是「開發口外」一條，極具政策上的開創性，若能及早設計和施行，對增加國家財賦、安定邊疆地區有利多多，皇上也聽不

翰詹大考試題

進去，直斥為荒謬：

> 又據稱「口外西北一帶地廣田肥，八旗閒散戶丁情願耕種者，許報官自往耕種」等語，若如所奏，豈非令京城一空？尤為荒謬之極！**❹**

如此牽強的推論，真是匪夷所思。當是時也，京城的八旗子弟多無所事事，閒遊滋擾，成為一大社會問題。法式善提出的解決方案可謂上佳，反遭公開責斥，夫復誰言！顒琰即令將法式善解任，派大學士、軍機大臣會同審訊，並追問豐紳濟倫為何保奏。豐紳濟倫再不敢多說，只好舉其曾在府中教子弟讀書，從未開口借錢和請託，稱他「為人體面」。

入關進京後，大量族人活得亂七八糟，是以滿洲勳貴很看重的一點，就是「體面」，包括自尊自強，也包括知識和能力。這場訊問沒有什麼收穫，朱珪等也出來說了幾句公道話，嘉慶帝次日再降諭，賞給法式善一個編修，再一次強調：「法式善所論旗人出外屯田一節，是其

41.《清仁宗實錄》卷五六，嘉慶四年十二月己未。

大咎。」此時的顒琰已是飛龍在天，不再需要內斂隱忍，喜歡敲山震虎，借海揚波，由一事而算總帳，以細故武斷臣下之才具人品，是以在位期間得人較少，與乾隆帝形成對比。

三、洪亮吉事件

下詔求言，是歷史上許多帝王的程序性舉措。而綜論言事之人，實心為國者有之，嫉惡如仇者有之，藉以取媚希寵者有之，摭拾浮詞、故作驚人之語者亦有之。讀這些奏章，嘉慶帝常會心煩意亂。直到有一天，成親王永瑆轉呈翰林編修洪亮吉的疏章，顒琰閱後怒極，即命逮治窮究，所謂求言也跟著告一段落。

後來顒琰還有過多次求言之舉，期待殷切，但再沒有臣子像老洪這般「憨直」了。以明清兩朝相比較，明朝多有以死抗諫之諍臣，鐵骨錚錚，九死不悔；而清朝極少，就連司職諫垣的科道官也大都說些不痛不癢的話，其原因是複雜的，主要在於異族統治的鉗制政策。然就在嘉慶帝親政之初，洪亮吉以諤諤一疏，震驚朝野。

洪亮吉是在上皇逝世後還京的，一般記載為朱珪邀其纂修《清高宗實錄》。他則說是專門趕來祭悼太上皇的，說先帝有兩件大恩刻骨難忘：一是庶吉士未散館，即令分校順天鄉試，接著授貴州學政，當時視為異數；二是任滿還京，即令入直上書房，也是一項特殊榮寵。有了先前這份恩遇，洪亮吉對屈居編修、住在寺院裡默默修史，自然很不滿意。文人伎倆，時或以退為進，亮吉提出辭職還鄉的要求，以期引起關注和挽留。豈知主事者早怕他別生事端，立馬予以照准。洪亮吉又要回鄉了，滿腹經綸，一腔治世救世之熱血，畢竟心有不甘，發諸文字，很快寫成數千言一疏。可如何能遞至皇上案頭，卻成了一個問題。

作為一般翰詹官員，洪亮吉級別不夠，又沒有言事之職，只能通過機構或高官轉呈。他深知沒有一番出奇料理，所寫諫章根本到不了皇上案頭，經過反覆思考斟量，遂將諫草謄寫三份，分別派人送交三位大臣府中，請求代呈：

第一位是朱珪，素以愛惜人才見稱，時任上書房總師傅、戶部尚書，與皇上關係親近，對洪亮吉也很欣賞，當為首選。豈知朱珪收下他的奏本，閱讀一過，即置之篋中，並沒有為之代轉。

第二位為左都御史劉權之，為洪亮吉翰林舊交，一向珍惜同寅情誼。嘉慶帝對權之印象甚佳，親政後即加擢拔，命與朱珪同典當年會試。亮吉分別投送，信中特加注明另外給了朱珪一份。劉權之與朱珪未互通消息，但也是將此疏扣留下來，不予轉呈。

第三位才是掌領軍機、總理戶部三庫的成親王永瑆。這位十一阿哥自幼工書，熱衷於探討書旨，領悟古人用筆之意。亮吉為當世大學問家，精擅書法，永瑆當有結好之念，見其有奏本求送，大約也未細讀，即為轉達皇上。洪亮吉之疏終於上達天聽，引發皇上震怒，政壇掀起軒然大波。顒琰不便批評皇兄，心底的不滿則可想見，過了一個多月，便找了個由頭，將不太靠譜的皇兄請出軍機處，總理戶部等兼職一併撤銷。

轉和不轉都成了罪過。朱珪和劉權之將此疏壓下來，不為代呈，應有對洪亮吉的保護之意，不約而同，亦見品行端正，心地善良。這時則遇到了不小的麻煩，有旨令追繳追問，責其袒護，要求解釋明白。朱珪奏稱：

本年八月二十四日酉刻，有洪亮吉差人投書一封，拆閱之下，見其語言錯亂，全無倫次，且中有荒誕悖謬、毫無影響之狂談，未敢形

諸章奏，擬於日內召見時面行奏聞。適奉旨詢查，當將原書並詩二件封繳，聽候查辦。臣未及即時參奏，咎實難辭，相應請旨，將臣交部嚴加議處。❷

對整個過程交代得清清楚楚，述說讀後的心理活動亦真切可信。朱珪對洪亮吉表明了批判態度，斥其「語言錯亂」、「荒誕悖謬」，卻也不無回護之意。由是可知洪亮吉上言時還附了詩作，或以頌聖為主，加上本來就是書法名家，筆走龍蛇，也是用心良苦。豈知一語不合，不光自家倒霉，順帶還連累了別人。

劉權之與皇上無師生之誼，回奏時不免語意惶恐：

本月二十四日，有編修洪亮吉到臣寓處投書一封。臣於燈下拆看，見其中妄肆空談，直同狂瞽，且並不知皇上親政以來宵旰勤勞、整飭庶務之聖心。臣因係私書，字畫潦草，原思約會朱珪各另繕一分，合詞具奏。次日奉旨查詢原書，命臣封繳。臣未及即時嚴參，實屬糊塗疏忽，求皇上天恩，將臣交部嚴加議處，以為辦事遲延者戒。❸

讀來也覺得合情合理。其中對原奏的譏評，以及對其書法的輕視，亮吉可能不會想到。劉權之說曾想與朱珪商量一節，也屬實情。這次兩人應是做了溝通，都是自請「交部嚴加議處」。皇上心知肚明，念二人都是親近大臣，加恩「降三級留任」。

42.奏摺錄副：朱珪奏，為洪亮吉投書事未及時參奏自請交部議處事，嘉慶四年八月二十六日。

43.奏摺錄副：劉權之奏，為辦事遲延自請交部議處事，嘉慶四年八月二十六日。

四、被刺痛的皇上

洪亮吉奏本中，有哪些話激怒了皇上？

嘉慶帝諭旨中，對洪亮吉之謬指出兩條，各加批駁：

其一，「先法憲皇帝之嚴明，後法仁皇帝之寬仁」，斥為「以小臣妄測高深，意存軒輊，狂謬已極」；

其二，說嘉慶帝「三四月以來視朝稍晏，恐有俳優近習，熒惑聖聽」，更使之火冒三丈。

諭旨說了一大堆自己如何勤政，如何宮規整肅，又說如直接陳奏，也不會加罪，質問他到處投遞是何用心？兩條之中，嘉慶帝最為生氣的當是第二條，即命軍機大臣會同刑部審訊逼問。洪亮吉供稱「一時糊塗，信筆混寫」，也讓皇上不滿。

洪亮吉供說的是真心話，老實話。在他的奏本中，茲兩段根本不是寫作重點，一則以引首，一則為收束，信筆寫來，只顧文章的起承轉合，早忘了忌諱。這也是古今文人之通病，筆意所至，唯極而言之，語不驚人死不休，此時悔之晚矣。至於其奏章的主體部分，則是有膽識，有文采，警策鋒銳，刀刀見血，實在是上佳筆墨。入題即曰：

> 今天子求治之心急矣，天下望治之心亦孔迫矣，而機局尚未轉者，推原其故，蓋有數端。亮吉以為：勵精圖治，當一法祖宗初政之勤，而尚未盡法也；用人行政，當一改權臣當國之時，而尚未盡改也。風俗則日趨卑下，賞罰則仍不嚴明，言路則似通而未通，吏治則欲肅而未肅。❹❹

此為一篇諫章之綱領，針砭時弊，擲地有聲，對顒琰親政以來的朝政

44.洪亮吉，《卷施閣集》甲集卷一〇，乞假將歸留別成親王極言時政啟。

大端，給以最愷直全面的批評。史傳稱其「言事憨直」「譏切朝政」，正可見一腔忠忱。

此後，亮吉分節舉例言之。首先是勵精圖治，說了幾句不知哪裡聽來的「視朝稍晏」，接著大談先帝初政如何勤慎，又說當今既不能集思廣益，對和珅私黨亦失之寬縱。有些文字，極是深刻和精彩：

> 蓋人材至今日，消磨殆盡矣。數十年來，以模棱為曉事，以軟弱為良圖，以鑽營為進取之階，以苟且為服官之計。由此道者，無不各得其所欲而去，以是衣鉢相承，牢結而不可解。夫此模棱、軟弱、鑽營、苟且之人，國家無事，以之備班列可也；適有緩急，而以牢結不可解之大習，欲望其奮身為國，不顧利害，不計夷險，不瞻徇情面，不顧惜身家，不可得也。

言辭憤激，所說則為當日官場的基本面，分析亦能預見長遠。此種風氣的形成與和珅有關，卻不宜全推到伊一人身上，自也不會隨著和珅的敗亡而消失。

其次論「用人行政」，奏章舉吳省蘭、吳省欽兄弟為例，認為應加以追究甄別，而皇上所諭不問脅從，看似寬仁，實際上掩蓋了大量問題。對世風日下，亮吉措辭極見犀利：

> 十餘年以來，有尚書、侍郎甘為宰相屈膝者矣；有大學士、七卿之長，且年長以倍，而求拜門生，求為私人者矣；有交及宰相之僮隸，並樂與僮隸抗禮者矣。太學三館，風氣所由出也，今則有昏夜乞憐，以求署祭酒者矣；有人前長跪，以求講官者矣。翰林大考，國家所據以升黜詞臣也，今則有先走軍機章京之門，求認師生，以探取御製詩韻者矣；行賄於門闈侍衛，以求傳遞倩代，藏卷而出，制就而入者

矣……夫大考如此，何以責鄉會試之懷挾替代？士大夫之行如此，何以責小民之誇詐夤緣？輦轂之下如此，何以責四海九州之營私舞弊？

前面是說和珅弄權之弊，後面則直擊當今政壇，包括文壇，所舉例多為翰詹圈子的一些糗事。

洪亮吉在疏章中涉及面很大，舉凡用人行政、開通言路、整頓吏治皆有論辯；涉及當朝人物亦多，既抨擊已死之和珅、福康安、孫士毅等，抨擊其私黨或親信，又指斥當下一批領軍大員。而其所依據，除已經公諸於世者，多出諸傳聞，訊問之時，難免無以確指，張口結舌。諭旨指出：不光「俳優近習」毫無根據，「此外所供各款，亦多出自臆度」，應是審問之實情。翰詹大考後，洪亮吉似乎有了一個心結，總要說他人鑽營和作弊，對考列第一的吳省蘭攻擊不休，也是文人陋習。

洪亮吉被鎖拿收押，關押在西華門外的都虞司。都虞司為內務府七司之一，順治間曾作為「採捕衙門」。將他監禁在此，距大內甚近，易於向皇上奏報審訊結果，顯現了詔獄的性質。當時輿論洶洶，群議皆曰該殺，好友們前來探視，對之痛哭拜別，傳遞出各種不祥信號。亮吉骨節錚錚，談笑從容，口占一絕相贈：「丈夫自信頭顱好，須為朝廷吃一刀。」❹這種情景，應會被獄卒詳悉稟報，快速傳到皇上那裡。

所有的皇帝都是刺激不得的，有時卻會出現一種逆反：小刺激則大怒，大刺激自然更怒，隨之卻可能會有些清醒。明嘉靖皇帝接海瑞奏章，喝令即行鎖拿拷訊，卻遲遲不加誅殺，是不願意擔昏君之名也。眼下的嘉慶帝閱後，也是龍顏大怒，也是命將逆鱗者立刻拿入法司，追問主使之人，而會審擬大辟，卻降諭免死，只給了個遣發伊犁。我們知道，嘉靖帝和嘉慶帝都曾反覆閱讀諫草，怒極擲地，撿起來再讀，

45.洪亮吉，《遣戍伊犁日記》。

對上諫者的忠愛摯切內心讚賞，為之深深感動，為之自我省察，也是大受刺激後的理性回歸。

欽命審案的是軍機大臣和刑部大員，主審官當非親王莫屬。王爺首先傳達旨意：「亮吉讀書人，體弱，毋許用刑。」**46**洪亮吉聞之大為意外，感動痛哭，伏地請罪。自後有問必答，承認很多地方都出於傳聞臆測。會審合議，擬照大不敬律，斬立決。嘉慶帝御批論罪適當，但加恩免死，說了一段很繞口的話：

> 朕方冀聞讜論，豈轉以言語罪人！亦斷不肯為誅戮言臣、自蔽耳目之庸主。今因伊言，惟自省於心，有則改之，無則加勉而已。洪亮吉平日耽酒狂縱、放蕩禮法之外，儒風士品，掃地無餘。其訕上無禮，雖非諫諍之臣可比，亦豈肯科以死罪，俾伊竊取直名，致無識者流妄謂朕誅戮言事之人乎！惟近日風氣，往往好為議論，造作無根之談，或見諸詩文，自負通品，此則人心士習所關，不可不示以懲戒。豈可以本朝極盛之時，而輒蹈明末聲氣陋習哉！**47**

顒琰讀書甚多，沾染不少文人習氣，一番話繞來繞去，要充當心胸開闊、從善如流的聖主，又要懲治士習世風，仍將洪亮吉以「平日耽酒狂縱、放蕩禮法之外」，發配伊犁。時任伊犁將軍為大學士保寧，聞知急上密摺，表示待亮吉抵達新疆，即「斃之以法」。這位閣老讀書不多，豈能察知顒琰的複雜心曲，本來想要討個彩頭，孰料被嚴旨斥為糊塗蛋，要他對洪亮吉的人身安全負責。

新疆是個好地方。除卻路途遙遠，生活略覺寂寥，那裡的流放官員，有不少過得還挺美，當然也只是看上去很美。後來的林則徐如此，

46.《清史編年》卷七，第 176 頁。

47.《清仁宗實錄》卷五○，嘉慶四年八月癸丑。

現今的洪亮吉亦如此，都是詩酒流連，呼朋引類。魏闕悠遠，然這些流人不可能忘卻朝廷。

京師的嘉慶帝日理萬機，卻也沒有忘記遠在天邊的洪亮吉，暇時還要取出其奏章反覆閱讀，僅僅過了十個月，就傳旨要亮吉回來：

> 朕詳加披閱，實無違礙之句，仍有愛君之誠……洪亮吉所論，實足啟沃朕心，故置諸座右，時常觀覽……而勤政遠佞，更足警省朕衷。今特明白宣諭王大臣，併洪亮吉原書，使內外諸臣知朕非拒諫飾非之主，為可與言之君。**48**

既然話說到這樣一步，那就擢升或起用老洪吧，不！諭旨令釋回原籍，還要人嚴加管束，不許出境。據說在第二天，顒琰特地將洪亮吉原疏遞給朱珪，御筆題有「座右良箴」四字。朱珪頓首泣下，說是早就想勸皇上這麼做，憋在心裡，不敢說，真是辜負皇上啊。

第四節　南疆的隱患

乾隆帝晚年，清朝的邊疆已不太安寧。顒琰親政後，注意力多放在川楚教亂上，放在與臣下爭文字之是非上，對邊疆的管理缺少規劃，缺少敏感度，尤其是南疆。

南疆，新疆南部地區，又稱回疆，以喀什噶爾為首府。自乾隆二十四年平定大小和卓叛亂，即行選派滿蒙大員為參贊大臣，駐紮喀什，節制八城；建置軍台糧站，直通內地和伊犁；並派遣侍衛到邊境各卡倫輪替帶兵，盤查過往商民，瞭解域外信息。數十年來，該地區一直較為穩定，而一些人（尤其是宗教界的一些頭面人物）與境外和卓遺

48.《清仁宗實錄》卷六五，嘉慶五年閏四月乙卯。

胤的聯繫從沒有斷絕，就在禪讓時期，已開始顯現出動亂的苗頭。

一、和卓家族的孤子

　　還記得伍拉納案中被調去審案，後被貶謫新疆的兩廣總督長麟嗎？那件事隱約可見和珅的手腳，藉事生風，打壓潛在的政治對手。而上皇畢竟對長麟有幾分喜愛，不久即命他擔任喀什參贊大臣，作為重新重用的臺階。

　　嘉慶二年八月，長麟飛奏接到境外密報，大和卓的幼子薩木薩克將要糾集布魯特部落入侵，並說已札調伊犁等各路官兵和回兵緊急趕來，同時增派部隊前往卡倫，安放地雷，打探敵人將由何路進犯，嚴陣以待。上皇雖責備長麟「未免失之張皇」，認為薩木薩克「逋竄多年，窮蹙無依」，但仍是高度重視，以六百里加急授予上中下三策：

　　就現有兵力，聯合邊境外布魯特部落，將薩木薩克等「悉行拿獲，淨絕根株」，為上策；督兵嚴密守邊，使其不敢來犯，為次策；設法招降，屬下策。

　　諭旨還特別要求長麟與喀什阿奇木伯克伊斯堪精誠團結，指出軍旅之事非其所長，又是剛到回疆未久，要他遇事多與伊斯堪商量，並儘量發揮布魯特各部的作用。這無疑是正確的，只是上皇遠在京師，對當地潛伏的嚴重危機估計不足。

　　長麟為何對薩木薩克的出現如臨大敵？這話還要從頭說起。

　　南疆地區素來崇信佛教。西元十世紀中葉，以喀什為中心形成喀喇汗王朝，首領薩吐克·布格拉汗皈依伊斯蘭教，揭開該地區伊斯蘭化的序幕。再經過持續五百餘年的宗教戰爭，經過無數次血腥廝殺，伊斯蘭教在南疆擴大傳播，信眾甚多。十四世紀有一位額西丁和卓（又作熱西丁和卓），屬於苦行僧派的蘇菲教團，機緣湊巧，說服東察合臺

汗王吐黑魯帖木兒改宗伊斯蘭教，通過行政威權，擴展到整個南疆地區。和卓，又譯作「火者」、「虎者」、「霍加」、「和加」等，原為波斯語，初用以尊稱一些顯貴，在中亞地區則有學者、聖裔之義。薩木薩克先祖瑪哈圖木為納克什班迪教團第五代教主，曾入中國西域傳教，極受信眾尊崇，在這裡娶妻生子。瑪哈圖木後來回到中亞，其長子依善卡蘭一系仍在新疆發展。康熙十七年，噶爾丹攻滅葉爾羌汗國，扶持依善卡蘭之孫阿帕克和卓上臺，成為南疆的統治者。阿帕克聲稱自己是聖裔，既是穆罕默德女兒的後裔，又有成吉思汗的血統。此人頗通醫道和法術，得到當地百姓的狂熱迷信，傳教時，「有人興奮得流下眼淚，有人高興得引吭歌唱，有人狂蹦亂跳，有人昏厥暈倒，大家都禁不住出自一種狂熱的虔誠信仰被他吸引住」[49]。

　　那時此地的大小汗國，充斥著宮廷陰謀乃至政變，親族間的殘殺，無比血腥。阿帕克和卓也不脫此一套路，曾誘殺同祖同宗的黑山派和卓一系，而他死之後，子嗣妻妾也是同室操戈，殺得昏天黑地。只剩下一息弱孫阿哈瑪特，被人藏在山洞裡，總算躲過一劫。阿哈瑪特後來被幾個布魯特首領扶持上臺，在喀什噶爾建立和卓政權。然而好景不長，準噶爾部軍隊在策妄率領下再次占領南疆，阿哈瑪特和卓成了俘虜，押往伊犁拘禁。在那裡他有了兩個兒子，即大和卓布拉尼敦、小和卓霍集占。

　　乾隆二十年，準噶爾部發生內亂，乾隆帝果斷用兵，啟動第一次平準之役。其時阿哈瑪特已死，大小和卓則在俘虜營裡長大成人，每日裡面向黃土背朝天，被監視著種地。清軍克復伊犁，兩兄弟來大營請求投效。定邊將軍班第派兵護送布拉尼敦至南疆招撫，得到其家族和舊部的積極響應，順利占領喀什噶爾，並擴展至南疆八城。這一切

49.恩‧伊萊阿斯，《和卓傳‧導言評介》，見《民族史譯文集》第八輯。

皆拜大清皇帝所賜，布拉尼敦心中很清楚。兩年後弟弟霍集占由伊犁潛至，鼓動他造反。布拉尼敦起初頗多猶豫，然一則禁不住弟弟慫恿煽惑，二是對聽命於清駐紮大臣心有不甘，三則見北疆戰火正熾，清軍無暇兼顧，便率眾揭起反旗。天山南路的又一場大動蕩開始了。再次平定準噶爾後，清廷經過艱難進剿，才算使南疆重歸安定。失敗的大小和卓帶著妻孥親信逃亡域外，霍集占與巴達克山汗廷發生激烈衝突，兵敗身死。為了取得清廷的諒解，巴達克山汗素勒坦沙斟酌再三，終於交出霍集占的首級，並說布拉尼敦已被殺死，但屍首被人潛移，不詳所在。由此也可想像和卓家族在回眾中的威望，不管生死都有人捨命護持。

　　霍集占沒有子嗣，布拉尼敦則子女頗多，三個大一些的兒子隨同逃出，剩得幼子薩木薩克，為已經離異的妾室所生，聞說被一個當地人收養。接到查獲此子的奏報，乾隆帝即命妥送京師，貌似寬大優容，實則對大和卓遺胤高度重視，雖幼小者亦不放過。所謂「加恩養育」「照例安插」，都是嚴密監視居住的婉語。

　　平定反叛，最是要斬草除根，駐紮大臣並沒有放鬆對大和卓子嗣的追緝。據報，布拉尼敦在境外的三個兒子，「一名和卓阿什木，一名阿布都哈里克，一名和卓巴哈敦，現在巴達克山居住，所有照管養育之人，俱甚窮苦」 ❺⓪。收到乾隆帝善待養育薩木薩克的恩旨，喀什噶爾參贊大臣舒赫德立刻派人往巴達克，宣揚大皇帝仁德，勸告其家人帶領回國，沒見絲毫成效。又過了約四年，素勒坦沙才移交布拉尼敦的屍骸，以及他的三個兒子。能做到這一步，應是一種持續政治角力的結果。

　　多年之後，乾隆帝方得知送來的薩木薩克是假的，那小孩只是碰

50.《清高宗實錄》卷六三七，乾隆二十六年五月丁卯。

巧與布拉尼敦的小兒子同名，且年齡相仿，真正要找的薩木薩克，已由保姆和家人一路護送，事變後不久便到了域外。

二、窮戚無依的「貴種」

經過六七代約兩百年的經營，和卓家族在南疆多數回眾心目中，已獲得神一樣的地位。這個高度政治化的家族幾經敗落，但只要說是和卓後代出現，就能得到狂熱尊崇，「回部視為貴種，所至則擁戴之」[51]，使其在殘損後往往重振。布拉尼敦三個兒子被軟禁於京師，最小的薩木薩克則為舊僕保護著，東藏西躲，備受顛沛流離之苦。他們不太敢讓地方當局知道，怕被捉送清廷；又缺少生活經費的來源，只好千方百計聯絡境內舊部，索要錢物。南疆在平叛後重獲安定，而思念和卓家族統治、私通境外的，從底層民眾到上層人物中，仍大有人在。薩木薩克是這些人的希望，他們也是薩木薩克的希望。

忽忽十六年過去，乾隆四十九年春，南疆又傳來有關薩木薩克的消息：喀什阿奇木伯克鄂斯璊報告，薩木薩克派人潛回送信，收信人有默羅色帕爾等五人，內稱從前曾收到他們給的錢物。辦事大臣保成隨即派兵將默羅色帕爾等拘捕，交鄂斯璊看守。接下來兩個送信人被拿獲，供稱「薩木薩克現住色默爾罕地方，同行只十餘人，求乞度日」。保成飛奏皇上，並說鄂斯璊打算派遣可靠的人，借做生意為名，「相機將薩木薩克誘來，或用計剿除」。乾隆帝聞奏有些興奮，發布了長長的諭旨，先說幾句祕密行刺之不妥，接著便說到誘捕之道，甚至直接出招。後來也抓捕誅殺了一些內應，至於薩木薩克，依舊是聞聲遠颺。次年夏天，風傳布魯特部落首領阿其睦的兒子燕起，圖謀邀約薩木薩克等攻掠喀什噶爾，乾隆帝一面諭令駐紮大臣「鎮靜偵探，相

51.佚名，《喀什噶爾論》，見《小方壺齋輿地叢鈔》第二帙。

機辦理，勿涉張皇」，一面命福康安帶兵前往，抓獲燕起，而薩木薩克擅於藏匿，再次跑得不見蹤影。

很難設想薩木薩克過的是什麼日子，很難想像其生活之艱窘危怖，而一旦踏上與清廷為敵的不歸路，也難以回頭。從國內尋求接濟的通道多次被切斷，愚忠的信徒有很多被抓獲，駐紮大臣不再將這些人押解京師（太麻煩，途中不安全，且所費昂貴），絕多都是「即行正法」。薩木薩克想得到國內銀物，是越來越難了。之後一連數年，已很少聽到他的消息，但此人不獲，終是大清皇帝一塊心病，是以一接長麟奏報，迅速作出批諭。

在新疆境外綿延數百上千里的廣大地域，有數十個布魯特部落，統屬於清朝外藩，與朝廷遠近親疏有別，相互間亦攻伐不定。與薩木薩克密約入侵的鄂布拉散，係被誅滅的燕起之弟，首先向當日幫助官軍的喀爾提錦、冲巴噶什部落尋仇，大肆搶劫。浩罕伯克納爾巴圖聞知後阻攔，轉告：「我早已聽見你們要跟著薩木薩克去搶喀什噶爾，你們部落都在我左近，如敢生事，我必抄滅你們巢穴。」❺❷此話也是真假參半，上皇自有判斷：「納爾巴圖雖情願派兵截拿，亦因長麟等所辦涉於張大，藉此見好。果係真心出力，則納爾巴圖有兵三萬，何難將薩木薩克等即行拿獲？」❺❸這番話是講給駐邊大臣聽的，至於對納爾巴圖，還是大加獎譽，賞給貝勒銜，並賞寶石頂、三眼花翎、珊瑚朝珠、蟒錦閃緞等一大堆寶物。羈縻外藩，清廷從來都是這般出手大方。

對於有沒有一個薩木薩克，朝廷常會聽到不同說法。就在幾日後，葉爾羌辦事大臣奇豐額來奏：「連日探聽，並無薩木薩克實信，即鄂布拉散思欲滋擾之處，亦無確據。」❺❹上皇最愛聽這類訊息，也最易相

52.《嘉慶道光兩朝上諭檔》二，嘉慶二年八月十七日。

53.《清仁宗實錄》卷二一，嘉慶二年八月癸亥。

信，對長麟又是好一通責斥，說他這個總理回疆事務的參贊大臣，還不如下屬官員明白，應該反省和羞愧，命他迅速撤回徵調的各城之兵。

浩罕伯克對清廷的態度是複雜的，明面上不敢得罪，要說一些討好的話，做一些討好的事；內心則並不買帳，做事以敷衍為主，決不肯認真去捉拿薩木薩克及其子嗣。納爾巴圖不斷報告攔截之功，又稱派兒子圍捕鄂布拉散，將他與親信一百餘人殺死。至於清廷要授予貝勒榮衛，納爾巴圖婉拒不受，自稱身為教職，按《古蘭經》「不得承受官職」。上皇仍命將朝珠、蟒緞等物賞給，並再次指出：「前次納爾巴圖派兵截拿薩木薩克，未必出於誠心。」❺❺極具洞察力。

三年夏，長麟奏報薩木薩克懇請內投，這位「貴種」重新浮出水面，至於他何時起了歸順之念，不得而知。上皇很高興，諭曰：

薩木薩克係回部嫡裔，該處布魯特向俱借其名目，搖惑眾聽。今因逋竄日久，窮蹙無依，而各布魯特又聞喀什噶爾有調兵之信，不敢與之勾結。經長麟等曉諭令其內投，可期永除餘孽，回疆益臻寧謐，實屬極好機會……

這邊已做好了迎接和起送京師安插的準備，孰料薩木薩克又有變化，先推稱大雪阻隔，後又說大舅子阻撓，總之是疑懼交並，不敢前來。這讓長麟大為狼狽，朝廷也很惱火，對長麟與相關官員嚴加申飭，仍令傳明旨意，「如悔悟來投，仍當照前賞給職銜翎頂，以示綏懷」❺❻。

這之後，薩木薩克再次銷聲匿跡。

54.《嘉慶道光兩朝上諭檔》二，嘉慶二年八月二十五日。

55.《清仁宗實錄》卷二四，嘉慶二年十一月庚辰。

56.《清仁宗實錄》卷三三，嘉慶三年八月己酉。

三、「殊屬多事無謂」？

長麟是一個有責任感的大臣，儘管不斷受到責斥，儘管知道軍機處有和珅作梗，對於薩木薩克的活動還是格外警覺，堅持跟蹤調查，一旦發現情況，即積極應對。當年冬月，探明薩木薩克長子玉素普在靠近卡倫的布魯特地方居住，有糾約內犯之嫌，長麟即發數百精騎馳往捉拿。玉素普倉皇遠竄，僅拿獲五名從犯，但有兩名是布魯特頭人。上皇命解往京師審訊，要他安靜守邊，不必費力追索，更不要挑起邊釁。

顒琰親政後，和珅被誅，按說長麟的日子應該好過了，可也是趕巧，有兩件事引得嘉慶帝大為不滿。其一是他所處遙遠，不知京師風雲變幻，仍將奏摺底稿抄報和珅。此折送達已是正月三十日，和大人早已至九泉之下，嘉慶帝得悉不免氣憤，即加責斥：

> 今日長麟所奏之摺，另行抄錄摺底，寄和珅閱看，固係和珅印文行取，而長麟亦不應如此迎合。今和珅一切濫行之罪已經訊明，令其自盡，軍機大臣另行更換，此事亦不深究矣。著傳諭長麟等，嗣後此等流弊，永遠嚴禁。❺❼

將密摺同時抄送軍機處，乃和珅主事時的潛規則，各省督撫將軍等不敢不從，顒琰親政伊始即傳諭停止。可新疆路遠，長麟不知和珅被誅，上奏時依然抄報，雖與伊江阿的私函不同，仍讓皇帝惱火。第二件事也與和珅相關，即禁止所有蒙古王公來京弔唁，長麟參照執行，不許維族郡王、喀什阿奇木伯克伊斯堪達爾父子前來。嘉慶帝倒也沒有深責，表彰伊斯堪達爾對父皇的忠誠，命長麟即刻放行，並切實保障邊境地區的安寧。

57.《清仁宗實錄》卷三八，嘉慶四年正月丁丑。

　　四年春夏間，長麟經過周密調查，確定薩木薩克逃至布噶爾，該地距喀什約四千里，可能是怕說不明晰，他還附錄一份詳細地圖，並在圖上貼黃說明。情報做到這個分上，長麟也算盡心和謀之長遠；而域外夷情複雜，與回疆安定大有干係，將詳圖輿情提供給朝廷，更屬必要。未想到嘉慶帝見奏大怒，即發嚴諭：

　　長麟奏薩木薩克逃赴布噶爾地方，並繪圖貼說進呈，殊屬多事無謂，已詳悉批飭矣。薩木薩克久在邊外逃竄之犯，本可置之不問。乃長麟到喀什噶爾後，意圖見好邀功，遣人招致，謂薩木薩克情願內投；及至該犯遠揚，長麟意不自安，遂思回護前非，屢以薩木薩克竄匿情形奏報，為掩飾匿救之計。此時薩木薩克既經遠匿，在天朝體制當置之不管。況邊疆重務，該處大臣惟應持以鎮靜，豈可輕舉妄動，自生事端？長麟此時惟在嚴守卡倫，倘該犯有犯邊情事，即緝拿懲治，方為正辦。若仍不知自悔，希圖見長，或致妄挑邊釁，長麟自問能當此重罪乎！⑤⑧

密摺與摺匣

58.《清仁宗實錄》卷四四，嘉慶四年五月戊辰。

顒琰的激烈反應，推測其原因有兩點：一是曾報告薩木薩克要內投，結果又跑了，害得太上皇空歡喜一場，皇上也為之不爽，暗暗記下一筆帳；二是擔心長麟派員捉拿，長途奔襲，不僅難保必有勝算，且會引發爭端甚至戰火。顒琰的不快和擔心都不無道理，缺少的則是對邊情的了解，缺少對邊臣的寬容和理解，更缺少積極的治疆治邊之道。對付一個看似窮蹙無依的薩木薩克，遠非他想的那麼容易。

說到長麟，的確也缺少治邊經驗，急欲建功，對薩木薩克的狡獪反覆估計不足，搞得自己和朝廷都被動。還有一條，薩木薩克形如飄蓬，遷徙無定，專為其在布噶爾繪圖貼說，也有些不當。長麟奏稱薩木薩克實際上是一個私生子，「為伊母未嫁時私孕所生之子」；又說差人假扮為客商，「前赴呼魯木探聽消息」，也有邀功見好之意。但意識到薩木薩克的危害性，跟蹤追緝，以期制敵機先，是正確和必要的。

薩木薩克及子嗣是窮蹙無依嗎？看起來是，實際很大程度上也是，但從另一方面而言，則可見在許多地方都有其同情和支持者，不斷絕路逢生。遠處布噶爾的沙木拉特收留，近邊一些布魯特部落也收留，有的是冒險收留，也有的願意追隨內犯。如果說這些部落對大清還有所敬畏，對薩木薩克則多是宗教上的認同和尊敬。這還是在境外，至於在和卓的故地回疆，薩木薩克（包括其子嗣）仍有很大號召力。嘉慶帝看不到這種潛在的威脅，甚至不願意承認他的存在，對長麟奏摺批曰：

> 薩木薩克內投與否，於邊務何關？朕意中並無此事，亦無薩木薩克其人也。❺❾

不知長麟接奉此諭有何感想？清朝體制，臣子即使有天大委屈，也只

59.《嘉慶道光兩朝上諭檔》四，嘉慶四年五月十一日。

能口稱佩服，絕對不敢反駁，連辯解都是大忌。

　　對長麟的能力和進取心，顒琰並非不知，三個月後，下旨將他調任雲貴總督，接著改為閩浙總督，再改任陝甘總督。本年陝甘總督已經數次更替：先是宜綿被撤，由恒瑞署理；接著是松筠，復以「種種調度失宜」被譴責，革退太子少保、御前侍衛等；現在又將松筠改任伊犂將軍，命長麟接任。在陝督一職是一年數變，在長麟的赴任則是改而再改，都反映出嘉慶帝的輕率和躁急，算不算「種種調度失宜」呢？

　　喀什參贊由烏魯木齊都統富俊接任，僅兩年就因「好更張故事」被貶調。接替的托津報喜不報憂，連長麟請求增調的三百索倫錫伯駐防兵，也以邊外安靜，奏請調回伊犂。嘉慶帝聞知喜悅，即予照准。不再有人奏報薩木薩克的訊息，或曰他已病死於漂泊之中，而他的三個兒子漸漸長大成人，通過各種渠道與境內信徒聯繫，一場巨大的變亂，正在醞釀之中。

| 結　語 |

禪讓夢殘

　　嘉慶四年很快成為過去，顒琰的親政之路還很長，但曾經滿懷期待的朝野人士應已有深刻印象——在很多地方，當今聖上遠不如他的父皇。

　　該是為本書做小結的時候了。筆者由乾隆六十年開始，在約五年的時間跨度中描摹宦情，軍國大事、兩朝帝王及一些樞閣大員涵括其中，著力點仍在於禪讓的三年。這是大清王朝唯一一次禪讓，也是一個政治結構特殊複雜的時期，是一個重要的歷史節點。上皇崩逝，禪讓夢殘，留下的「訓政」模式後來被慈禧太后效法，留下的歷史話題（包括謎團）也值得今人關注，不應該故作輕忽與隨意點評。

　　三年禪讓，所有重大事件都離不開三個人：弘曆，和珅，顒琰。弘曆是真的要舉行禪讓嗎？是，卻在完成祈願、兌現諾言之後緊抓住最高領導權；他傾心於一場輝煌的政治告別秀，又盡可能做到有名有實，給子皇帝以見習機會和發揮空間；他深愛自己的國家和子民，愛顒琰更愛和珅，愛得真切而又迷茫，自以為知之至深，實際上多有目力難及之處；他天賦異稟，一生精勤好學，至死也保留著較多的清醒，但耄耋之年的固執與自戀，也使他飽受欺蔽……弘曆堪稱雄才大略的英主，曾以超人的果決勇毅將國家帶向富強；亦在統治的中後期自我陶醉，不思進取，致使整個官場貪腐盛行，致使禪讓間出現社會大動蕩。偉大君主也難免有性格弱點，弘曆自不能外，我們也能看到，其在最後三年常有反省，常致力於做一些彌縫修補。

　　彷彿權傾天下的和珅，也顯示出人格的複雜性。他是個寵臣，命運亦如歷史上的絕多寵臣一樣。如果將皇帝比作參天大樹，則寵臣便

是樹幹上的藤蔓，攀附纏繞時也見梗葉葳蕤，也見繁花絢爛，一旦失卻依託，立馬就萎頓不堪。三年之間，和大人漸漸執掌權要，小忠小信為主，小陰小壞迭出，自以為得計，自以為既倚靠上皇，又攀牢了皇上，哪知早埋下殺身的禍根。乾隆帝曾申明不允許有權臣、包括名臣存在，然在禪讓間有所改變。和珅由受倚信而兼領樞閣，狐假虎威，藉機進讒和打壓善類，竟被稱為二皇帝。但，「眼看他起高樓，眼看他宴賓客，眼看他樓塌了」。禪讓的三年，是和珅由寵臣走向權臣的得意旅程，也是他的人生絕唱。

　　子皇帝顒琰的表現，與乃父堪稱絕配。這不獨指弘曆決策軍國大事，顒琰負責日常運行，也由二帝在性格上的互補見出：上皇胸襟雄豪，皇上精細務實；上皇坦誠真率，皇上心機深沉；上皇用人不疑，皇上注重考查觀察；上皇喜歡隆重奢華，皇上則有一種與生俱來的簡樸……父慈子孝，應以「子孝」為主，顒琰對父皇的純孝和敬畏，發自深心。而他又是和珅的天敵和剋星。打從那個暗遞如意的夜晚起，推想顒琰就有了誅滅和珅之心，老和不知覺間觸犯了皇帝的尊威，大約還在沾沾自喜。本書寫了和珅對帝師朱珪的阻擊，寫了他帶給嗣皇帝的難堪，而三年間和珅必也做了更多討好討巧之事，史料中已留存無多。與許多試圖弄權的寵臣一樣，和珅對子皇帝出現嚴重誤判，也因此萬劫不復。

　　本書為什麼題名「天有二日」？那是因為禪讓時期同時有著兩個皇帝，是因為太上皇帝比子皇帝更具權威，而大清政治就這樣運行了整整三年，烙下了特殊印痕。其與「天無二日」的格言相抵牾嗎？誠然。而顒琰極好地解決了政體隱患，真誠尊奉太上皇帝的絕對權威。弘曆始終是帝國的主導者，是天上那唯一的太陽。可除了和珅，或者說包括和珅，誰都知道這是一輪奄忽即下的落日，新的太陽已然升起。

　　「金河一去路千千，欲到天邊更有天。」與儒家的「天無二日」
相並存，道家還提出「天外有天」的哲理。在弘曆真禪假讓、禪而不
讓、二帝同朝之際，西方世界發生滄桑巨變，歐美列強先後崛起。他
們正熱衷於合縱連橫，相互攻伐，而對向東方的拓展也從未停息。工
業革命和民主浪潮帶來的變革是深刻的，軍隊和兵器的革新首當其衝，
蒸汽機發明的軍事用途正被加緊研製，而清朝君臣和軍隊完全置身於
大變革之外。三年之中，清軍始終在打仗，仍是遠程徵調，仍是圍追
堵截，領兵大員仍基本出身滿洲，可作戰主力已由滿營改為綠營，還
要加上各地的鄉勇，很多時候打頭陣的全是鄉勇，手持大刀長矛。「官
逼民反」是發生苗變和教變的主因，持續多年，平而復起，清廷對「平
叛」充滿焦慮，幾乎傾全國之力；卻不知天外有天，不知列強已成，
外敵已然迫近，不知道很快將會為虎狼環伺。

　　一位美國史學家說：「直到十八世紀末，中國政府仍然是非常成功
的、傳統的。」❶那是因為歐洲列強還未來得及飛撲撕咬，使得太上
皇帝幸運地平靜離去。弘曆一直以康熙帝為榜樣，卻缺乏祖父的開闊
視野和危機意識，自以為傲然挺立於世界之中，而實際是自處於歷史
進程之外。在其生命的最後幾年，我們看到他對國家安定的憂慮操勞，
看到一個遲暮老人的自戀和苦撐，也看到他對世界大勢的懵然不知。

　　禪讓，是弘曆暮年濃墨重彩的一筆，親情絡繹，評價雖遠非他期
盼的那樣美好，卻也是乾隆帝遵循儒家理念，希望將治統與道統整合
為一的嘗試。上皇逝後，嘉慶帝高揚起「守成」的旗幟，對求新求變
公開斥責，對外部世界更為驕矜排拒，渾然不識間把國家帶入深淵。
歷來守成很難，不事開拓，何以守成？

---

1. 威廉‧麥克尼爾，《世界史》第二十五章「亞洲對歐洲舊制度的反應」，361 頁，中信
　 出版社 2013 年版。

參考文獻

宮中硃批奏摺（乾隆朝、嘉慶朝），第一歷史檔案館藏。

軍機處奏摺錄副（嘉慶朝、道光朝），第一歷史檔案館藏。

刑科題本，第一歷史檔案館藏。

戶科題本，第一歷史檔案館藏。

《明清檔案》，「中央研究院」史語所存清代內閣大庫原藏，臺北聯經
　　出版公司 1985 年版。

《明清史料》甲編，「中央研究院」史語所史料叢書，1930 年始刊行。

《明清內閣大庫史料合編》，國家圖書館出版社 2009 年版。

《清嘉慶朝刑科題本社會史料輯刊》，天津古籍出版社 2008 年版。

愛新覺羅·弘曆，《御製詩》初集、二集、三集、四集、餘集，見《清
　　代詩文集彙編》第三一九～三二九冊；《御製文》初集、二集、三
　　集、餘集，見《清代詩文集彙編》第三三〇冊；《樂善堂全集》，
　　見《清代詩文集彙編》第三三一冊。上海古籍出版社 2011 年版。

愛新覺羅·顒琰，《味餘書室全集》、《味餘書室隨筆》，見《清代詩文
　　集彙編》第四五八冊；《御製詩初集》、《御製詩二集》、《御製詩三
　　集》，見 《清代詩文集彙編》 第四五九～四六二冊；《御製文初
　　集》、《御製文二集》、《御製文餘集》，見《清代詩文集彙編》第四
　　六三冊。

《清實錄》，中華書局 1986 年影印本。

《清通典》，上海商務印書館 1935 年影印本。

《清會典事例》，中華書局 1991 年影印本。

《清文獻通考》，上海商務印書館 1936 年影印本。

《清朝續文獻通考》，上海商務印書館 1955 年影印本。

《清東華錄全編》，學苑出版社 2000 年版。

《清代方略全書》，北京圖書館出版社 2006 年版。

《乾隆帝起居注》，廣西師範大學出版社 2002 年影印本。

《清代各部院則例》，香港蝠池書院出版有限公司 2004 年版。

《清史稿》，中華書局 1977 年版。

《清史稿校註》，臺灣商務印書館 1999 年版。

《清史列傳》，中華書局 1987 年校點本。

《國朝耆獻類徵》，廣陵書社 2007 年版。

《國史列傳》（《滿漢大臣列傳》），臺灣明文書局 1975 年版。

《清代傳記叢刊》，臺灣明文書局 1985 年版。

《清代七百名人傳》，臺北文海出版社 1971 年版。

《清代人物傳稿》，中華書局 1984 年版。

《碑傳集》，中華書局 1993 校點本。

《續碑傳集》，上海書店 1988 年影印本。

《和珅祕檔》，國家圖書館出版社 2009 年版。

《再續行水金鑑》，見 《中國水利要集叢編》 第三輯， 文海出版社
　　1942 年版。

《平苗紀略》，嘉慶內府刻本。

《清代前期苗民起義檔案史料》，光明日報出版社 1987 年版。

《剿平三省邪匪方略》，臺北成文出版社 1970 年影印本。

《官箴書集成》，黃山書社 1998 年版。

《大清律例根源》，上海辭書出版社 2012 年版。

《清代地方人物傳記叢刊》，廣陵書社 2007 年版。

《新疆史志》，全國圖書館文獻縮微複製中心 2003 年版。

《清代邊疆史料抄稿本彙編》，線裝書局 2003 年版。

《新疆鄉土志稿》，新疆人民出版社 2010 年版。

《清代新疆稀見奏牘匯編》，新疆人民出版社 2013 年版。

《顧炎武全集》，上海古籍出版社 2011 年版。

劉墉，《劉文清公遺集》，見《清代詩文集彙編》第三四八冊，上海古
　　籍出版社 2011 年版。

王杰，《葆淳閣集》，見《清代詩文集彙編》第三五七冊。

趙翼，《陔餘叢考》，曹光甫校點本，上海古籍出版社 2011 年版。

昭槤，《嘯亭雜錄》，中華書局 1980 年版。

朱珪，《知足齋詩集》、《知足齋詩續集》、《知足齋文集》、《知足齋進呈
　　文稿》，見《清代詩文集彙編》第三七六冊。

松筠，《綏服紀略圖詩》，見《清代詩文集彙編》第四三三冊。

潘世恩，《思補齋詩集》、《有真意齋文集》，見《清代詩文集彙編》第
　　四九五冊。

英和，《恩福堂詩鈔》，見《清代詩文集彙編》第五○二冊。

洪亮吉，《卷施閣集》、《更生齋集》，見《清代詩文集彙編》第四一三
　　～四一四冊。

王之春，《國朝柔遠記》，中華書局 1989 年版。

吳振棫，《養吉齋叢錄》，中華書局 2005 年版。

小橫香室主人，《清朝野史大觀》，中央編譯出版社 2009 年版。

徐珂，《清稗類鈔》，中華書局 2010 年版。

戴逸、李文海，《清通鑑》，山西人民出版社 1999 年版。

李文海，《清史編年》，中國人民大學出版社 2000 年版。

南炳文、白新良，《清史紀事本末》，上海大學出版社 2006 年版。

（美）費正清，《劍橋中國晚清史》，中國社會科學出版社 2007 年版。

朱誠如，《清朝通史》，紫禁城出版社 2003 年版。

杜家驥，《嘉慶事典》，紫禁城出版社 2010 年版。

于敏中等，《日下舊聞考》，北京古籍出版社 1981 年版。

鄂爾泰、張廷玉，《國朝宮史》，北京古籍出版社 1987 年版。

慶桂等，《國朝宮史續編》，北京古籍出版社 1994 年版。

吳長元，《宸垣識略》，北京古籍出版社 1983 年版。

《清會典圖》，中華書局 1991 年版。

《清乾隆內府繪製京城全圖》，紫禁城出版社 2009 年版。

《新疆地輿總圖》，無作者，無序跋，約成於乾嘉間。

《失落的疆域──清季西北邊界變遷條約輿圖特展》，臺灣「國立故宮博物院」2013 年初版二刷。

（英）斯坦因，《亞洲腹地考古圖記》，廣西師範大學出版社 2004 年版。

馮明珠，《清宮檔案叢談》，臺灣「國立故宮博物院」2010 年版。

郭黛姮，《遠逝的輝煌──圓明園建築園林研究與保護》，上海科學技術出版社 2009 年版。

（英）馬戛爾尼，《1793 乾隆英使覲見記》，天津人民出版社 2006 年版。

（美）何偉亞，《懷柔遠人：馬噶爾尼使華的中英禮儀衝突》，社會科學文獻出版社 2002 年版。

（美）何偉亞，《英國的課業：19 世紀中國的帝國主義教程》，社會科學文獻出版社 2007 年版。

孟森，《清史講義》，中華書局 2010 年版。

《明清史論著集刊》下，清高宗內禪事證聞，中華書局 2006 年版。

戴逸，《清代人物研究》，故宮出版社 2013 年版。

戴逸，《乾隆帝及其時代》，中國人民大學出版社 2008 年版。

王鍾翰，《清史餘考》，遼寧大學出版社 2001 年版。

郭成康，《乾隆正傳》，中央編譯出版社 2006 年版。

（美）歐立德，《乾隆帝》，社會科學文獻出版社 2014 年版。

黃進興，《優入聖域：權力、信仰與正當性》，中華書局 2010 年版。

陳旭麓，《近代中國社會的新陳代謝》，上海社會科學院出版社 2006 年版。

梁啟超，《中國近三百年學術史》，人民出版社 2008 年版。

莊吉發，《清史拾遺》，臺灣學生書局 1992 年版。

黃愛平，《樸學與清代社會》，河北人民出版社 2003 年版。

黃惠賢、陳鋒，《中國俸祿制度史》，武漢大學出版社 1996 年版。

陳鋒，《清代鹽政與鹽稅》，武漢大學出版社 2013 年第二版。

陳鋒，《清代軍費研究》，武漢大學出版社 2013 年第二版。

商衍鎏，《清代科舉考試述錄及有關著作》，百花文藝出版社 2004 年版。

李世愉，《中國科舉生活漫話》，萬卷出版公司 2012 年版。

李世愉，《清代科舉制度考辯》，萬卷出版公司 2012 年版。

馬鏞，《清代鄉會試同年齒錄研究》，上海科學技術文獻出版社 2013 年版。

潘向明，《清代新疆和卓叛亂研究》，中國人民大學出版社 2011 年版。

潘志平，《浩罕國與西域政治》，新疆人民出版社 2006 年版。

華林甫主編，《清代地理志書研究》，中國人民大學出版社 2014 年版。

定宜莊，《清代八旗駐防研究》，遼寧民族出版社 2003 年版。

祁美琴，《清代內務府》，遼寧民族出版社 2009 年版。

唐瑞裕，《清代吏治探微》，臺灣文史哲出版社 1991 年版。

艾永明，《清朝文官制度》，商務印書館 2003 年版。

周軒，《清代新疆流放研究》，新疆大學出版社 2004 年版。

王云紅，《清代流放制度研究》，人民出版社 2013 年版。

劉文鵬，《清代驛傳及其與疆域形成關係之研究》，中國人民大學出版社 2004 年版。

何新華，《威儀天下——清代外交禮儀及其變革》，上海社會科學院出版社 2011 年版。

倪玉平，《清朝嘉道財政與社會》，商務印書館 2013 年版。

張豔麗，《嘉道時期的災荒與社會》，人民出版社 2008 年版。

是一是二

　　乾隆帝喜歡收藏和品題名家繪畫，也喜歡自己入畫，朝服、戎裝、便裝、道冠、袈裟像在在有之，被稱為中國歷史上畫像最多的皇帝。著名的《乾隆鑑古圖》，今可見五種傳本，從青春直到老年，畫中主人公都是弘曆自個。這是一幅摹仿宋人的畫中畫：弘曆坐於涼榻，左手持書卷，意態閒適，一童子正在倒茶，側後屏風上掛著與之完全相同的畫像，呈相向呼應之勢。

　　該畫的每種傳本都有御筆題記，是知皆屬遵命之作，御用畫家先期要呈上勾線圖樣，請皇上示下。五幅同題畫中，案几陳設，屏上景物，甚至身側的如意都有變化，題款亦不同，不變的則是那十六個字：「是一是二，不即不離。儒可墨可，何慮何思？」單嘉玖先生解說頗精詳，論為涉及儒釋道等不同的思想體系，涵蓋參禪、悟道、為政、做人等方面，「陪伴他本人度過了幾十春秋」❶。這也是弘曆不斷談到禪讓的幾十年。是一是二，彷彿一個哲學命題，禪宗的豁達與機鋒均隱含其中。弘曆以此自問問人，數十年未改，牽結著對人生與權位的思考。而禪讓之後，是一是二的設問依然存在：

　　歸政與訓政是一是二？

　　讓位與戀位是一是二？

　　敕旨與諭旨是一是二？

　　養心殿與倦勤齋是一是二？

　　畫中的「二我」當然是一，所題「是一是二」著重於一，弘曆禪讓後的所作所為，亦皆定於一尊。他曾有詩曰「是一是二猶疑焉」、

1.單嘉玖，〈弘曆鑑古圖承沿與內涵探討〉，載《中國畫學》第二輯。

「是一是二煩參論」，而實際上，天無二日，尊無二上，仍是這位大皇帝的慣性思維，直至離世。如果說本書的寫作以弘曆、和珅與顒琰三人為主，則弘曆理所當然是第一人，其他兩位都是陪襯。禪讓的三年，太上皇帝心氣未衰，責任感亦強，沒少憂慮操勞，試圖將國家挽回正軌，然頹勢已成，每況愈下。老年政治的種種弊端，在「守成」的旗幟下一直延續到嘉道兩朝，潛伏下衰落敗亡之機。

本書的寫作開始於兩年前，成稿較快，修改過程則持續甚久。老領導孫家正先生、鄔書林先生，學術先進郭成康先生、潘振平兄都曾多次指教，提出了很好的修訂意見；我的年輕同事穆蕾、赫曉琳、趙晨嶺、王江、王立新、張建斌曾分章審讀和核校引文，尤其是張建斌與張鴻廣在查閱資料上幫助多多；第一歷史檔案館前館長鄒愛蓮、現任副館長胡忠良，在閱讀檔案時多有提示和支持；書中插圖，採用朱誠如主編的《清史圖典》多幀，復得鄒愛蓮先生慷慨提供幫助，結稿之際恰老部長、故宮博物院前院長鄭欣淼先生以新出攝影集相贈，俯允選用；而本書出版蒙黃育海老弟臺真誠邀約，李夢生兄、陳如江編審及諸位編輯為訂正了不少錯訛，在此一併致以謝忱。

謹為跋。

卜　鍵

丙申年秋杪

於京師北山在望閣

青出於藍──一窺雍正帝王術

陳捷先／著

清代帝王硃批奏摺，是為了向臣子發布命令、傳達信息，所以康熙說「朕，知道了」，但雍正不僅只於此。雍正的硃批諭旨其實不只是行政奏章，裡面還有耐人尋味的帝王統御之術，可謂是「青出於藍」啊！想重新認識這位有血有肉的帝王嗎，讓雍正親口說給你聽！

以史為鑑──漫談明清史事

陳捷先／著

國際知名學者陳捷先總結數十年明清史研究，緊扣「人物、事件、時代」三元素，以說故事的口吻，帶你穿越時空、重返歷史現場，細看明清歷史人物面對重大事件時的心境，從而學習面對緊要關頭時的智慧，領悟歷史何以為鑑。

滿清之晨──探看皇朝興起前後

陳捷先／著

努爾哈齊是滿清的奠基者，皇太極是滿清的創造者。他們的豐功偉業在官私檔案中皆有可觀的紀錄，卻也留下不少史事啟人疑竇：究竟《三國演義》與滿族的建國大業有無關係？皇太極為何愛哭？皇太極真的會解夢、預言嗎？本書即以史料為憑據，解答上述疑問，同時引領讀者一窺努爾哈齊、皇太極的智慧與權謀。由於努爾哈齊與皇太極在滿洲文字的發明、改良與推廣上著力甚深，因而產生大量的滿文書檔。本書亦就部分滿文書檔進行剖析，使讀者能了解滿文資料的內容與價值，並且認識舊時滿族的生活文化。

透視康熙

陳捷先／著

愛新覺羅・玄燁是順治皇帝的第三個兒子，他既非皇后所生，亦非血統純正的滿族人，卻因出過天花而得以繼位，成為著名的康熙皇帝。他對內整飭吏治、減輕賦稅、督察河工，年未及三十便平定三藩，為大清帝國立下根基。長久以來，康熙皇帝在各式影劇、小說的詮釋下，傳奇故事不絕於耳，然其內容或與史實有些許出入。本書係以歷史研究為底本，暢談康熙皇帝的外貌、飲食、嗜好、治術和人格特質，不僅通俗可讀，其所揀選分析之史料也值得細細品味。